구술로 본 코리언의 역사적 트라우마

이 책은 2009년 정부(교육과학기술부)의 재원으로 한국연구재단의 지원을 받아 제작되었습니다.(NRF-2009-361-A00008)

구술로 본 코리언의 역사적 트라우마

초판 1쇄 발행   2015년 3월 20일

저   자 | 건국대학교 통일인문학연구단
발행인 | 윤관백
발행처 | 돌섬출판 선인

등록 | 제5−77호(1998.11.4)
주소 | 서울시 마포구 마포대로 4다길 4(마포동 324−1) 곳마루 B/D 1층
전화 | 02)718−6252 / 6257   팩스 | 02)718−6253
E-mail | sunin72@chol.com
Homepage | www.suninbook.com

정가   18,000원
ISBN   978-89-5933-875-7   94900
        978-89-5933-159-8(세트)

· 잘못된 책은 바꿔 드립니다.

구술로 본 코리언의 역사적 트라우마

건국대학교 통일인문학연구단

도서출판 선인

발간사

    분단된 한반도의 현실에서 통일에 대한 새로운 패러다임을 찾겠다는 취지로 '통일인문학' 연구는 시작되었습니다. 기존의 다양한 통일 담론이 체제 문제나 정치·경제적 통합을 전제로 진행되는 가운데 시류에 따라 부침을 거듭하는 것이 현실입니다. 통일인문학은 사회과학 차원의 통일 논의가 관념적이면서도 정치적인 한계를 가지고 있다고 진단하고, 사람 중심의 인문정신을 바탕으로 한반도의 통일문제를 진단하고 그 해법을 찾고자 하는 새로운 학문영역입니다.

    사람을 중심에 둔 통일 논의는 기존의 통일 담론에서 크게 확대된 개념으로 이해할 수 있습니다. 즉 지리적으로도 한반도에 국한되지 않고 코리언 디아스포라를 모두 포괄하는 것으로, 남과 북의 주민은 물론이고 전 세계에 산재한 약 800여만 명의 코리언을 아우릅니다. 나아가 '결과로서의 통일'에만 역점을 두고 연구 사업을 진행하는 데 그치지 않고 '과정으로서의 통일'까지도 목표로 삼고 있습니다. 따라서 통일이 이루어지는 시점은 물론 통일 이후의 사회 통합과정에서 반드시 풀어가야 할 사람간의 통합을 지향합니다.

    이에 통일인문학은 '소통·치유·통합'을 주요 방법론으로 제시합니다. 인문정신에 입각하여 사람 사이는 물론 사회계층 간의 소통을 일차적인 방안으로 삼습니다. 이러한 소통은 상대와 나와의 차이를 인정하면서 그 가운데 내재하는 공통의 요소들을 탐색하고 이를 적극적으로 활용하는 가운데 가능한 것입니다. 그를 위해 분단 이후 지속적이면서 현재까지 거듭 생산되고 있는 분단 트라우마의 실체를 파악하고, 이를 치유하기 위한 방안들을 모색하는 것입니다. 우선 서로에게 정신적·육체적으로 씻을 수 없는 상처를 가한 분단의 역사에서 잠재되어 있는 분단서사를 양지로 끌어올리고 진단하여 해법으로 향하는 통합서사를 제시함으로써 개개인의 갈등요인이 됨직한 분단 트라우마를 치유하고자 합니다. 그리고 우리 사회 전반에 자리 잡은 체제나 이념의 통합과 우리 실제 삶 속에서 일어나고 가라앉는 사상·정서·생활 속의 공통성과 차이성간의 조율을 통하여 삶으로부터의 통합이 사회통합으로 확산될 수 있기를 기대합니다.

　이러한 취지에 따라 통일인문학은 철학을 기반으로 한 사상이념, 문학을 기반으로 한 정서문예, 역사와 문화콘텐츠를 기반으로 한 생활문화 등 세 가지 축을 기준으로 삶으로부터의 통합과 사회통합으로의 확산이라는 문제를 풀어가는 데 연구역량을 기울이고 있습니다. 그리고 이렇게 인문정신을 바탕으로 연구 생산한 성과들은 학계와 대중에게 널리 홍보되어 후속연구로의 발판 마련과 사회적 반향으로 이어지기를 기대합니다. 그와 관련된 노력은 우선 국내외의 통일 관련 석학들과의 만남을 통하여 선행연구의 흐름을 파악하거나, 한반도의 통일문제를 연구 화두로 삼고 있는 학자나 전문가들과의 학술심포지엄을 정기적으로 개최하는 등의 활동에서 이루어지기도 합니다. 그와 함께 분단 트라우마 진단을 위한 구술조사도 지속적으로 행하고 있으며, 통일인문학의 대중화를 위한 시민강좌나 교육프로그램 개발은 물론이고, 통일콘텐츠 연구개발 사업 등 다양한 방면의 모색과 실천을 거듭하고 있습니다.

그리고 이러한 다양한 활동과 사업의 성과들은 출판물로 외현되어 학계와 대중들이 적극 공유할 수 있는 장으로 옮겨집니다. 본 연구단에서 특히 출간기획에 주력한 것은『통일인문학총서』시리즈입니다. 현재『통일인문학총서』시리즈는 모두 네 개의 영역별로 분류되어 출간중입니다. 첫째, 본 연구단의 학술연구과정의 성과들을 주제별로 묶은『통일인문학 연구총서』, 둘째, 분단과 통일 관련 구술조사 내용을 구술현장의 묘미를 잘 살려 정리한『통일인문학 구술총서』, 북한연구 관련 자료와 콘텐츠들을 정리하고 해제 · 주해한『통일인문학 아카이브총서』, 남북한 연구에 도움을 줄 수 있는 희귀 자료들을 현대어로 풀어낸『통일인문학 번역총서』등이 그것입니다.

통일인문학의 정립과 발전을 사명으로 알고 열의를 다하는 연구단의 교수와 연구교수, 연구원들께 고마움을 전합니다. 아울러 연구 사업에 기꺼이 참여해주시는 통일 관련 국내외 석학 · 전문가 · 학자들께도 심심한 감사를 드립니다. 그리고 무엇보다 자신의 소중한 체험과 기억을 구술해주신 분들께도 머리 숙여 고마움을 표합니다. 마지막으로 통일인문학의 취지를 백분 이해하시고 흔쾌히 출판을 맡아주신 출판사 관계자분들께도 감사드립니다.

사람의 통일, 인문정신을 통한 통일을 지향하며
건국대학교 통일인문학연구단장 김성민

민족공통성 세 번째 시리즈를 발간하며

　건국대학교 통일인문학연구단은 동북아 코리언을 구성하는 한국인, 탈북자, 재중 조선족, 재일 조선인, 재러 고려인의 5개 집단을 대상으로 지역별 개별 연구와 지역 간 비교 연구를 수행하였고, 그 결과를 책으로 발간한 바 있습니다. 먼저 2012년 민족공통성 첫 번째 시리즈로 4권의 책,『코리언의 민족정체성』,『코리언의 역사적 트라우마』,『코리언의 생활문화』,『코리언의 분단·통일 의식』을 발간하였습니다. 이 4권의 책은 2010년과 2011년 두 해에 걸친 동북아 코리언에 대한 객관적 설문 조사에 근거하여 민족공통성을 경험적으로 실증했으며, 각 지역의 사회 역사적인 삶의 맥락에서 드러난 그들의 '민족정체성', '역사적 트라우마', '생활 문화', '분단—통일 의식'을 분석하였습니다. 그리고 2014과 2015년에는 민족공통성 두 번째 시리즈로 3권의 책,『민족과 탈민족을 넘는 코리언』,『코리언의 생활문화, 낯섦과 익숙함』,『식민/이산/분단/전쟁의 역사와 코리언의 트라우마』를 발간하였습니다. 이 3권의 책은 민족공통성 첫 번째 시리즈의 성과를 토대로 5개 집단에 대한 지역별 상호 비교 분석을 함으로써 민족정체성, 생활 문화, 트라우마 등에서 나타난 동북아 코리언의 차이와 공통성을 해명하는 내용을 담고 있습니다. 이상 두 차례에 걸친 연구를 통해 동북아 코리언을 사회 역사적인 내적 맥락에서 이해할 수 있었을 뿐만 아니라, 통일 한(조선)반도의 미래적 상을 위해서도 귀중한 시사점을 얻을 수 있습니다. 동북아 코리언을 대상으로 한 민족공통성 연구는 민족공통성을 실천적으로 확산하는 작업에서 현실적 구체성을 제공할 뿐만 아니라, 이념과 정서, 생활 문화에서 지난 70년 동안 서로 대립하면서 살아온 남북 주민들 사이의 적대성을 극복하는 과정에서 지혜를 얻는 과정이기도 하기 때문입니다.

그동안 코리언 디아스포라 연구의 주류는 거주국에 살고 있는 코리언을 대상으로 정체성, 생활 문화 등을 조사하는 것이었습니다. 다시 말해 국내 학자들의 동북아 코리언 연구는 해당 지역에 거주하는 코리언을 대상으로 민족정체성과 생활 문화 등을 조사하는 데에 집중되었습니다. 통일인문학연구단에서 '민족공통성'이라는 프레임 위에서 두 차례에 걸쳐 수행한 연구 역시 그러했습니다. 하지만 2000년대부터 탈북자뿐만 아니라 재중 조선족, 재러 고려인, 재일 조선인 등 국내로 이주하는 동북아 코리언이 증대되어 왔습니다. 이들의 한국 이주는 신자유주의적 세계화로 인한 국제적 노동 이주의 성격과 민족적 차원의 유대 의식이 결합되어 있으며, 나아가 같은 민족을 우대하는 한국 정부의 재외 동포 정책에 의해 더욱 확대되었습니다. 특히 1999년 '재외 동포의 출입국과 법적 지위에 관한 법률'이 제정되면서 해외에 살고 있던 동포들의 국내 이주가 대폭 증가하였고, 2007년 방문취업제 도입 이후 특히 재중 조선족과 재러 고려인의 한국행이 급증하였습니다. 2012년 현재 한국으로 이주한 재중 조선족은 약 50만 명, 재일 조선인은 약 1만 3천 명, 독립국가연합(CIS) 고려인은 약 3만 명, 탈북자는 약 2만 5천 명에 이르고 있습니다. 지난 십 수 년 사이 한국인들은 국적이 다르지만 같은 민족인 동북아 코리언을 자신의 주변에서 흔히 볼 수 있는 상황에 놓이게 된 것입니다. 이에 따라 최근 국내 거주 동북아 코리언들에 대한 연구가 점차

확대되고 있습니다. 하지만 국내 정착 문제나 정체성을 주로 다루고 있어, 그들이 한국 사회의 구성원으로서 살아가면서 겪는 문화 갈등과 정체성 분화 양상 그리고 트라우마의 실상 등을 이해하는 입체적인 연구가 되기에는 아직 부족한 형편입니다. 이제 해외에 거주하는 동북아 코리언뿐만 아니라 국내에 들어와 있는 코리언에 대한 본격적인 연구가 보다 필요한 시점이 되었습니다. 이번에 발간하게 된 민족 공통성 세 번째 시리즈는 국내에 이주한 동북아 코리언이 지난 20년 동안 한국 사회와 접촉하면서 겪은 가치관과 생활문화의 갈등, 트라우마의 경험 그리고 정체성의 분화 양상에 대한 연구 성과를 담고 있습니다.

 민족공통성 첫 번째와 두 번째 시리즈는 설문 조사라는 양적인 연구에 기초하여 동북아 코리언이 지닌 민족정체성과 생활 문화 등의 객관적인 경향과 전체적인 양상들을 해명하는 데 집중하였습니다. 그러나 국내에 이주한 동북아 코리언은 자신의 거주국과 한국에서의 체험을 모두 가지고 있기 때문에, 한국인과의 만남 속에서 차이들이 갈등하고 충돌하면서 변화하는 구체적이고 내밀한 양상들을 보여주고 있습니다. 이러한 구체적이고 내밀한 양상을 살펴보기 위해서는 설문 조사와 통계라는 양적 조사에만 의존할 수 없습니다. 양적 조사는 객관적인 문항으로 구성되어 있어 동북아 코리언이 한국인과의 접촉에서 겪는 구체적인 갈등, 내밀한 충돌 등 심층적인 양상을 확인하는 데 한계를 지닐 수밖에 없기 때문입니다. 따라서 건국대학교 통일인문학연구단은 양적인 설문 조사가 아니라 국내에 거주하는 동북아 코리언을 대상으로 그들이 겪는 구체적 갈등과 욕망의 좌절 등 그들의 심층을 조사할 수 있는 심층 구술 조사를 진행하였습니다. 심층구술 조사는 2013년 하반기부터 2014년 상반기 사이에 선행 연구 결과를 토대로 작성된 질문지를 중심으로 일대일 면접을 통해 구술자에게 질문을 던지면서 그에 대한 답변을 듣는 방식으로 진행되었습니다. 특히 구술의 진행 과정에서 객관적 경향성과 충돌되는 내용들이 있으면 조사자가 적극적으로 개입하여 구술자의 말 이면에 있는 '틈새'나 '간극'을 찾아내고자 하였습니다. 이것은 그들의 이 야기 속에 존재하는 간극을 통해 감추어지거나 명확하게 드러나지 않은 그들의 욕망이나 억압, 충돌 지점들을 찾아내고자 했기 때문입니다.

민족 공통성 세 번째 시리즈의 책 제목은『유동하는 코리언의 가치지 향』,『코리언의 생활문화, 일상의 울타리』,『구술로 본 코리언의 역사적 트라우마』입니다. 동북아 코리언은 한국사회와의 대면을 계기로 계급, 국적, 문화 등 여러 영역에서 갈등을 경험하면서 균열되고 분화되고 있 는 생활문화, 역사적 트라우마, 정체성의 복합적 양상을 드러내고 있습 니다. 동북아 코리언은 같은 '민족'이라는 기대감을 가지고 한국으로 이 주해왔지만, 민족적 연대감이 결여된 냉혹한 자본의 논리를 앞세우는 한편, 자신들의 이중정체성을 인정하지 않거나 거주국의 사회적 조건에 맞게 체화된 생활문화적 아비투스를 민족문화의 변질로 여기는 '한국인 의 삶의 방식에 직면하면서 끊임없는 좌절을 경험할 수밖에 없습니다. 이들은 민족적 동일화에 대한 기대가 좌절되면서 생존전략 차원에서 한 국인과 스스로를 경계를 지으면서 자신들만의 생활문화와 정체성 등을 재구성하는 다양한 양상을 보이고 있습니다. 이러한 다양한 생존 전략 들은 획일적으로 일원화될 수 있는 것이 아니라 균열하고 갈등하면서 분화하는 복합적이고 다양한 경향성을 드러내고 있습니다. 이를테면 동 북아 코리언은 한국사회의 차별로 인해 거주국 지향으로 바뀌기도 하지 만, 한국사회의 구성원이 되고자 적극적으로 노력하기도 하며, '같은 민 족'으로부터 받는 차별에 저항하면서 그들만의 네트워크를 형성하거나 민족의 불평등한 위계를 부정하는 '동포운동'을 전개하기도 합니다.

원래 기획한 민족공통성 세 번째 시리즈의 내용은 코리언의 가치－정서—생활 문화적 측면에서 민족공통성을 창출할 수 있는 실질적인 방안들과 통일 한(조선)반도의 인문적 비전을 구체화할 수 있는 대안들을 제시하는 데 있었습니다. 그러나 원래의 기획을 민족공통성 네 번째 시리즈로 변경하고, 국내 이주 동북아 코리언들이 한국 사회와 접촉하면서 겪는 생활문화와 정체성 등 다양한 충돌과 갈등 지점을 이해하는 내용을 세 번째 시리즈에 담게 되었습니다. 그 이유는 국내에 이주한 동북아 코리언이 지닌 '민족적 유대'의 다양한 욕망 흐름을 존중하고, 이 속에서 민족적 합력을 증대시키는 방안의 모색이 코리언의 문화 통합, 역사적 트라우마의 치유, 그리고 통일의 인문적 비전 수립을 위해 중요한 단서를 제공하고 있기 때문입니다. 앞으로 발간될 민족공통성 네 번째 시리즈에서는 세 차례에 걸친 민족공통성 시리즈의 연구 성과를 기반으로 민족공통성 창출의 구체적 방안과 통일한(조선)반도의 인문적 비전을 구체화할 수 있는 대안들을 제시하고자 합니다.

이 책이 발간되기까지 함께 작업에 참가하신 통일인문학 연구단 김성민 단장님 이하 연구단의 모든 선생님들께 깊은 감사를 드립니다.

건국대학교 통일인문학연구단 학술연구부장 이병수

구술로 본 코리언의 역사적 트라우마

제1장 분단체제 속 사회주의 활동 집안의 가족사와 트라우마

김종군*

1. 분단체제 속 이데올로기와 가족의 문제

이 글은 일제강점기를 거쳐 해방정국과 분단과정, 한국전쟁시기, 정전 후 분단체제가 강화되는 가운데 지속적으로 벌어진 호남의 사회주의 활동 집안의 처절한 고통과 수난에 대한 이야기이다. 전라남도 보성군 회천면 봉강리 봉서동에 위치한 영광정씨(靈光丁氏)[1] 고택은 전라남도 문화재자료 261호(2005년 12월 27일 지정)로, 우리 근현대사에서 사회주의 사상을 간직한 사람들이 당한 모든 역사적인 질곡을 안고 있는 현장

---

* 건국대학교 통일인문학연구단 HK교수

1) 영광정씨는 시조 정덕성(丁德盛)이 신라 문성왕대에 당나라에서 전라도 압해도로 유배를 온 데서 유래하여 압해정씨(狎海丁氏)라고도 부르며, 영광의 고명인 영성을 따서 영성정씨(靈城丁氏)로도 부른다.

〈그림 1〉 영광정씨 고택 대문 앞 표석

이다. 1981년 보성가족간첩사건 이후 20여 년간 폐허로 방치2)되다가 문화재자료로 지정받은 후 그나마 보수가 이루어지고, 이즈음은 전통한옥 체험 프로그램이 진행되면서 사람들의 출입이 늘고 있다. 이 글은 그 가운데서 삶을 영위한 사람들의 이야기이다.

봉강 정해룡(鳳崗 丁海龍, 1913~1969)의 생가로, 그 대문 앞에는 '우국지사 봉강 정해룡선생 생가(憂國志士鳳崗丁海龍先生生家)'라는 표석이 서 있다. 집을 지키는 다섯째 아들 정길상(丁吉相)은 '애국지사(愛國志士)'로 표석을 세웠더니 관에서 극구 바꾸라고 하여 이렇게 세우게 되었다고 설명하였다. 일제강점기 민족운동과 항일독립운동에 기여하고, 해방 이후 혁신계 인사로 분류되는 정해룡의 행적이 우국으로까지는 보아줄 수

---

2) 정길상은 간첩혐의로 7년간 복역을 한 후, 방치한 종가의 마당에는 풀이 사람 키보다 높이 자라 있었고, 간첩의 집이라고 문화재 도벌꾼들도 얼씬하지 않아 문서고 집기가 그대로 보존이 돼 있더라고 하면서, 국가가 옥살이하는 동안 잘 지켜줬다고 쓴웃음을 지었다.

있지만 애국은 결코 될 수 없다는 논리이다. 그도 그럴 것이 간첩혐의로 1명이 사형되고, 2명이 장기수로 복역, 2명이 집행유예를 받은 집안이고 보니, 분단체제 속에서는 도저히 용납되지 않을 예우였던 것이다.

분단체제가 지속되는 가운데 좌우 이데올로기 문제는 매우 민감한 사안으로 우리를 강력하게 지배하고 있다. 일제강점기에는 항일독립이 식자층의 올곧은 의식이었다. 좌가 되었든 우가 되었든 조국의 독립이 필생의 과업이었고, 이에 전심전력하는 것으로 삶의 의미를 찾았다. 그리고 해방을 맞은 후 연합군의 전리품으로 한반도는 남과 북으로 분단되었다. 소련에 의해 사회주의 체제가 안착한 38이북과 미국에 의해 자유민주주의 체제가 안착한 38이남 지역에서 식자층이 기존에 섭렵한 이데올로기는 괴물과도 같은 존재였다. 쌍방과 상이한 이데올로기를 고수하는 식자들은 고향·농토·가족이라는 생활 근거지를 버리고 자신이 지향하는 분단의 영역으로 옮겨가지 않는다면 척결의 대상이 될 수밖에 없었다. 2~3년이라는 짧은 기간에 모든 삶의 근거를 청산하고 옮겨 사는 것은 무리일 수밖에 없었다.

식자층들이 처한 고민이 이러한 가운데, 이북의 사회주의 체제에서는 친일파 척결·무상몰수 무상분배라는 토지개혁의 기치가 높이 올랐고, 이 내용이 이남에도 널리 전파되었다. 좌니 우니 하는 이데올로기를 모르는 민초들에게 사회주의는 진정한 해방의 체제로 받아들여질 수밖에 없었다. 그러나 미군정은 이를 용납하지 않았다. 그 가운데 발생한 수많은 희생들-제주 4·3이 그러하였고, 각 지방에서 폭동이라고 평가받는 사건들이 그 결과물들이었다. 미군정이나 민초들에게 온정을 가진 식자들이 이데올로기라고 하는 괴물에 대해 이해할 수 있도록 조금의 설명이라도 해줬더라면 무자비하고 속수무책의 희생은 발생하지 않았을 수도 있었을 것이다. 분단정국에서의 비극은 이처럼 이데올로기 갈등에서 비롯되어 원한은 복수를 낳고, 복수는 거듭된 복수를 낳았다. 되갚음이라는 피비린내 나는 난장은 한국전쟁으로 절정에 달한다. 그리고 정전으로 이데올로기 갈등은 평정된 듯하였다. 이북은 사회주의 체제를 굳건히 다져가고, 이남은 자유민주주의 체제를 유지하면서 적어도 새로운이념 갈등은 첨예화하지 않을 것으로 판단되었다. 외형적으로는 그러하였다.

그러나 분단체제가 강화되는 가운데 이남의 사회주의 활동가들이 남기고 간 가족들은 이데올로기라는 괴물에게서 자유롭지 못했다. 월북자의 가족이라는 멍에는 연좌제로 모든 활동을 제약하였고, '잠재적 간첩'이라는 족쇄가 항상 채워져 감시의 대상이 되었다. 그 가운데 실제로 남파된 간첩도 존재하였다. 15년 전 북으로 간 형제나 가족이 어느 날 밤불쑥 찾아왔을 때, 북을 잠시 다니러 가자고 종용했을 때 그 형제나 가족이 취해야 하는 행동은 어떠해야 하는가?

이 글은 분단체제 속에서 이데올로기와 가족의 관계는 어떠해야 하는지 의문에서 시작한다. 어느 정치학 전공 노교수는 한국 현대사의 비극을 '이데올로기는 핏줄을 넘어서지 못하고, 핏줄은 돈을 넘어서지 못하는 데서 비롯한다'고 진단한다.[3] 과연 그러한가? 투철한 사회주의 신봉자에게 가족은 온정의 대상인가? 북으로 간 가족 때문에 일생을 고통 속에 살아가는 사람들의 상처는 어떻게 치유해야 하는가?

남북분단과 한국전쟁, 분단체제가 유지되는 가운데 상호적대와 유혈의 복수, 국가의 폭력으로 비롯된 상처를 '분단 트라우마'라고 지칭할때, 여기서는 포괄적이고 집단적인 분단 트라우마 속에서 개인들이 간

---

3) 정치학자 신복룡 교수는 해방정국에서 월북한 벽초 홍명희를 '진보적인 선비'이지 '사회주의자'는 아니었다고 평하면서, 그의 월북이 아들 홍기문과 함께한 행보임에 주목한다. 곧, 사회주의라는 이데올로기를 쫓아서 감행한 행동이 아니라 핏줄인 아들과 함께하려는 의도가 컸던 것으로 파악하였다.

직한 직접적인 상처들의 실상에 대해 접근해 보고자 한다. 분단체제 속에서 구성원 전체가 가지는 불안감이나 적대감과 같은 집단적인 병증을 '분단 트라우마'라고 하더라도, 그 구체적인 실상은 강력한 외상을 당하는 개인의 문제에서 발단된다고 볼 수 있다. 이들 개인들의 분단 트라우마 실상이 유형화되는 가운데 집단의 분단 트라우마가 구체적으로 표면화될 수 있을 것이다.

분단체제 속에서 봉강 정해룡 집안에 닥친 폭압과 살상의 가족사와 그 가운데서 가족들이 간직한 분단 트라우마의 단초들을 추적해 보고자 한다. 그리고 이제는 치유의 단계로 나아가야 할 시기로 보고, 월북자 가족·사회주의 활동가 가족들의 트라우마를 어떻게 치유할 것인가에 대해 고민해 보고자 한다.

2. 봉강 정해룡 집안의 사회주의 활동

1) 보성지역의 사회주의 활동 양상

전라남도 보성 지역은 일제강점기와 해방정국에서 눈에 띄는 사회주의 활동가가 다수 있다. 이들은 대체로 천석 이상 부잣집의 종손이나 아들들로 광주지역에서 광주고보나 광주농고에 유학을 하면서 사회주의 사상을 접한 것으로 추측된다. 1929년 광주학생운동에 관여하여 투옥된 경우 대체로 해방정국에서 사회주의 활동을 하고 있다. 이 지역 사회주의자 계보를 체계적으로 정리해 봐야 알겠지만 당장, 이 글에서 주목하는 회천의 영광정씨 집안에서는 정해룡의 친동생 정해진(丁海珍)이 광주고보를 다녔고, 그 육촌형 정해두(丁海杜)는 광주농고 재학 중 광주학생운동의 주모자가 되어 대구형무소에 구금되어 옥살이를 하게 된다. 보성의 또 다른 지역 겸백에서는 하동정씨(河東鄭氏) 집안과 한실의 광주이씨(廣州李氏) 집안의 장손이 광주에서 유학을 하면서 사회주의 사상을 섭렵하고 이후 해방정국에서 남로당 활동을 하거나 월북했다가 전쟁 때 인민군 장교로 다시 내려오는 경우가 있었다. 그리고 인천상륙작전 이후 빨치산으로 활동하다가 사살되는 전철을 밟고 있다. 인근 강진 수동의 해남윤씨(海南尹氏) 집안에서도 이와 유사한 사례를 찾을 수 있다. 그리고 이들 집안들은 대체로 통혼을 하여 좌익 사상을 간직한 가문끼리의 혼맥을 형성4)하기도 한다.

이들의 사회주의 활동은 유사한 양상으로 전개되어 비극적이다. 꽤나 부를 축적한 지역 토호의 종손이나 장손이 광주에서 유학하면서 신학문을 접하는 과정에서 사회주의 사상을 가지거나 광주학생운동과 같은 반일운동에 적극적으로 가담하게 된다. 일제에 의해 구금되어 옥고를 치르거나 퇴학을 당하여 고향으로 돌아오는데, 집성촌인 마을과 문중에서는 종손의 이러한 행동에 대해 긍정적으로 평가하면서 높이 받드는 분위기가 조성된다. 그리고 배움이 짧은 일가친척들은 물론이고 형제들도 사회주의 사상을 옹호하는 입장을 취한다. 해방을 맞이해 주도적으로 지역사회의 건국준비위원회에 참여하면서 친일잔재를 다시 거용하는 미군정과 갈등을 일으킨다. 이 과정에서 종손과 그를 따르는 일가친척들이 산으로 숨어들어 활동을 하는 경우가 생긴다.

1948년 10월 여순사건이 발발하고 토벌대에 밀린 14연대 군인들이 호

---

4) 정길상의 증언에 의하면 보성인근 지역의 명문가인 해남윤씨, 광주이씨, 영광정씨는 남인의 후예로서, 근현대격동기에 가문끼리 통혼하여 혼맥을 형성하였다고 한다. 이 가운데 해남윤씨와 광주이씨 집안은 좌익과 우익의 걸출한 인사를 배출하였고, 봉강의 집안인 영광정씨는 오로지 좌익의 인물들만 배출하였다고 하였다.

남 해안지역에서 비교적 산세가 높은 일림산(해발 700미터)으로 숨어들면서 속칭 반란군과 합세를 하여 활동을 하게 되는 경우가 일반적이다. 이 과정에서 반란군들에게 야간에 밥을 해줬다고 이튿날 토벌대에게 사살되는 마을 사람들이 다수 발생한다. 토벌이 어느 정도 이루어지면서 좌익 운동에서 전향한 사람들로 국민보도연맹(國民保導聯盟)5)을 결성하게 되는데, 이 조직에 강제적으로 가입을 시킨다. 그리고 6·25전쟁이 발발하고 전세가 남으로 밀리자 수차례의 보도연맹 집단학살6)이 이루어지는데, 이 시기 마을이나 문중 구성원들이 집단적으로 학살되는 비극을 맞게 되는 것이다.

일제강점기와 해방정국에서 호남의 좌익 활동 집안들은 대체로 이와 유사한 행태의 폭압을 당한다. 이러한 경향이 전국적인 현상인지는 타지역을 상대로 한 지역조사에서 구명될 수 있을 것이다.

2) 정해룡 집안의 사회주의 활동 양상

봉강 정해룡 집안의 경우는 이와는 다소 다른 방향으로 비극을 맞이한다. 이 집안에서는 수동적으로 당하기보다는 적극적으로 투쟁하는 측면이 강하다. 봉강 집안의 사회주의 활동은 크게 두 축으로 진행된다. 봉강의 재종형인 정해두는 앞선 사례와 유사한 전력을 가지고, 해방이후 빨치산으로 활동을 하다가 1951~2년 무렵 화순군 모후산 지구에서

---

5) 좌익활동을 한 인사들의 선향과 교화를 목적으로 1949년 6월에 결성한 반공단체. 대한민국 정부 절대 지지, 북한정권 절대 반대, 인류의 자유와 민족성을 무시하는 공산주의 사상 배격·분쇄, 남·북로당의 파괴정책 폭로·분쇄, 민족진영 각 정당·사회단체와 협력해 총력을 결집한다는 내용을 주요 강령으로 삼았다.

6) 전남 강진군 대구면 수동의 해남윤씨 집성촌이 대표적인 사례이다.

〈그림 2〉 미군정과 토벌대에 의해 불탄 영광정씨 고택 중문

사살된 것으로 추정된다.[7]

다른 한 축은 광주고보-경성제국대학 예과-동경제국대학 대학원-국제공산당 정치당원 입당이라는 최고 엘리트 과정을 거친 친동생인 정해진에 의해서 주도된다. 봉강의 가계를 살펴보면, 임진왜란 때 충무공 이순신의 종사관을 지낸 정경달(丁景達)이 이 지역에 자리를 잡으면서 가세를 확장하였다. 할아버지인 정각수(丁珏壽)가 치산에 힘을 써서 수천석의 지역 토호로 성장하게 된다. 정각수는 일제에 의해 나라가 망해가는 과정에서도 집안을 보존하기 위해 무던히 애를 쓴 것으로 보인다. 본부인에게서 아들(정종익)을 보고, 며느리도 해남윤씨 종가에서 맞이한다. 그러나 정종익은 아들 둘(해룡, 해진)을 낳고는 27세의 나이로 요절

---

7) 김영택, 「한국전쟁기 남한 내 적색 빨치산의 재건과 소멸(1950.10.5~1954.4.5): 전남 총사령부와 6개 지구를 중심으로」, 『한국근현대사연구』 제27집, 한국근대사학회, 2003.

하게 된다. 이런 가정의 비극 속에서 정각수는 나이 어린 종손을 보필하게 하려고 60대에 젊은 소실을 들여 아들 둘(종팔, 종희)을 보게 된다. 정종희는 1933년 생으로 정각수 70세에 낳은 아들이니, 정해룡에게는 항렬로는 작은 아버지이지만 연령으로는 스무 살 차이가 나는 아들과 같은 존재였다. 정각수는 말년에 종손인 정해룡과 조카인 정종호(봉강 4세 위), 아들인 정종희(봉강 20세 아래) 세 사람을 항렬을 넘어서서 형제의 의를 맺어 집안을 보존하라고 신신당부한다.

　이러한 분위기 속에서 정해룡 형제로 하여금 종가를 보존하도록 신학문을 거부하고 한학만을 익히게 한다. 정해룡은 아마도 이를 크나큰 억압으로 받아들인 듯하다. 할아버지의 성화에 자신은 유학을 감행할 수 없음을 알고 청상과부가 된 모친 해남윤씨와 몰래 상의하여 동생 정해진을 광주고보로 유학을 보내게 된다. 그리고 집을 떠날 수 없는 자신도 와세다대학 강의록을 독학으로 공부하여 대학 수료증을 받기까지 한다. 정해룡의 이러한 신문물에 대한 선망은 여러 사례에서 찾을 수 있다. 순창으로 시집간 누이의 시가를 방문하고 돌아오는 길에 상투를 자르고 돌아와 할아버지를 낙담하게 한 점, 인촌 김성수가 후진양성을 위한 보성전문을 세울 경비를 호남의 재력가들에게 모금한다는 말을 듣고 직접 찾아가 면담하고 할아버지를 설득하여 거액을 희사한 예를 통해 확인할 수 있다.

> 상: 아버님이 이렇듯 신학문을 접하실 때 어디의 영향을 많이 받으셨을까
>   요. 사회의 영향일까요, 삼촌의 영향이 컸을까요.
> 호: 형제간에 늘 상의를 했지. 정치운동하고 일한 사람들이 세계 역사상
>   정치학 연구를 하기를 형제간에 적확하게 이야기했지. 예언이 그대로
>   맞아나갔어. 대동아전쟁 나서 친일파들 날뛸 때 코웃음 치면서 잘 돼
>   간다. 이랬지. 이래야 일본이 제대로 망할 거라고 그러면서. 상해, 중

국 점령까지 잘 되어간다고 봤어. 결과적으로 일본이 재산이 없어져
서 말라죽을 거라고.

상: 사람들은 일본이 중국, 동남아 점령하면서 승승장구한다고 할 때 두
형제분은 이것이 일본이 말라죽는 길이다 그랬다는 거지요?

호: 선언문 나왔을 때 옳게 돌아온다고 그러더라. 남양군도에서 아무리
지네가 별짓을 다해도 미국까지는 못 가요. 하와이까지 갈 리도 없지
만 간다고 해도 그건 당연히 망하고 만다고 그랬지. 이제는 더는 못
가고 물러나요, 그랬는데 영락없이 그렇게 되었지.(상:정길상, 호:정
종호)8)

할아버지의 주장에 맞서지 못해 본격적인 신학문을 접하지는 못했지
만 정해룡은 사회주의 사상을 동경 유학을 한 정해진을 통해 많이 섭렵
한 것으로 위 구술에서 확인할 수 있다. 구술을 한 정종호는 봉강의 당
숙으로서 집안의 모든 살림을 주관한 집사 역할을 했으므로, 봉강의 일
거수일투족을 모두 파악한 사람이었다. 결국 봉강은 국제공산당 정치당
원으로 철저하게 무장된 동생을 통해 사회주의 사상을 접했고, 이후의
정치활동의 향배에서도 동생의 영향을 크게 받은 것으로 보인다. 결국
정해진은 봉강 집안의 사상 주체로서 위상을 확보했다고 볼 수 있다. 해
방 이후 자식과 같이 키운 숙부(종팔, 종희)와 고모(국남)의 사회주의 활
동과 전쟁이후 빨치산으로 활동하게 된 것도 모두 정해진의 사상적 기
반을 집안 가풍으로 삼은 결과로 보인다. 결국 정종팔과 정국남은 빨치
산 활동 중 사살되고, 정종희는 토벌대가 쏜 총에 눈을 맞아 19세의 나
이에 두 눈을 잃고 평생을 암흑 속에 살게 된다.

정해진은 동경제국대학 대학원을 수료하고 귀국하여 1940년 이화여
전 출신의 수재인 전○○9)과 결혼하게 된다. 서울 조선호텔에서 치러진

---

8) 정종호 구술, 1995.3.20, 부산 정종호 자택, 정길상 조사.
9) 평안북도 강계 유지의 딸이었으므로 봉강집안에서는 댁호를 강계댁이라 불

결혼식은 월북한 국어학자 이극로가 주례를 맡았는데, 인근 마을까지 신여성 며느리의 이야기는 회자되었다고 한다. 이극로가 봉강의 사랑채에서 빈번하게 머물면서 봉강과 교분을 쌓은 것도 모두 정해진의 주선으로 이루어진 일로 추측할 수 있다. 그 외 사회주의 활동가들이 봉강의 사랑에 다수 모여들었는데, 모두가 정해진의 인맥들과 교류하면서 사회주의 사상을 접한 것이라 하겠다.

정해진의 신여성과의 동지적 결합 역시 봉강에게는 자극이 되었던 것으로 추측된다. 봉강은 16세 되던 해에 보성읍의 보수적 명문가 규수 박○○와 혼인을 하는데, 결혼 후 얼마 되지 않아 신경증을 앓기 시작한다. 이에 1949년 즈음에 제수인 전○○은 자신의 이화여전 동기 최○○를 시아주버니께 소개하여, 두 사람은 사실혼 관계를 유지한다. 본처인 박○○는 봉서동 본가에 거처하고, 신여성 최○○는 율포 주조장에 집을 마련하여 살림을 하는데, 인공시절 봉강은 회천면 인민위원장에, 최○○는 여맹 선전부장으로 활동한 사실을 통해, 이들도 동생 정해진 내외의 동지적 결합을 모델 삼아 지역사회에서 사회주의 활동을 전개하고자 한 것으로 보인다.

봉강은 인품이 매우 훌륭한 것으로 평가된다. 가세가 번창하였지만 인근 주민들을 매우 존중해주고 덕을 베풀었다. 가뭄으로 극심한 기근이 들었을 때 두 번이나 할아버지를 설득하여 구휼미를 풀었고, 민족교육이 절실하다고 여겨 사재를 풀어 '양정원(養正院)'을 설립하고 학산 윤윤기에게 운영을 맡겨[10] 인근 주민들에게 민족교육을 시킨다.

렸다. 봉강 시가에 내려와 신여성의 일면을 다양하게 보여 아직까지 인구에 회자되고 있다. 일례로 일을 할 때면 반드시 장갑을 끼고 했다든지, 김치를 담글 때도 장갑을 껴서 신기하게 보였다고 한다(정장옥 구술, 2014.7.12, 보성군 보성읍, 김종군, 박현숙 조사).

10) 봉강의 양정원 설립 운영 사실에 대해서는 지금까지 논란이 많다. 학산 윤윤기의 자식들은 양정원 설립을 학산이 주도한 것으로 주장하면서 광주교대를

1940년 이후 봉강은 자신과 동생 정해진의 전답 수백 마지기를 처분하고 거금으로 울산에 제철소를 인수한다. 그 후 제철소 매각대금은 만주지역의 독립자금으로 전달되었다고 하는데, 역시 사회주의 계열일 것이라 추정된다.[11]

해방 다음날인 1945년 8월 16일 새벽에 봉강리에 해방의 소식이 전해지자 봉강과 정해진, 정해두는 문중과 마을의 청년들을 모아 죽창을 깎고, 태극기를 그려 머리띠를 두르게 하여 율포까지 행군을 하고 나가서 일왕 신사를 불 지른다. 그리고 정해진은 유창한 연설로 건국준비위원회 구성을 제안한다. 봉강이 준비위원장을 맡았는데, 미군정이 들어서면서 건준위 해체를 요구하게 되고, 이 혼란 속에서 경찰병력이 봉강의 집에 방화를 하고 총격을 가하는 사건이 발생한다. 이런 상황 속에서 봉강 집안의 청년들은 산으로 숨어들고, 구속되기도 한다.

이 시기 서울에서 여운형이 근로인민당을 창당하면서 봉강을 재정부장으로 추대하게 되는데, 봉강은 사재를 털어 기꺼이 수락한다. 이 시기 봉강의 집안 가산은 바닥을 드러내고, 연일 총격이 가해져 집안사람들은 극심한 공포를 겪어야 했다.

정해진은 해방정국에서 6개월간 남로당으로부터 활동 정지 처분을 받아 고향에서 칩거하다가 해금이 되자 곧장 서울로 올라가 활동을 하게 된다. 1950년 초에 시하공산당원 활동이 발각되어 서대문형무소에 구금되어 있다가 6·25가 발발하자 풀려나 서울시당 선전부장이라는 중책을 맡는다. 그 아내 전○○은 창덕여중 교장으로 재직한 것으로 알려

중심으로 일제강점기 민족운동 교육자로서 윤윤기를 기리는 기념사업이 추진되었다. 이 문제에 대해서 봉강의 5남 정길상은 강력하게 문제 제기를 하고 있다. 회천면 봉서리 인근 주민들의 증언으로는 양정원의 설립은 봉강이 주도하면서 재정을 부담하고, 윤윤기는 학교 운영을 맡아본 것으로 확인된다 (오승환 구술, 2014.7.12, 보성군 회천면 율포, 김종군 조사).

11) 정길상 구술, 2013.5.9, 보성군 회천면 봉강리, 김종군 조사.

진다.[12]

인공치하에서 봉강도 회천면 인민위원장으로 추대되고, 그 아내 최○○는 여맹 선전부장, 재종 정해두는 보성군 농민동맹위원장, 삼촌 정종희는 면당 민청위원장을 맡았다. 이후 정해두와 정종팔은 빨치산으로 사살되고, 정종희는 총상으로 두 눈을 잃고 생명만 부지하게 된다. 봉강이 이러한 혼란 속에서도 목숨을 부지할 수 있었던 것은 그동안 마을 주민들에게 베푼 덕을 인정받은 결과라고 한다.[13]

북진의 과정에서 정해진 내외는 두 아들은 고향의 노모에게 맡기고, 갓난 아들과 딸을 데리고 월북하게 되는데, 이후에 소식은 끊어진다. 봉강도 57년과 61년에 사상범으로 몰려 두 차례의 옥고를 거치는데, 그 사이 가산은 완전히 탕진하여 끼니를 걱정할 정도가 되었다고 한다. 자식들과 동생이 남기고 간 조카들의 학비를 마련할 수 없어 국비가 지원되는 목포해양고등학교를 보내야 할 처지가 된 것이다.

그리고 1965년 8월 하순 어느 날 월북한 정해진이 호위병과 더불어 불쑥 찾아온다. 북으로 가자는 제안에 감시를 벗어날 수 없어 셋째 아들 정○○을 북으로 딸려 보낸다. 보름 후에 아들은 돌아왔다. 간첩으로서 임무 수행 교육을 받았으나 그 임무를 아버지인 봉강에게 맡기고 서울로 직장을 잡아 나가게 된다. 이들의 간첩활동은 북의 기대에는 미치지 못한 듯하다. 1967년 5월 중순에 정해진은 다시 내려와 간첩 임무를 올바로 못한다고 조카 정○○을 힐책하고, 수행원들은 2박 3일간 지령 송수신의 방법을 다시 교육하고 돌아간다. 두 번째 정해진이 내려왔을 때 앞을 못 보는 삼촌 정종희와 만나게 된다. 봉강은 이 시기 북에서 내려

---

12) 정길상은 월북한 숙부 정해진의 장남을 최근에 만나서 한국전쟁시기의 활동들을 들었다고 전해 주었다(정길상 구술, 2014.7.11, 보성군 회천면 봉강리, 김종군 조사).

13) 정길상 구술, 2013.5.9, 보성군 회천면 봉강리, 김종군 조사.

온 동생의 부탁을 거절하지도 못하고 매우 난처한 입장이었다고 추측된다. 북에서는 대중당의 서민호를 포섭하라는 지령이 있었고,[14] 1967년 봉강은 동생의 요청에 따라 혁신계를 지향하던 정치 노선을 접고 보수 정객인 서민호와 연대한 것으로 추정된다.

가정 경제는 어려워져 자식들의 학업을 지원할 형편도 못되고, 북에서 내려온 동생은 고정간첩의 활동을 종용하는 가운데, 고등학교를 마치고 고학으로 대학을 진학하겠다고 서울로 간 둘째 조카가 1969년 8월에 군대를 탈영하여 부모를 만나기 위해 북으로 가겠다고 일본으로 망명한다. 봉강은 이 시기 생애 가장 극심한 심리적 고통을 겪었을 것으로 추측된다.

그리고 1969년 9월 17일 아침을 먹은 후 식중독으로 고통을 호소하다가 손수레에 실려 보성읍내 병원으로 가던 중 사망하게 된다. 아들 정길상은 아버지의 사인을 뇌졸중이라고 진술하고 있지만 당시 군복무 중이라 현장을 확인한 결과는 아니라고 한다. 그보다는 집 앞에 살던 숙부 정종희가 말하는 식중독이 사인으로 신빙성이 더한다. 그러나 당시 봉강이 겪은 심리적 부담감을 고려할 때 또 다른 사인을 추측하는 경우도 있다.

봉강 집안의 경제적 몰락은 그동안 가정 경제를 책임졌던 최○○가 자신의 소생을 데리고 서울로 옮기면서 더욱 심각해진 것으로 보인다. 정해진이 북에서 온 사실을 알고 있는 봉강의 3남 정○○과 정종희에게는 또 다른 걱정거리가 있었는데, 1965년 정해진이 북에서 내려올 때 가져온 소련제 기관총과 실탄 230여 발, 탄창 3개가 문제였다. 서울에서 공무원 생활을 하던 정○○의 고민을 알고 종조부 정종희는 1975년 가을에 초등학교 교사로 있던 정길상에게 그동안의 모든 사실을 알리고 같

---

14) 대법원 판결, 1982.2.9. 81도3040.

은 길을 가자고 제안하는데, 정길상은 흔쾌히 수락한다. 그리고 총기를 닦고, 안전한 곳으로 옮기는 일을 함께 한다. 봉강 사후에 북과의 연락에 필요한 난수표를 잃어버려 이후 북과의 접선은 이루어지지 않은 것으로 보인다.

그리고 긴장 속에서 몇 년이 흐른 1981년 정○○과 정종희, 정길상, 정종호, 정**이 간첩혐의로 구속되는 보성가족간첩사건이 터진다. 혹독한 고문과 취조가 계속되면서 수사가 이루어졌고, 대법원의 최종 판결은 정○○은 사형, 정종희는 12년 형, 정길상은 7년 형, 정종호와 정**은 집행유예로 결정된다.[15] 결국 1985년 10월 정○○의 사형은 집행되었고, 앞을 보지 못하는 정종희는 가족들이 백방으로 노력한 결과 8년 만에 양심수 석방조치로 풀려났으며, 정길상은 형기를 다 채우고 풀려나게 된다.

3. 봉강 정해룡 집안의 가족사와 트라우마

1) 혁명사상에 대한 강박과 자손들의 포용적 시선

봉강 고택의 사랑채에는 "물위역사죄인(勿爲歷史罪人)"이라는 편액이 걸려 있다. 정길상은 봉강 집안을 지금까지 이끌어 온 위대한 가훈이라고 소개하였다. 봉강을 비롯한 직계와 방계의 친족들은 이 가훈에 충실하게 삶을 영위하였다고 평가할 수 있다. 앞서 살핀 것처럼 봉강의 민족운동과 항일독립운동의 행적들이 이를 잘 입증하고 있다. 일제강점기 때는 민족교육사업과 구휼사업, 독립자금 지원사업을 활발하게 펼쳤고,

---

15) 대법원 판결, 1982.2.9. 81도3040.

해방 이후에는 사회주의나 혁신계 인사로서 올곧은 정치활동을 지향한 점에서 그렇게 평가할 수 있다. 봉강의 이러한 역사적 사명의식은 할아버지 정각수에게서 영향 받은 바가 크다. 고종임금 때 출사를 위한 과거에 응시하러 한양으로 가던 중 매국노들의 횡포를 알게 되면서 천안쯤에서 길을 돌려 낙향하여 삼의당(三宜堂)[16]을 짓고 은둔하면서 후학을 양성하는 데 힘을 쓴다. 그래서 종손을 훈도하면서도 이 세 가지 뜻을 간직하도록 강요한 측면이 있다. 그 가운데서 봉강은 도해종적(蹈海蹤迹)이라는 첫 번째 조항을 수긍할 수 없었던 것으로 보인다. 그래서 동생은 신학문을 하도록 적극 후원하였고, 동경 유학 후 국제공산당 정치당원이 되어 돌아온 동생을 통해 외부 사회와 적극적으로 소통하는 면모를 보인다. 곧, 고귀한 은둔은 사회주의 사상으로 대체되는 양상을 보이고 있다.

봉강이 종손으로서 효심과 후덕함, 온정을 가진 자애로운 인품이었음을 집안사람들의 증언을 통해 확인[17]할 수 있다. 봉강이 효심과 자애로써 종가를 이끌었다면 동경 유학파 정해진은 투철한 사회주의 사상으로 종원들의 사표(師表)가 된 것으로 보인다. 이러한 사표로서의 위상은 앞서 인용에서 본 것처럼 봉강에게도 적용되었다. 문제는 정해진의 투철한 사회주의 혁명 의식이 경직된 상태로 가족들에게 적용된 것이 아닐

---

16) 삼의(三宜)를 봉강의 집안에서는 도해종적(蹈海蹤迹:절개를 지키기 위해 시류에 영합하는 행보를 끊어 버리는 것), 선조봉양(先祖奉養:조상을 추모하고 받들어 봉양하는 것), 교회자질(敎誨子姪:자손들과 아랫사람을 가르치고 교화하는 것) 세 가지의 마땅한 일이라고 풀고 있다.

17) 손자 나이 또래인 사촌동생 정해열(정종희의 아들)은 서울에서 귀한 손님이 와서 큰댁 사랑채를 기웃거리면 구차하다고 생각하지 않고 언제나 불러서 무릎에 앉히고 '종제'라고 인사를 시켰다고 하면서 그 자애로움을 칭송하였다. 또 인근에 판소리 명창 정응민이 거주하여 성우향 등의 어린 소리꾼이 와서 사랑 정원에 서서 소리를 하면 한 번도 하대를 하여 말을 건넨 적이 없다고 기억하고 있다(정해열 구술, 2014.7.11, 화순군 일송정식당, 김종군 조사).

까하는 의구심을 떨칠 수 없다. 본인의 진심은 그렇지 않았을지 몰라도 정해진의 언변은 매번 교조적(敎條的)으로 가족들에게 인식된 측면이 있다.

> 서울에 자리 잡은 뒤 나는 큰댁 둘째조카(정해진 씨)를 수소문 끝에 만날 수 있었다.
>
> "여순사건으로 고향이 말이 아닙니다. 거기서 살 수가 없어 어무니 모시고 올라왔습니다."
>
> 조카이기는 했지만 둘째 역시 나보다 열일곱 살이나 위였다.
>
> "판국이 어려워 다들 고생이 많습니다. 이 시기를 굳세게 견뎌 나가서요. 곧 좋은 날이 오겠지요. 모쪼록 서울에 오셨으니 얼마 안 되는 친척끼리 도우며 삽시다. 아재도 틈틈이 공부를 해야지요."
>
> 당시 둘째조카는 지하공산당원으로서 서울에서도 비중 있는 역할을 담당하고 있었다. 그는 보성에서 유일하게 경성제국대학을 거쳐 동경제국대학 대학원에까지 유학한, 말하자면 보성이 낳은 '인물'이었다. 어린 시절 이런 조카를 가까이서 지켜본 나로서는 일종의 존경심 같은 마음을 갖고 있었다. 그는 자신에게 엄격한 생활 태도를 지닌 데다 해박한 사람이었다. 아무튼 서울에서 조카와 만난 이래 나는 그의 영향을 크게 받았다.
>
> "우리 집안이 겪고 있는 현재의 고통은 역사가 변화되는 데서 필연적으로 나타나는 한 현상에 불과합니다. 이를 올바로 받아들이고 혁명에 적극 나설 수 있는 사상적 의지와 분비가 필요합니다."
>
> 이 같은 조카의 충고 속에 나는 혁명에 관한 기본 이론들을 공부했고, 앞으로의 삶도 '계급해방'이라는 역사적 요청에 따라 걸어갈 것을 결심했다. 일제 이래부터 겪어온 수난의 민족사가 결국은 어떤 하나의 길로 접어들기 위해 필요했던 '진통'의 과정으로 여겨지기도 했다.[18]

정종희는 자신의 수기에서 17세 연상의 조카를 존경의 대상, '집안의

---

18) 정종희, 「통일에 거는 광명 천지」, 『월간중앙』 2월호, 중앙일보사, 1990, 518~519쪽.

인물'로 인식하고 있다. 그리고 그에게서 영향을 받아 사회주의 혁명사상을 갖추게 되었다고 진술한다. 정해진은 1967년 2차로 북에서 내려 온 후 봉강과 정종희에게 통일의 과업을 위해 각자가 맡은 바 일을 잘하자고 이야기한다. 이 분위기 역시 정종희는 교조적인 분위기로 인식하고 있다.

> 그 밤이 이슥하도록 우리는 북의 가족과 이쪽 가족의 안부며 살아가는 얘기를 주고받았다.
> "나라가 갈려 있으니 혈육도 못 만나고 이렇게 살 수밖에 없습니다. 하루빨리 통일 돼 같이 살아야지요. 조국통일을 위해 나는 나대로 북에서, 형님과 아재는 또 남에서 어떻게든 노력합시다."
> 작은조카는 또렷또렷한 목소리로 얘기를 이어나갔다. 상봉의 기쁨과 현실의 두려움이 격렬하게 교차되는 가운데 시간이 흘러갔다. 새벽이 되기 전에 조카는 떠났다.
> "내가 왔다는 사실은 절대 비밀로 해두세요."[19]

이러한 상황은 비단 정종희에게만 적용된 것은 아니라고 판단된다. 1965년 정해진이 처음으로 내려왔을 때 당당하게 형님의 월북을 권한다. 봉강은 당국의 사찰을 이유로 셋째 아들을 북으로 보내 밀봉교육을 받고 오도록 한다. 그리고 이후 정치 행보를 변경하기까지 한다. 봉강은 생애 중 두 번 국회의원에 출마한다. 1950년에는 무소속으로 출마하였고, 1960년에는 사회대중당의 후보로 출마하여 두 번 다 낙선을 하게 된다. 그때까지 혁신계 인사로서 시류에 부합하지 않고 정치적 신념을 지켜왔던 것이다. 그런데 1967년 봉강은 보수세력이라고 할 수 있는 서민호의 대중당의 창당에 깊숙이 관여하는 모습을 보인다. 저간의 여러 사

---

19) 정종희, 「통일에 거는 광명 천지」, 『월간중앙』 2월호, 중앙일보사, 1990, 531~532쪽.

정이 있었겠지만 보성가족간첩사건 판결문에 명시된 대중당을 장악하라는 북의 지령을 염두에 두고 행보를 옮긴 것이 아닌가 하는 의구심이 든다. 결국 봉강은 자신이 쌓아 온 신념과 북에서 온 동생의 경직된 혁명논리의 충돌에서 오는 강박증에서 명을 재촉한 것은 아닌지?[20]

정해진의 교조적 혁명논리는 집안의 친척들과 인근 후배[21]들에게도 강력한 자장을 미친 것으로 파악된다. 한국전쟁 인공시절 보성군당이나 회천면당에 가입하여 중추적인 역할을 한 봉강의 당내간(堂內間)은 다른 집안에 비해 월등히 많은 수이다. 봉강은 회천면 인민위원장, 그의 아내 최○○는 회천면 여맹선전부장, 재종들은 남로당 보성군당 당원, 조선민주주의청년동맹위원회(민청) 보성군 부위원장, 또 다른 재종 정해두는 보성군 농민동맹위원장으로 활동하다가 빨치산으로 사살된다.

봉강의 아들뻘인 숙부 정종팔은 한국전쟁 이전 공산주의 활동을 하다가 인천소년형무소에서 복역 중 탈옥하여 빨치산으로 사살, 고모인 정국남은 빨치산으로 활동하다가 사살, 재종동생 1명은 보성인쇄소 근무 중 학산 윤윤기와 같이 3차보도연맹 검속에서 사살되었다.

정종희는 한국전쟁시기 보성군 회천면 조선민주주의청년동맹위원회 선전부 지도원으로 활동했다. 그는 1950년 9월 일림산으로 입산하여 식

---

20) 이재승은 정해룡의 대중당 관여가 북한의 지령에 따른 것인지, 아니면 정치 역정의 필연적 종착점인지는 논의의 여지가 있다고 보고, 망자의 의도를 다시 분단체제의 천칭에 올려놓고 평가할 필요가 있는가에 의문을 제기하면서 통일을 추구하는 관점에서 해원적인 평가가 필요하다고 제안하고 있다. 그리고 분단을 극복한 정상적인 정치공간에서 새롭고 적극적으로 평가할 수 있을 것이라고 밝히고 있다(「전후 냉전사법의 재해석」, 『역사와 책임』 제4호, 민족문제연구소 포럼 진실과정의, 2013).

21) 보성 현지조사 과정에서 만난 하동정씨 집안의 가족은 장손이 해방정국에서 월북하고, 전쟁 시기 인민군 장교로 내려와서 순천훈련소장을 맡은 것이 정해진의 힘이 많이 작용한 것으로 들었다고 증언하였다(정장옥 구술, 2014. 7.12, 보성군 보성읍, 김종군, 박현숙 조사).

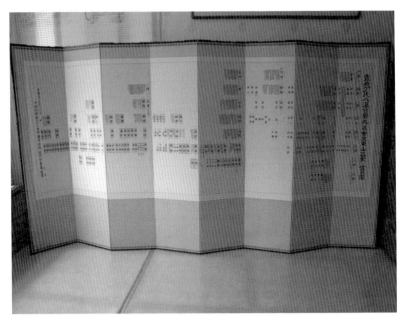

〈그림 3〉 정종희 씨가 만든 영광정씨 가계도 병풍

량 보급투쟁으로 활동하던 중, 1951년 9월 군경과 교전하다가 토벌대가
쏜 총알이 눈을 스치면서 두 눈을 잃었다. 당숙인 정종호는 해방 이후
남로당에 가입, 한국전쟁시기 회천면 인민위원회에서 교육계장(면 직원
성분심사 등)으로 활동했다.

사회주의 활동을 했던 인근 가문에서는 토벌대에게 쫓겨 생명의 위협
을 느끼면 자수를 하여 전향하는 것이 허다하였지만 봉강 집안사람들을
대부분 산으로 들어갔고, 결국은 토벌대에게 사살되는 비극을 당했다.
이러한 급진적인 행동은 봉강 집안이 보성 인근의 여타 사회주의 활동
가 집안에 비해 사회주의 혁명사상이 투철했음을 입증한다고 하겠다.
그 중심에 정해진의 교조적인 혁명사상이 자리 잡고 있었다고 본다.

이들 집안사람들에게는 고귀한 자신의 목숨보다는 이데올로기가 우

위에 있었다고 볼 수 있으니, 이는 혁명사상에의 강박증으로 읽힐 여지
가 크다. 정길상은 이런 집안 분위기를 "혁명가의 집안은 그래야 한다.
혁명사상을 받아들인 사람은 죽음을 각오해야 하고, 받아들이지 못한
사람은 미칠 수밖에 없다."고 진술하였다.[22] 산에서 죽어간 많은 수의
가족과 친척들이 모두가 혁명사상으로 투철하게 무장되었을지는 의문
이다. 이데올로기에 경도된 집안 분위기에서 어쩔 수 없는 선택은 아니
었는지?

구술을 듣는 과정에서 봉강 집안의 전후 세대들의 생각을 읽을 수 있
었다. 종가의 가훈이 "역사에 죄인이 되지 말라"였는데, 이제 생존한 전
쟁세대는 그 자손들에게 한 가지를 더 부가한다고 했다. "조상에 죄인이
되지 말라"고.[23] 이 얼마나 고단하고 치열한 삶인가?

빨치산 활동에서 열아홉 어린 나이에 두 눈을 잃고 힘겨운 삶을 지탱
하다가 북에서 온 조카 정해진을 만나 간첩활동에 협조했다는 죄목으로
장기수 생활을 한 정종희는 이 고단하고 치열한 삶을 고스란히 살아내
고는 2008년 총상의 후유증인 뇌농양으로 영면에 들었다. 그 아들 정해
열은 아버지의 이 고단하고 치열한 삶을 이해하고 받아들인다고 했다.
고등학교 교복을 입고서 간첩사건 재판이 이루어지는 법정에 고스란히
앉아있는 자신을 발견하고는 자기 자신도 역사와 조상에게 죄인이 되지
말자는 신념을 가졌음을 확인했다고 했다.

---

22) 정길상 구술, 2014.7.11, 보성군 회천면 봉강리, 김종군 조사.
23) 정해열 구술, 2014.7.11, 화순군 일송정 식당, 김종군, 박현숙 조사.

〈정가(丁家)네 바깥댁 이야기〉[24]

'할아버지 내가 모실래'하던
치기 어린 목소리는
어두운 철창 안 차가운 감옥 속,
무뎌진 손끝으로 연필자루를 잡고
한 자 한 자 적어 보냈던
이름 석 자.
그 아이였습니다.

가시덤불을 넘어왔다 하여
혈육을 죄인으로 만들 수는 없었기에
눈앞을 가리우는 형벌도
억울치는 않았을 것입니다.

사형선고보다 두려웠던 것은
당신의 아들딸들이
양심수의 석방을
투쟁의 노래를
절규하는 것이었습니다.

세 살배기 손녀 딸아이가
맨 처음 배워 부른 노래는
투쟁의 노래였습니다.

"아부지 나오신대요…"
어린 여동생의 말에
큰 아들은

---

24) 정종희 씨의 큰손녀가 고등학교 때(2003년), 교내 글짓기대회에 출품한 시작
품.

교탁 위에 분필자루를 짓이기며
뜨거운 것만 툭 툭 떨구다가
끝내는 교탁 밑으로 들어가
울음으로 주저앉았습니다.

세상은 변했습니다.

그 분을 가로막던 쇠사루 같은 어둠은
이미 사라진 지 오래지만…

할아버지에겐 원래부터 빛이 없었습니다.

다만,

아주 가끔씩··

죽순 같은 손녀딸의
작은 온기만이 느껴질 뿐입니다.

　정종희의 큰손녀가 쓴 위의 시에서는 분단 정국과 한국전쟁 시기에 가풍을 좇아 혁명사상에 충실했고, 분단체제 속에서 가족의 정리(情理)를 충실히 이행하기 위해 처절하게 살아온 할아버지의 삶을 고스란히 포용하겠다는 의지가 절절히 읽힌다. 17년 전 북으로 간 조카 정해진을 만나 뜨거운 혈육의 정으로 몇 시간 이야기를 나누고 간절한 부탁을 거절하지 못하고 간첩활동에 동조하여, 정종희는 12년 징역형을 받는다. 그리고 장기수로서 독방생활을 하게 되는데, 두 눈을 모두 실명하여 암흑 속에 사는 시각 장애인에게는 너무도 가혹한 형벌이었다. 이에 그의 아내 수동댁은 모든 일을 작파하고 서울로 올라와 남편의 구명에 온힘

을 쏟았다. 당시 양심수들의 가족들 주축으로 결성된 '민주화실천가족
운동협의회(민가협)'의 집회에 할머니 등에 업혀 자주 참여한 세 살의
손녀는 맨 처음 배운 노래가 투쟁의 노래였다고 술회하고 있다. 그리고
분단의 역사 속에서 사회주의 활동 전력으로 고단했던 가족사를 담담하
게 풀어낸다. 자손으로서 조상의 행적을 탓하거나 원망하기보다는 이해
하고 포용하는 시선을 읽을 수 있다.

2) 혁명사상에서 낙오한 가족의 정신병증

봉강의 집안사람들이 한국전쟁시기에 다른 사회주의 활동 집안보다
많은 사상자를 낸 것과 아울러 봉강의 배우자와 직계가족에게서는 심각
한 정신질환이 발병한다. 봉강의 본처인 박○○가 그러하였고, 장남과
차남이 같은 증상으로 고통을 받다가 비참하게 생을 마감한다. 봉강과
박○○의 5남인 정길상은 혁명사상에서 낙오하게 되면 정신병자가 될
수밖에 없는 극도의 공포감을 자주 언급하였다.

봉강은 16세가 되던 1928년에 할아버지의 주선으로 보성읍의 진원박
씨(珍原朴氏) 박○○와 혼인을 하게 된다. 봉강의 집안과는 달리 매우 보
수적인 집안의 규수로서, 중문 밖 출입도 못 해본 얌전한 사람이었다고
주변 사람들은 기억한다.

> 회: 봉강이 오서(보성군 보성읍 봉산리)로 입장을 하지 않았습니까(오서
>   로 장가를 가지 않았습니까). 그때가 몇 살 때입니까.
> 호: 열다섯, 아니면 열여섯.
> 회: 봉강의 조부(정각수)께서 주장하신 거겠죠. 시대도 시대였지만.
> 호: 큰댁 아주머니(봉강의 어머니)는 오서로 혼인하냐면서 크게 반대했는
>   데, 물동이도 이고 소매동이도 이고 하는 곳으로 한다면서… 그런데

여기 와서 더 가져버렸지(더 호강해버렸지).(희:정종희, 호:정종호)25)

봉강의 어머니 해남윤씨는 박○○를 보수적인 가문의 규수라고 하여 극구 반대하였다고 한다. 봉강 집안의 여성들은 물동이를 이고 바깥출입도 해야 하는데, 그렇지 못할 것이라는 이유에서였다. 실제로 봉강의 어머니 해남윤씨는 스물다섯에 청상과부가 되어 어린 두 아들을 키우면서 종부로서의 중추적인 역할을 한 것으로 보인다. 손자들의 증언에 따르면 여장부로 기억되고 있다. 미군정이 봉강의 건준위 활동을 탄압하기 위해 집에다가 총질을 해대고 대문간에 불을 질러 안채로 옮겨 붙을 상황에 마당으로 뛰어들어 사당의 신주를 모셔내야 한다고 시간을 끌었다고 한다. 그 사이 마을 사람들이 모두 나와 불을 끄고 경찰을 물러가게 했다는 영웅적인 이야기를 기억하고 있다. 그리고 집안사람들이 산으로 들어가 야밤에 보급투쟁을 나오면 밤마다 대밭 밑에 숨겨 둔 쌀을 꺼내서 그득그득 밥을 지어서 먹였다고도 한다. 이처럼 여장부의 면모를 갖춘 시어머니의 입장에서는 얌전하기만 한 며느리가 마음에 들지 않았을 수 있다. 그 사이 고부간의 갈등이 있었는지 확인할 수 없으나 박○○는 첫딸을 1930년에 낳고, 큰아들을 1934년에 낳은 이후부터 정신이 이상해지기 시작했다는 것이다. 이 병증은 점점 더 심해져 1946년 2월에 막내인 정길상을 낳았는데, 눈밭에다 버려두어 얼어 죽게 된 것을 시어머니가 보듬어다가 겨우 살렸다고 마을 사람들은 증언한다.26)

박○○의 정신병증이 어떤 연유에서 비롯되었는지 구체적으로 근거를 찾을 수 없다. 마을 사람들은 정해진을 결혼시키고 신접살림을 차릴 아래채를 새로 지으면서 동티가 나서 그렇다는 풍문이 있었다고 했다.27)

---

25) 정종호 구술, 1995.3.20, 부산 정종호 자택, 정길상 조사.
26) 정## 구술, 2014.7.12, 보성군 겸백면 노인정, 김종군 조사.

가족들의 진술에 의하면 봉강의 사회주의 활동으로 집안에 가해지는 탄압에 따른 극도의 공포감, 삼천 석 살림이 독립자금, 정치자금으로 자신과는 한 마디 상의도 없이 새 나가는 가운데 소외감으로 고통을 받았다는 것이다. 이러한 진단은 봉강의 어머니 해남윤씨를 아들들의 사회주의 활동을 적극적으로 내조한 여장부로 인식하는 것과는 매우 대조적인 입장인 것이다. 결국 가정에서 내조를 하는 주부도 사회주의 혁명사업을 이해하고 동조한다면 함께할 수 있지만 그렇지 못한다면 정신병에 걸릴 수밖에 없다는 입장을 취하고 있는 것이다.

그 결과 박○○는 안채 상방에 감금된 생활을 하다가 1960년 봉강과 이혼절차를 밟게 된다. 그렇다고 집밖으로 내보내진 것은 아니다. 사회주의 활동에 박차를 가하는 봉강을 내조할 사람이 필요하다는 것을 간파한 제수 전○○은 자신의 이화여전 동기인 최○○를 봉강에게 소개하여 1949년부터 사실혼에 들어간 것으로 보인다. 최○○는 고향이 평양이라서 집안에서는 평양댁이라는 댁호로 불렀다. 봉강 집안에서 인수한 율포 주조장 옆에 새로 살림집을 짓고 봉강과 함께 살게 되는데, 한국전쟁시기 회천면 여맹 선전부장으로서 인민위원장인 남편을 적극적으로 내조한 것으로 보인다. 전쟁이 끝난 후 가세가 기운 봉강의 본댁 생활비는 최○○가 맡아서 운영한 율포 주조장에서 주로 부담한 것으로 보인다. 정종호의 구술에서 최○○의 공을 거듭 칭송하는 데서 확인할 수 있다.[28]

봉강의 장남은 1934년 생으로 종조부인 정종희보다 한 살 아래였다. 그런데 아버지는 집안의 대소사를 집사 일을 맡은 정종호와 아들과 같은 숙부 정종희와 더불어 상의하는 가운데 대단한 소외감을 가진 것으

---

27) 정## 구술, 2014.7.12, 보성군 겸백면 노인정, 김종군 조사.
28) 정종호 구술, 1995.3.20, 부산 정종호 자택, 정길상 조사.

로 보인다. 그도 그럴 것이 정종희는 항렬상으로 종조부이지만 증조부의 소실에서 출생한 밖에댁[29]의 서자인데, 아버지는 모든 일을 정종희에게 상의하는 데서 심리적 고충이 있었을 것이다. 그리고 그는 차종손으로서 순천고등학교를 다녔는데, 토벌대와 빨치산의 전장터가 되는 집안의 분위기에 매우 큰 공포감을 가진 것으로 전해진다. 그 결과 18세부터 정신이상의 증상을 보이더니 시간이 갈수록 신경안정제 주사를 스스로 투여하면서 병증은 더했다고 한다. 병증이 심해지면 흉기를 들고 밖에댁 정종희에게로 달려드는 일이 있었던 것으로 가족들은 기억하고 있었다. 이 역시 집안의 사회주의 혁명사상을 올곧게 수용하지 못한 가운데, 탄압에 대한 공포감이 기중되어 발병한 것으로 추측된다.

봉강의 차남은 형과 함께 순천고등학교 마치고 육군사관학교 진학을 소원한다. 그런데 합격은 하였으나 신원조회에서 집안의 사회주의 활동 내력과 삼촌의 월북 사실에 연좌가 되어 결국 불합격 처리가 된다. 그 충격으로 1년간을 방황하다가 전남대 영문과에 진학을 하였는데, 역시 이후로 정신병 증상을 보였다고 한다.

사회주의 활동 집안의 분위기에 적응하지 못하고, 집안에 가해지는 탄압을 공포로만 받아들이는 가운데 정신병증이 발병했다고 볼 수 있다. 그렇지만 두 청년도 각자가 꿈꾸었던 미래가 집안 분위기 때문에 좌절되는 가운데 극심한 갈등을 겪었고, 그 결과로 정신을 놓아버린 이데올로기의 희생자라고 할 수 있다.

---

29) 봉강마을에서는 종가인 정해룡의 집을 '큰댁'으로 지칭하고, 대문 밖에 따로 분가를 해 살던 정종희의 집을 '밖에댁'이라고 불렀다고 한다.

3) 월북 가족에 대한 차별의 시선과 연좌제 피해

봉강의 동생 정해진은 앞서 예에서 보았듯이 투철하고 교조적인 사회주의 혁명사상을 가진 인물로 보인다. 그런 그의 아들들도 부모의 월북 사건으로 뼈에 사무치는 이산의 아픔과 월북자의 아들이라는 질시와 경계를 감내하면서 살아왔다.

정해진은 전○○과 결혼하여 한국전쟁 전에 3남 1녀를 두고 있었다. 해방 이후 상경하여 지하공산당 활동을 하던 중 1948년에 고향의 어머니께 연락을 하여 큰아들을 맡아달라고 부탁한다. 그 큰아들은 70대 중반이 된 지금도 1948년 신촌역에서 어머니와 마지막 이별하던 순간을 잊지 못하고 있었다. 시어머니와 아들을 배웅하면서 너무 서럽게 울어서 일곱 살 어린나이에도 "이렇게 울 거면 뭐하러 날 보내나?' 의아해 했다는 것이다. 그리고 후에 생각하니 어머니는 이것이 혹여 영이별이 될 수도 있다는 생각을 했을 수도 있다고 구술하고 있다.[30] 이후 둘째 아들도 보성으로 보내져 사촌들과 백부인 봉강 슬하에서 성장을 하게 된다. 사촌인 정길상은 어린 시절 이들이 자신의 친형제인 줄 알았다고 전한다.

큰집에 맡겨진 이들 형제의 삶은 순탄하지는 못했다고 한다. 백부가 국회의원에 출마하여 거듭 낙선하는 바람에 가계가 힘들어지면서 고등학교 진학을 할 수 없는 지경이었다고 한다. 그래서 형제는 국비로 학비가 지원되는 목포해양고등학교를 진학하였고, 선원이 되어 북으로 간 부모를 만날 꿈을 꾸었다고 한다. 그러나 이들의 꿈은 좌절되었다. 부모가 월북한 사실로 사상이 불온하다고 하여 을종 2종 항해사의 면장(免狀)과 여권이 붙어 있는 선원수첩이 발급되지 않은 것이다.[31] 그래서 두

---

30) 정** 구술, 2014.7.8, 서울 소재 식당, 정길상 녹음.

형제는 1966년 서울로 상경하여 여러 가지 아르바이트를 하며 고학을
시작하게 된다. 명동에서 빈병을 주워 빈병장사를 했는데, 몸이 힘들
때, 형제는 북으로 간 아버지와 큰집을 원망하기도 했다고 한다.

정해진의 큰아들은 아버지가 경성제국대학을 나왔으니 자신도 서울
대를 가겠다고 마음을 먹고 삼수를 했으나 실패하고 한양대에 입학을
하였고, 둘째 아들 정훈상은 노래를 잘해서 술집에서 노래하는 일로 돈
을 벌었고, 중앙대에 입학하게 된다. 그 후 정훈상은 군대를 입대하였다
가 탈영하여 1969년 일본으로 밀항하게 된다. 정훈상은 일본에서 밀항
의 이유를 북에 있는 부모에게 가기 위함이니 북으로 보내달라고 요청
한다.[32] 이 사건은 남과 북, 일본의 중대한 외교문제로 다루어진다. 결
국 일본의 인권관련 변호인단 129명이 관련하여 정훈상은 국외추방을
통해 북으로 들어가 21년 만에 부모를 만나게 된다.

정훈상이 북으로 가고 싶었던 간절한 이유를 '혈육 찾기'보다는 '사회
주의자 아버지의 월북과 이로 인한 한국의 감시체제가 끊임없이 훈상을
괴롭혔기 때문'이라고 정훈상의 다음 진술을 보고 진단한다.[33]

> 남조선에서는 출세는커녕 발을 땅에 붙이고 살 장소조차 주어지지 않
> 는다. 자유는 누구에게도 양도할 수 없는 것임과 동시에 빼앗겨서도 안

---

31) 정훈상청년정치망명사건변호단, 『정훈상청년정치망명사건(자료집)』, 100쪽(권
　　혁태, 「잃어버린 사람을 찾아서-북으로 간 탈영병 정훈상 이야기」, 『황해문화』
　　제82호, 새얼문화재단, 2014년 봄호 재인용).
32) "나는 일본에 살기 위해 온 것이 아닙니다. 부모가 있는 조선민주주의 인민공화
　　국에 가고 싶습니다. 하루 빨리 공화국에 갈 수 있도록 해주실 것을 요청합니
　　다."(정훈상청년정치망명사건변호단, 『정훈상청년정치망명사건(자료집)』 4~5쪽
　　(권혁태, 「잃어버린 사람을 찾아서-북으로 간 탈영병 정훈상 이야기」, 『황해
　　문화』 제82호, 새얼문화재단, 2014년 봄호 재인용).
33) 권혁태, 「잃어버린 사람을 찾아서-북으로 간 탈영병 정훈상 이야기」, 『황해문
　　화』 제82호, 새얼문화재단, 2014년 봄호.

되는 천부의 인권일 터인데, 그 놈들은 나에게 아무런 주저도 없이 이런
짓을 하는 것이다… 진정으로 자유가 그리웠습니다. 아버지, 그리고 어머
니를 만나는 자유를![34]

결국 정훈상은 분단체제 속에서 월북가족들을 옥죄는 연좌제에서 벗
어나고자 북으로 갔다고 볼 수 있다.

그런데 여기서 한 가지 간과할 수 없는 사실이 있다. 형제는 1969년
두 사람이 이산할 때까지 아버지 정해진의 2회에 걸친 남파 사실을 전
혀 몰랐다는 것이다. 정훈상은 1970년 12월 평양에 도착하여 부모를 만
나는 순간 보성을 두 번이나 다녀간 사실에 경악했을 것이다. 큰아들의
구술에 따르면 자신은 1980년 11월 보성가족간첩사건에 연루되어 남산
중정으로 끌려가서 비로소 아버지가 고향을 두 번이나 다녀갔다는 것을
알았다는 것이다.[35] 그때의 감정에 대해서는 굳이 언급하지 않았지만,
그 사이에 친척들이 "니 아버지를 만나봤냐?"는 말에 잔뜩 주눅이 들었
던 억울함, 할머니가 "북에 가서 니 동생을 하나 더 낳았단다."는 말을
흘려들은 자신을 한없이 힐책했을 것으로 짐작된다.

정해진은 1965년과 1967년 두 번에 걸쳐 고향 회천을 찾는다. 처음 와
서는 정종호에게 안내를 청해 친형 봉강을 만났고, 조카를 데리고 돌아
간다. 두 번째 왔을 때는 역시 정종호의 안내로 형을 만나고, 북에서 내
리는 지령에 온전히 답을 못하는 조카를 힐난하였으며, 앞을 못 보는 나
이어린 삼촌 정종희만을 만나고 돌아선다. 지척에 16년 전에 보고 마지
막이었던 노모가 계시고, 자신이 맡기고 떠난 두 아들이 있는데 말이다.

---

34) 日本機関紙協会兵庫支部編, 『共和国への道を日本に求めて-丁勳相(政治亡命)青年の
手記』, 14쪽(권혁태, 「잃어버린 사람을 찾아서-북으로 간 탈혁병 정훈상 이야
기」, 『황해문화』 제82호, 새얼문화재단, 2014년 봄호 재인용).
35) 정** 구술, 2014.7.8, 서울 소재 식당, 정길상 녹음.

두 아들은 학업을 위해 고향을 떠나 있었을 수도 있다. 그렇더라도 봉강은 이 사실을 두 조카에게 알려줄 수 없었던 것인가? '이데올로기는 핏줄을 넘어서지 못한 것이 우리현대사의 비극'이라는 말에 선선히 수긍이 가지 않는 대목이다.

4. 사회주의 활동가에 대한 평가와 치유

봉강 정해룡을 사회주의자로 평가할 것인가에 대해서는 논의를 거듭할수록 확신이 서지 않는다. 분명 그의 아우 정해진은 투철한 사회주의자였다. 신학문을 통해 사회주의 이론을 철저하게 섭렵하였고 국제공산당 정치당원으로서 자격을 갖춘 사람이다. 봉강이 정해진을 통해 사회주의 사상을 접했고, 해방정국에서 건국준비위원회를 맡아 미군정과 갈등을 겪었으며, 인공시절에는 면 인민위원장이 되었지만 이것만으로 사회주의자라고 단정하여 적대시하는 것은 분단체제 속에서는 가혹한 평가라고 판단된다.

봉강의 생애와 가족사를 훑다보면 봉강은 진정한 인본주의자로 보아진다. 식민 치하에서 고통당하는 민족을 염려하고, 조국의 독립을 간절히 염원했던 진보적인 성향의 올곧은 선비에게 해방정국에서 미군정이 친일세력을 중용(重用)하는 일은 용납할 수 없었던 것이다. 자신의 신념으로 역사에 죄인이 되지 않기 위해 사는 삶은 시류에 영합하지 않는 일이었다. 그 결과로 봉강은 좌익이나 혁신계 인사가 될 수밖에 없었다.

분단체제 속에서 우리는 어느 한편에 서는 것을 강요받는다. 자유민주주의를 표방하는 남한의 체제 속에서 사회주의 활동에 대해 옹호하듯, 아니 이해하듯이 이야기하는 것도 문제의 여지를 안고 있다. 국가보

〈그림 4〉 지역주민들이 세운 봉강 추모비

안법이 헌법의 우위를 점하듯 횡행하는 분단체제 속에서 사회주의 활동에 대해 평가하는 일은 결코 쉽지 않은 일이다. 그렇다고 이를 덮어버리고 지난다면 우리의 해방정국과 분단시대의 역사는 반쪽의 역사로만 길이 남을 것이다.

역사적인 맥락에서 본다면 해방정국에서 사회주의 활동가로 평가 받는 이들은 일제강점기 항일운동이나 민족운동에 투신한 경력을 가진 경우가 많다. 미소 강대국에 의해 민족이 분단되는 현실에서 독자적인 건국준비위원회나 단정반대 활동에 가담하는 인사는 좌익 활동가로 치부되었고, 미군정이 거용한 친일파에 의해 철저하게 적대시되었다. 분단체제가 고착화됨으로써 이익을 취할 수 있는 세력들에 의해 왜곡되고 무화되어 버린 해방정국 이전의 항일 및 민족운동의 숭고한 활동을 발굴해 내야 한다. 그리하여 해방과 분단정국에서 이들의 활동을 좌익활동으로 단정하기보다는 통일운동으로 다시 평가해야 할 것이다. 적어도 분단체제가 걷히고 남북이 통합의 국면을 맞게 될 때 이들의 활동은 역사의 새로운 한 장이 될 것임이 분명하다. 좌익이니 우익이니 하는 이데올로기 이전에 자주적 내 나라가 우선이고, 사람살이가 먼저라고 여기고 활동했던 인본주의자들에 대한 분리된 올바른 평가 틀이 필요하다.

가족사나 문중사의 범주에서 이루어진 해방 및 분단정국, 한국전쟁시기의 사회주의 활동은 분단체제 속에서 철저하게 적대시하고 무화시키는 가운데, 해당 가문들을 멸문으로 몰아가 버렸다. 집안의 분위기에 순응하여 적극적으로 활동하다가 사상된 자손들은 빨갱이의 후손이라는 연좌제에 걸려 사회활동에서 큰 제약을 받아왔고, 소극적인 자세로 지켜봤던 문중원들은 그 화근이 자신들에게 미칠까봐 뿌리와의 끈을 잘라버리고 살아가고 있다. "그 집안이 명망도 있고 참 잘 나갔는데, 누구 하나가 빨갱이가 되는 바람에 지금은 아무 것도 없어"라는 말을 현지조사 과정에서 종종 듣게 된다.

일제강점기 역사에 죄인이 되지 않기 위해 부단히 노력했던 숭고한 행적들은 분단체제 속에서는 역사의 죄인으로 단죄되어 버렸다. 가문 내의 구성원 개개인들은 분리하여 평가를 내릴 필요가 있으며, 시기적으로도 일제강점기와 분단정국에서의 행적을 분리하여 평가할 필요가 있다. 한 개인의 행적을 단절적으로 평가하는 것이 다분히 비논리적이라는 비판의 여지가 있다. 그렇지만 분단체제라는 지극히 비논리적인 사회구조 속에서는 분리된 평가의 틀이 차선의 대안이 될 수밖에 없는 것이다.

역사에 죄인이 되지 않기 위해 치열하게 살다간 이들에 대해 온당한 평가가 이루어진다면, 그 후손들은 지금껏 죄인의 후손이라고 자책했던 상처들을 벗고 조상에 죄인이 되지 않기 위해 온전한 삶을 영위할 수 있을 것이다. 이것이 곧 이들에 대한 치유의 방향이 아닐는지?

제2장 탈북 청소년의 구술생애담 속 가족의 해체와 탈북 트라우마

나지영*

1. 탈북 청소년의 남한사회 적응과 가족해체의 관계

　다양한 가족형태로 남한에 들어오는 북한이탈주민들은 탈북과 이동 과정에서 가족이 해체되고 재구성 되는 경험을 반복적으로 하게 된다. 그런데 북한이탈주민에게 가족해체는 개인의 선택에 의한 것이라기보다 구조적인 삶의 조건에 의해 발생하는 것이다.[1] 국내의 여러 연구자

---

　* 건국대학교 통일인문학연구단 HK연구원

　1) 이와 관련하여 참고할 만한 논의를 소개하면 다음과 같다.
　　'1990년대 중반 북한의 심각한 식량을 시작된 탈북의 행렬이 지속되면서 2000년대에 들어서서는 중국에 체류 중이던 북한이탈주민의 남한입국으로 이어져 지속적인 증가추세를 보여 현재 남한에 거주하고 있는 북한이탈주민들의 수는 약 25,000여 명에 이르고 있다. 북한 주민이 탈북하여 한국을 포함한 제3국으로 이주하기까지 다양한 경험들을 하게 된다. 생명의 위협을 감수해야 하는 다양한 경험(도피생활, 발각과 북송, 고문과 수용소 생활, 재탈북)을 할 뿐 아니라, 가장 기본적인 삶의 단위이며 근간이라고 할 수 있는 가족들과의

들은 북한이탈주민들이 경험하게 되는 복잡한 가족구조의 관계가 북한
이탈주민의 남한사회 적응에뿐 아니라, 남한사회의 가족제도에도 영향
을 미칠 만큼 중요한 사회적 문제가 되고 있음을 인지하면서, 북한이탈
주민의 가족해체 문제에 관심을 기울이고 있다.[2] 북한이탈주민의 가족
해체와 재구성 문제는 남북한 주민의 사회통합에 있어서도 간과할 수
없는 중요한 사회적 문제인 것이다.

그런데 그간의 논의들은 대부분 '탈북여성'에 초점을 맞추어 북한이탈
주민의 가족해체 문제에 접근한 경향이 있다.[3] 탈북여성은 이혼과 재
혼, 출산 및 양육 등 가족해체와 재구성의 중요한 요인들과 직접적으로
관련이 되기 때문이다.[4] 반면, 북한이탈주민의 가족해체 문제를 본격적

단절을 경험하게 된다. 직계가족 구성원 전체가 탈북하는 경우가 매우 드물
기 때문에 대다수의 북한이탈주민들은 가족들과의 일방적인 단절 혹은 묵시
적 동의에 의한 단절, 합의에 의한 단절을 통해서 탈북하여 남한에까지 입국
하게 된다.'(김선화, 「북한이탈주민 가족의 적응이슈와 가족복지실천 방안:
가족구성, 가족해체와 재결합 과정을 중심으로」, 『한국가족사회복지학회 학
술발표논문집』 2, 한국가족사회복지학회, 2013, 1쪽).

2) 대표적인 연구들은 다음과 같다.
이순형·김창대·진미정, 『탈북민의 가족해체와 재구성』, 서울대학교 통일학
신서 5, 서울대학교출판문화원, 2009; 이덕남, 「북한이탈주민의 가족재구성
경험과정연구: 정책적시사점 도출을 중심으로」, 『한국컴퓨터정보학회논문지』
18권 11호, 한국컴퓨터정보학회, 2013; 홍승아, 「가족 관점에서 본 북한이탈여
성의 정착과제 -자녀양육을 중심으로-」, 『통일문제연구』 25권 2호, 평화문제
연구소, 2013; 소성규·손경식, 「북한이탈주민의 가족관계등록과 중혼문제해
소를 위한 법제도 개선방향 -경기도 북한이탈주민 인식조사를 중심으로-」,
『법과정책연구』 11권 2호, 한국법정책학회, 2011.

3) 노치영, 「생존전략으로써의 탈북과 가족해체 경험-북한여성들의 사례를 중심
으로-」, 『인간생활환경연구소 논집』 1호, 이화여자대학교 생활환경대학 인간
생활환경연구소, 2002; 김선화, 「북한이탈주민 가족의 적응이슈와 가족복지
실천 방안: 가족구성, 가족해체와 재결합 과정을 중심으로」, 『한국가족사회복
지학회 학술발표논문집』 2, 한국가족사회복지학회, 2013; 홍승아, 「가족 관점
에서 본 북한이탈여성의 정착과제 -자녀양육을 중심으로-」, 『통일문제연구』
25권 2호, 평화문제연구소, 2013.

4) 이와 관련하여 참고할 만한 논의를 소개하면 다음과 같다.

으로 다루고자 할 때, 탈북 청소년에 초점을 맞춘 연구는 그리 많지 않다. 보통 '가족해체' 문제는 탈북 청소년의 남한사회 적응을 어렵게 만드는 여러 가지 요소 가운데 하나로 여겨지고 있으며,[5] 탈북 청소년이 경험하는 가족해체 문제를 중점적으로 다룬 연구는 미미하다고 할 수 있다.

탈북 청소년의 경우에는 자신의 의지와 상관없이 어른들에 의해 가족해체와 재구성을 경험하게 된다. 지금까지 연구자가 만나본 대부분의 탈북 청소년들은 '일방적'으로 당할 수밖에 없는 '가족해체'를 어쩔 수 없는 '당연한 일'로 여기며 살아가고 있었다. 가족해체를 특별하거나 심각한 문제로 여기기보다는, 북한이탈주민에게는 빈번히, 항상, 당연히 일어날 수밖에 없는 일로 여기는 경향이 두드러졌다. 이러한 경향성은 현재의 삶을 더욱 충실하게 살아가도록 하는 힘이 되기도 하지만, 자기 자신의 문제를 올바로 직시하지 못하게 하는 원인이 될 수도 있다. 탈북 청소년들이 겪게 되는 정체성의 혼란이나 대인관계의 문제 등, 실제 살

'탈북여성의 경우는 북한에서 가족 해체의 경험을 하였고 탈북한 이후, 대부분이 중국을 거쳐 오면서 그곳에서 또 다른 형태의 가족을 구성하고 이후에 남한 입국의 과정 속에서 중국에서 출생한 자녀들과 또 한 번의 가족해체를 경험하게 된다. 이러한 탈북여성들은 한국에서 정착 과정 속에서 북한과 중국에 두고 온 자녀들을 한국에 데려오고 또한 헤어졌던 여러 가족구성원들과 다시 나의 가족을 구성(재결합)하게 되면서 여러 문제점들이 발생하고 있으며, 이러한 이슈들은 북한이탈주민 가족 전체의 적응에 여러 영향을 미치는 요소라고 할 수 있다.'(김선화, 「북한이탈주민 가족의 적응이슈와 가족복지실천 방안: 가족구성, 가족해체와 재결합 과정을 중심으로」, 『한국가족사회복지학회 학술발표논문집』 2, 한국가족사회복지학회, 2013, 2쪽).

5) 이기영은 탈북 청소년의 남한사회 적응문제를 다음과 같이 유형화하였다. ① 학업부문에서의 부진과 학교적응과의 관계 ②교사(학원 강사 포함)와의 관계 ③진학 및 진로설정에 대한 비 구체성 ④비정규교육기관에서의 인간관계형성의 문제점 ⑤친우관계형성에서의 어려움 ⑥탈북 청소년의 부모와의 관계 ⑦ 적응 스트레스의 다양한 원천(이기영, 「탈북 청소년의 남한사회 적응에 관한 질적 분석」, 『한국청소년연구』 제13권 제1호, 한국청소년개발원, 2002, 175~224쪽).

아가면서 겪게 되는 여러 가지 중요한 문제들은 가족해체의 문제와 밀접하게 연관되어 있기 때문이다.

이에 이 글에서는 탈북 청소년의 구술생애담에 나타나는 가족해체에 초점을 맞추어 탈북 트라우마의 한 단면을 살펴보고, 이에 대한 치유 방향을 모색해 보고자 한다.[6] 가족해체로 인해 발생하는 어려움이나 상처를 '탈북 트라우마'와 연관 짓는 것은 탈북 청소년이 경험하는 가족해체가 개인적 차원이 아니라 남북관계라는 큰 구조적 틀 안에서 발생하고 있다고 보기 때문이다. 또한 이 글에서 '가족해체'를 중심으로 탈북 트라우마를 살펴보고자 하는 것은 가족해체로 인해 발생하는 문제가 탈북 트라우마의 여러 유발 요인들 가운데서도 보다 심층에 자리 잡고 있다고 보기 때문이다.

2. 탈북 청소년의 구술생애담 속 가족해체와 '어머니'

연구자는 지난 2011년부터 지금까지 새터민청소년그룹홈 '가족'에 거주하는 탈북 청소년들과의 만남을 지속해오고 있다. 그룹홈 '가족'에는 혼자 탈북을 했거나 또는 가족과 함께 탈북을 했더라도 가족과 함께 살기 어려운 형편에 놓인 아이들이 모여 있다. 10명 정도 되는 초·중·고등학생 남자 아이들이 그룹홈 '가족'의 대표이자 아이들 보호자인 K 선생님과 함께 지내고 있다. 기존에 있던 아이들 중에서 각자의 사정이나 진로에 따라 그룹홈 '가족'을 떠나는 경우도 있었고, 새로운 아이들이 들

---

6) 이 글에서 사용하는 '탈북 트라우마'라는 용어는 탈북 과정에서 일어난 사건이나 경험으로 인해 발생하는 트라우마를 지칭하는 것이다. 이러한 용어를 사용하는 것은, 탈북 트라우마가 개인적 차원의 트라우마가 아닌 역사적 맥락에서 이해해야 하는 역사적 트라우마임을 강조하기 위해서이다.

어오기도 한다.

북한이탈주민의 가족해체 경험에 주목하는 대표적인 연구들에서는 북한이탈주민의 가족해체와 재구성되는 경험과정을 시간적 흐름에 따라, 북한에서의 가족해체와 재구성, 중국에서의 가족해체와 재구성, 남한정착 후의 가족해체와 재구성 등 크게 세 시기로 나눈다.[7] 그룹홈 '가족'의 아이들도 전반적으로 기존 연구에서 지적한 것처럼 가족해체와 재구성의 세 가지 시기를 겪었다. 그러나 그 과정에서 누구와 어떻게 관계를 맺었는지에 따라 차이점을 지니게 된다.

남한정착 후의 가족해체와 재구성 과정에 초점을 맞추어 보면, 현재 그룹홈 '가족'에 거주하는 탈북 청소년들의 가족해체와 재구성 양상은 다음과 같다. 첫째, 어머니가 남한에 계시지만 따로 떨어져 살면서 가끔씩 만나는 경우, 둘째, 무연고 탈북 청소년인 경우, 셋째, 어머니는 중국에서 재혼을 하셨고 가끔 연락을 하면서 지내는 경우, 넷째, 부모님은 계시지 않고 형제가 있지만 따로 떨어져 사는 경우가 있다. 여기서 부모와의 관계에 초점을 맞추어 보면 다음과 같은 특징이 드러난다. 아버지는 대부분 사망을 했거나 살아 있더라도 연락이 닿지 않으며, 여전히 관계를 맺고 있는 유일한 친가족은 주로 어머니라는 것이다.

이처럼 탈북 청소년의 가족해체와 재구성 과정에서 주로 아버지보다 '어머니'가 더 중요한 영향을 미치는 것은 사회 구조 속에서도 그 원인을 찾아 볼 수 있다. 북한에서 여성들은 식량난 동안 남성들에 비해 보다 원활한 활동이 가능하여 생계를 책임지는 경우가 많았다. 또한 중국이나 남한에 거주하면서 재혼을 하여 새로운 가족을 꾸리게 되는 경우도

---

7) 이순형·김창대·진미정, 『탈북민의 가족해체와 재구성』, 서울대학교 통일학신서 5, 서울대학교출판문화원, 2009; 이덕남, 「북한이탈주민의 가족재구성 경험과정연구: 정책적시사점 도출을 중심으로」, 『한국컴퓨터정보학회논문지』 18권 11호, 한국컴퓨터정보학회, 2013.

많다. 경제활동과 출산, 육아 등의 문제를 주체적으로 담당하게 되는 어머니를 중심으로 탈북 청소년들은 가족해체와 재구성 경험을 하게 되는 경우가 많을 수밖에 없다. 그룹홈 '가족'의 탈북 청소년들 중에서도 어머니가 있는 아이들은 어머니의 경제활동이나 재혼 문제 등으로 인해 따로 떨어져 살게 된 경우가 대부분이다.

이 글에서는 '어머니'와의 관계를 중심으로 하여 발생하는 탈북 청소년의 가족해체와 재구성 과정에 주목하고 있다. 가족해체와 재구성 과정 속에서 탈북 청소년들이 어머니를 어떻게 인식하고 있으며, 그러한 어머니와의 관계가 현재 삶에 어떠한 영향을 주고 있는지를 파악하고자 한다. 이를 위해 먼저 그룹홈 '가족'에 거주하는 탈북 청소년 A, B, C, D의 구술생애담에 주목해 보고자 한다. A, B, C, D는 다른 아이들에 비해 어머니에 대한 자신의 느낌이나 생각을 많이 표현하였다. 대부분의 아이들은 어머니에 대한 이야기를 꺼내지 않거나 어머니에 대한 감정을 잘 드러내지 않는다. 이 글에서는 어머니에 대한 인식을 살펴보는 것을 목표로 하기 때문에, 다른 아이들에 비해 어머니에 대한 인식을 조금이라도 살펴볼 수 있었던 A, B, C, D의 이야기를 주된 분석 텍스트로 삼았다.

1) 원망과 그리움의 대상인 어머니

그룹홈 '가족'의 탈북 청소년들 대부분은 북한에 있을 때부터 어머니와 떨어져 지냈다. 그 중에서도 A는 다른 아이들에 비해 탈북 당시의 상황이 보다 특수하다고 할 수 있다. A는 탈북 당시에 친어머니에게 버림을 받았고, 자신을 받아주는 가족이 단 한 명도 없는 상황에서 혼자 탈북을 한 무연고 탈북 청소년이다.

엄마가. 엄마부터 할아버지부터 할머니, 엄마, 이모, 삼촌부터 암튼 다 끔찍해요. 하루가 멀다하게 끔찍해요. 다음날 눈 감았다 일어나면 오늘은 또 무슨 일이 있을까. 7살 때가 철들었을 때니까 그때부터 5살 때부터 엄마랑 같이 못 있구요, 무섭게 보냈어요. 엄마가 의붓아버지 만나서, 시집 가가지고 나를 델꾸가지 않았어요. 혼자 가가지고 동생들 둘 놓고 잘 살다가 자기네가 엄마가, 장사하다 밑돈 모아가지고 골탕 먹어서 다시 우리 집 할머니 있는 데 와서 면목이, 얼굴을 들고 할머니 집에 왔어요. 자식을 버리고 혼자 살다가 자기가 이렇게 망하니까 또 할머니한테 오는 거예요. 완전. 할머니도 힘들었겠지만 무서웠어요. 친엄마도 다 무서워하는 편이 었어요. (A의 이야기)

A는 태어나서 아버지는 한 번도 본적이 없고, 어머니와도 어려서부터 떨어져 지냈다. A는 5살 때 어머니가 다른 남자와 재혼을 하면서부터 할머니와 살았다. A에게는 가족해체로 인한 경험이 '끔찍'하고, '무서운' 것이었다. A의 어머니는 재혼을 하여 두 자녀를 얻고 새로운 가정을 꾸렸지만, 멀리 장사를 다녔기 때문에 새로운 가정 역시 제대로 유지가 되지 못했다. A는 할머니가 돌아가신 후에 어머니의 새로운 가정에 들어가서 살게 되었지만 어머니의 얼굴은 거의 볼 수 없었다.

내가 너무 힘들어가지고 밥을, 동생들 밥하다가 그냥 까무라쳤어요. 엄마가 그때 숨어 다니다가 집에 들어왔는데 까무라쳤어요. 근데 하루 밥도 안 해주고 그냥 자기 돈 벌러 간다고 그냥 간 그런 엄마예요. (중략) 남동생 때문에 운적 많아요. 내 형도 아닌 게 무슨 상관이냐고 이렇게 말하면. 밥을 주다가도 이렇게 거기서 진짜 갑자기 눈물 나는 거예요. 이건 이걸 엄마도 알지 못하는 사실이고, 엄마가 또 엄마도 어느 땐가 나하고 싸우면서 엄마가 그 소리를 들었는데 엄마가 그냥 스치는 거예요. 거기서 진짜 날 이렇게 믿어주는 날 이렇게 해주는 사람이 하나도 없구나. 정말 무서워요. (중략) 엄마를 다 알지 못하고 그냥 난 엄마가 착한 엄마인줄

알았어요. 어느 날인가 엄마가 와서 이렇게 나를 밥도, 우리를 내 생일이
었어요. 내 생일이어서 엄마가 왔는데 나 오자마자 진짜 정신 못 차리고
3일을 앓았어요. 그런데 엄마가 생일도 안 세주고 엄마가 노는 태도가 너
무 달랐어요. 거기서 진짜 할아버지 할머니 다 죽고 할머니는 지옥 가서
죽고 할아버지는 사망되고 이모는 시집가고 남은 건 나 혼잔데 거기서까
지 엄마까지 외면하니까 막막했어요. (A의 이야기)

〈그림 1〉 중국 측에서 설치한 두만강 철조망

A는 장님인 의붓아버지와 어린 두 동생을 돌보며 살았는데, 가끔씩
집에 찾아오는 어머니는 A에게 다정하게 대해주지도 않고, 오히려 다른
동생들에 비해 차별했다고 하였다. A는 어머니가 남동생이 자신에게 대
드는 소리를 듣고도 아무 소리 없이 그냥 가버렸을 때 '이렇게 날 믿어
주는 사람이 하나도 없구나'라는 생각이 들었다면서 '정말 무서웠다'라

고 하였다. A는 산에서 약초와 버섯을 캐다 팔거나 개구리를 잡아 중국 밀수꾼에게 팔면서 7년 정도 의붓아버지와 두 동생을 먹여 살렸다. 빨래와 밥 짓기 같은 집안 살림까지 하면서 실제적인 집안의 가장 역할을 했었다. 이렇게 힘든 와중에도 A는 가끔씩이라도 어머니를 보게 되면 힘들었던 것이 싹 사라지는 기분이 들었다고 하였다.

　　혼자서 일케 지내다가 갑자기 엄마 왔다든가. 한 일 년 정도 있다가 엄 마 왔다 하면 그 기분은 표현할 수가 없어요. 표현할 수 없어요. 저절로 막 이렇게 뛰어다녀요. 날아다니는 것처럼 아무리 배고파도 배고픈 감이 없구요. 기분이 잠 안 올 거예요. 엄마가 갑자기 오면 그 기분이 그때 당 시 힘들었던 게 싹 없어져요. 날아가는 것 같아요.

막상 만나면 자신에게 따뜻한 한 마디 해주지 않는 어머니였지만, A는 어머니를 보면 배고픈 것도 사라지고 힘들었던 것도 사라지면서 날아가는 기분이 들었다고 했다. 그런데 남한으로 오기 1년 전에 어머니가 하던 장사가 망하여 집이 파산하자 의붓아버지가 두 동생만 데리고 다른 곳으로 떠났다고 했다. A는 당시의 일을 떠올리면 몸이 떨릴 정도로 무서움을 느낀다고 하였다.

　　엄마 찾으러, 엄마 물어볼라고 갔어요. 나 이렇게 혼자 있는데 어떻게 하라고. 물어보러 갔어요. 진짜 앞이 없잖아요. 나 어떻게 살라고 이렇게 납두고 있냐고 물어보러 갔어요. 아침 8시에 떠나면 저녁 6시에 도착. 한 다섯 번인가 왔다 갔다 했어요. 이모도 엄마를 안 만나게 해줘요. 엄마도 안 만나주고. 거기서 큰아버지, 아버지 양아버지 만날라고 한번 가봤어요 근데 양아버지도 외면해요.

A는 의붓아버지가 떠난 이후에 완전히 혼자 남겨지자 멀리 떨어져 살

고 있던 어머니를 찾아갔다. 아침 8시부터 걸어가면 저녁 6시나 되어야 도착하는 곳에 어머니가 살고 있었는데, 어머니는 A를 만나주지 않았다. A는 의붓아버지도 찾아가 보았지만 의붓아버지 역시 A를 외면하였다고 했다. A는 어머니와 의붓아버지에게 철저히 외면당하고 난 후에 탈북을 결심하게 되었다.

남한에 온 뒤에 A는 어머니에 대한 원망을 강하게 표현하기도 하였지만, 사실 그 누구보다 어머니를 그리워하며 필요로 하고 있었다.

> 연구자:　어려운 일 생기면 어떤 식으로 대처하는 것 같아?
>
> A:　어려운 일이 생기면, 그냥 나한테 맡겨요. 부딪혀요. 해결하고 싶기도 하고 그냥 부딪혀요. 뭐 그런 부딪히는 일 많아가지구요 괜찮아요. 그냥 여기 와서 좀 별… 일 생기면 맥없고 결국 하고 싶지 않아요. 나를 이기지 못해요 내가. 나를 이기지 못해요.
>
> 연구자:　남한에 와서? 너의 원래 하던 성향과 하던 방식대로 하기 어려우니까?
>
> A:　다 어렵죠. 힘들어요.
>
> 연구자:　뭐가 제일 힘들어?
>
> A:　다요.
>
> 연구자:　구체적으로 하나만 이야기해봐.
>
> A:　부르지… 엄마라고 부르지 못 하구요, 일 생기면 이렇게 딴 데 가서 말할 수도 없고.

A가 탈북을 하고 얼마 되지 않아서 연구자가 A에게 뭐가 가장 힘드냐고 물어본 적이 있었다. A는 다 힘들다고 하였지만, 구체적으로 하나만 이야기해보라고 했을 때 '엄마'라고 부르지 못한다는 사실이 가장 힘들다고 하였다. 남한에 적응하는 과정에서 여러 가지 어려움이 발생하는

〈그림 2〉 중국공안이 설치한 두만강 도강을 금하는 경고문

데, 그때마다 힘들다고 말할 수 있는 어머니라는 존재가 아예 없다는 것이 가장 힘들다는 것이었다.

다음으로 B는 친어머니가 동생만 데리고 먼저 탈북을 한 뒤에 나중에 브로커를 통해 B의 탈북을 도운 경우에 해당한다. B는 남한에 온 뒤에도 여러 가지 현실적인 문제들로 인해 어머니와 떨어져 지내게 되었다. 북한에서도 떨어져 지낼 수밖에 없었고, 남한에서도 떨어져 지낼 수밖에 없는 것이다. B는 북한에서 어머니가 자기는 두고 동생만 데리고 먼저 탈북을 했었다는 사실에 원망을 하였다.

B: 엄마가 또 하나 문제가 있는데 되게 저랑 동생을 차별을 많이 해요.

연구자: 왜? 누구를 더 좋아하셔서?

B:	동생. 그것도 왜 그런지도 모르겠고
연구자:	그게 니가 느껴져?
B:	엄청 심하게. 북한에 있을 때도.

B는 북한에 있을 때에도 그렇고 남한에 온 이후에도 그렇고 어머니가 자신과 동생을 차별한다고 하면서 어머니에 대한 원망을 드러내었다. 하지만 B는 어머니가 자신을 탈북 시키기 위해 연락을 했을 때를 떠올리며 당시에 기분이 좋았다고 하였다.

그때 엄마 목소리를 듣고 되게… (웃음)되게 전화하기 전에는 나쁜, 막 그… 나 버리고 갔다고 막, 그런 마음이 막 진짜, 엄마 다시는 안 볼 것처럼 그랬었는데 엄마 목소리 들으니까 되게 기분이… 되게 좋았어요. 왜냐면은 한때는 중국에 가면은 팔려간다는 그런 소문이 자주 돌아가지고 혹시나 그런 걱정을 없지 않아 했는데, 다행히도 한국에 와가지고, 잘 살고 있다 해가지고… 엄마 목소리만 들어도 눈물이 계속 났었고…

B역시 A처럼 자신의 곁에 있어주지 않는 어머니에 대한 원망이 있었지만, 어머니는 여전히 그립고 목소리만 들어도 눈물이 나게 만드는 존재였다.

다음으로 C의 경우에는 어려서 어머니가 C를 버려두고 혼자 돈을 벌기 위해 중국으로 간 이후에 한동안은 고아원에서 지냈다.

엄마 어떻게 생긴 지도 몰랐고, 이름만 그냥 알정도. 그냥 살 때는요. 엄마란 생각을 한 번씩 하게 되요. 살다보면 진짜 못 먹고 배고플 때, 추울 때, 뭐 이럴 때, 항상 따뜻한 그런 느낌이 있어요. 생각하면 이런 사람이 언젠간 날 찾아올 거다, 막 이런 생각을 계속 하고 있었어요.

C는 어머니의 얼굴도 몰랐지만, 어머니라는 사람이 있다고 생각하는 것만으로 따뜻한 느낌을 받았다고 하였다. 언젠가는 어머니가 자신을 찾아올 것이라고 여긴 것이다. C는 6년 정도 제대로 된 보호자 없이 생활을 하다가 남한으로 먼저 가 있던 어머니가 브로커를 통해 연락을 하여 탈북을 할 수 있게 되었다.

> 느낌이 그냥 아무 생각 안 했는데, 눈물이 났어요. 억울함이나 뭐 이런
> 거 있잖아요. 엄청 밉기도 했어요. 딱 보니까 할 말도 많이 떠올랐던 거
> 같고, 근데 아무 말도 못했어요. 그래서 엄마는 그날 하루보고 집으로 돌
> 아가시고 저는 한 4달? 정도 하나원에 있었어요.

C는 남한에서 처음으로 어머니를 보게 된 날, 억울하기도 하고 엄청 밉기도 하였지만 막상 얼굴을 보니 눈물이 먼저 났다고 하였다. A, B, C 의 이야기에서 공통적으로 확인할 수 있는 것은, 어머니는 자신을 버리고 떠난 원망의 대상이자 그리움의 대상이라는 것이다.

그룹홈 '가족'에 거주하는 탈북 청소년들과 오랜 시간을 보냈지만, 아이들과 어머니에 대한 이야기는 거의 해본 적이 없다. 아이들은 어머니에 대한 이야기를 잘 꺼내지도 않고, 어머니와 떨어져 있는 상황에 대해 별 일 아닌 것 같은 태도를 취해 왔다. 현재의 삶에 어떻게든 적응을 하며 살아가야 하는 아이들에게는 어머니의 부재, 가족의 해체를 신경 쓰면서 괴로워할 시간이 없는 것인지도 모른다. 당장 해결해야 하는 삶의 문제들-학업, 교우관계, 진로 문제 등도 이미 충분히 버겁기 때문이다.

탈북 청소년들은 북한에 있는 동안에는 경제적·사회적 문제로 인해 체계적인 교육을 받을 기회가 없었으며, 탈북 과정 동안에는 은신과 도피, 길거리 생활을 하면서 교육 제도로부터 멀리 떨어져 지냈다. 그래서 탈북 청소년들은 자신의 정체성이나 적성, 장래 희망 등에 대해 충분히

성찰해 볼 수 있는 기회를 가져보지 못했고, 학교생활에 적응하는 데 큰 어려움을 겪을 수밖에 없다. 이미 산재한 어려움들이 너무 많아 가족해체는 그다지 큰 문제처럼 여겨지지 않을 수도 있다.

하지만 그룹홈 '가족'의 탈북 청소년들과 지내면서 종종 느끼게 되는 것은, 언제든지 아주 사소한 자극만 주어져도 '어머니'는 아이들의 가장 근원적인 상처를 건드리는 아픔이 된다는 것이었다. 겉으로 아무런 내색을 안 하던 아이도 어느 순간에는 도저히 견디기 어려울 정도로 힘들고 괴로워하게 된다. 어머니에 대한 원망과 그리움은 사실은 아이들이 남한 생활에 적응하며 사는 동안 내내 영향을 끼치고 있었다. 자신들의 정체성을 찾아가는 과정에서도, 대인관계를 맺음에 있어서도 어머니에 대한 양가감정이 끊임없이 영향을 주는 것이다.

2) 어린아이 같은 어머니

C는 그룹홈 '가족'에 거주하는 탈북 청소년 가운데 어머니와 단둘이 살았던 경험이 가장 긴 아이였다. 지금 현재도 그룹홈 '가족'에서 나와 어머니와 살고 있다. C는 북한에서는 같이 살아본 적이 없는 어머니와 남한에서 처음으로 같이 살게 된 것인데, 어머니와 함께 사는 경험은 긍정적인 측면보다 오히려 부정적인 측면이 많은 것이라고 인식하고 있다.

> 요즘 따라 그냥 제가 느끼는 건데요. 엄마가 되게 좀 제 생각엔 똑똑한 분이세요. 근데 엄마도 많이 배운 게 없어요. 좀 있다가 북한에서 교육받거나, 그런 게 없으니까. 여기 와서 쭉 제가 본 건, 북한 친구들. 그냥 사생활 안 좋은 여자들, 40, 40대 초중반, 이런 여자들, 이런 여자들만 만나

는 게, 늘 눈엣가시에요. 제가 지금은 생각도 많아지고, 그러니까 엄마한 테 할 말들을 하거든요. 집에 가면 삼촌도 그런 말하시고 그러니까 늘상 주위에는 놀다오면 그런 사생활 불안정한 여자들. 그런 여자들이 오는 게 너무 싫었어요. 그래서 엄마한테도 엄마는 왜 나한텐 한국 여, 애들 만나 잘 놀고 또 밝게 크라면서 엄마는 왜 늘 그렇게 우중충하게 똑같은 얘기 나, 똑같은 사람들 만나고 있냐고 그러는 거예요. 나도 엄마가 좀 새로운 사람 만나고 새로운, 새로운 생각을 가진 사람들 많이 만났으면 좋겠다, 라고 그렇게 얘기해요. 그럼 엄마는 지금 이제 일 하시면 남한 여자들도 많이 사귀시는데, 지금도 똑같애요. 남한 여자들도 기본적인 생활구조나 그런 건 좀, 생각이나 이런 데 약간 이상이 있는 여자들 같은, 제가 느끼 는 건 엄마가 얘기하신 거예요. 저 여자는 멋쟁이지만 자기 아들한테 돈 안 쓰고 자기 밍크코트 사는 데만 돈 쓴대요. 그래서 그럼 그런 여자를 왜 이렇게 자꾸 만나냐고, 너무 막 화가 나요.

C는 남한 생활에 제대로 정착하지 못하는 어머니가 주변에 생활이 불 안정한 친구들하고 어울리는 것을 못마땅해 하고 있었다. C가 보기에 C 의 어머니는 남한 생활에 적응하려는 의지가 부족하고 사생활이 안 좋 은 여자들만 만나고 있어서 C를 화나게 만들었다. 또한 C의 어머니는 외로움을 많이 타서 늘 남자친구를 사귄다고 하였다.

그니까 엄마 자주 싸워요. 남자분이랑, 사귀시는 분이랑 자주 싸우는 데, 그니까 엄마는 생활비 같은 걸 남자분이 대주시잖아요. 그런 것도 좋 은데. 엄마는 좀 더 자기랑 같은 있는 시간을 원하는데, 남자 분은 또 가 족이 있는 거 같아요. 가족이 있는데, 그 사람도 일이 있고 그러니까. 자 주 시간이 안 나니까, 늘 똑같은 패턴이에요. 그냥. 잘 얘기하다도 급작 스럽게 이렇게 화가 나고. 엄마가 좀 그런 데 일가견이 있어요. 정말 그 렇게 지나다가, 그니까. 돈 같은 걸 남자분이 잘 챙겨준다고 좋은 게 아니 라, 엄마는 그니까 진짜로 그 시간이 외로운 거예요. 비었을 때 집이, 제가 없고 집이 비었을 때, 이렇게 자주 보러 안 오니까. <u>엄마도 맨날 그니</u> <u>까 문자 같은 걸 보면 항상 외롭다고 힘들다고 하는데.</u> 그래서 제가 가끔 놀러 가면 저도 엄마 마음을 잘 몰랐었어요. 그니까. 아니, 어른이 왜 이 런 생각을 갖고 왜 이렇게 할 수밖에 없는지. 이해도 안 되고 <u>자꾸 사랑</u> <u>에 목말라 있는 것처럼</u> 보이는 거예요.

C는 어머니가 자꾸 사랑에 목말라 있는 것처럼 보이며, 어머니가 어 린아이 같다는 말을 종종했다. 이제 고등학생인 C에게 어머니는 항상 '니가 어서 성공을 해서 나를 책임져라'는 말을 하여, C는 많은 부담감을 느끼곤 하였다. C는 작년에 그룹홈 '가족'에서 나와 다시 어머니와 살게 되었을 때, 한동안 학교에 나가지 않고 동네에 있는 불량 청소년들과 어 울려 다녔다. 어머니와 단둘이 살게 되면서 오히려 학교생활에 적응을 하지 못하게 되었다는 것은 시사해주는 바가 크다. 탈북 청소년들의 남 한 생활 부적응 문제를 다루면서, 가족해체를 여러 가지 부적응 요인들 중 하나로 다루는 연구가 많지만, 다시 한 번 생각해보면 가족해체야말 로 탈북 청소년의 남한 사회 적응을 어렵게 만드는 가장 근본적인 원인 일 수 있다. 가족해체는 다른 부적응 요인들과는 그 층위가 다른 것이 다.

이러한 특징은 D의 이야기와 C의 이야기를 비교해보면 보다 분명히 드러난다.

보면 전 <u>저희 엄마 진짜 감사하게 생각해요.</u> 북한에서. 좀 그런데, <u>북</u> <u>한에서 온 어머님들은</u> 아까 제가 말했듯이 정착을 못해요. 그래서 막 떠 돌고 캐나다 가고 영국 가고 그냥 정말 국제 난민이 되어가는 거예요. (해외로 그렇게 많이 나가서?) 한 40프로는 갈 걸요? (진짜?) 네. 한국에 와서 살다가 이제 막 살길이 없으니까 (해외로 갈 수 있는 길은) 또 망명 하는 거예요. 북한에서 한국 왔던 것처럼 (아~ 그게 다 잘 돼 있나 보지?

쉽게) 또 브로커들이 있죠. 그 사이에서도. (그렇구나) 그래서 이제 한국 국적 있는 것 숨기고 북한에서 온 것처럼 해서 바로 가는 거예요. 영국이 나, 영국 많이 가는 걸로 알고 있어요. 그래서 <u>엄마도 그런 유혹을 되게 많이 당하고 또 무슨 어쨌든 엄청 가지가지 사기 그런 유혹이 많은데 저희 어머니는 진짜 몸 뼈나면서 일하면서 꿋꿋하게 뒤에서 그냥 자기 할 일 열심히 해주니까 전 엄마한테 되게 많이 의지하고 또 엄마 땜에 제자리 잘 지킬 수 있는 것 같아요.</u>

D는 현재 고등학교 3학년에 재학 중이며 대학입시를 준비 중이다. D는 초등학교 때 어머니와 탈북을 하였지만, 어머니가 돈을 벌어야 하기 때문에 계속 떨어져 지냈다. 북한에서도 어렸을 때 잠시 어머니와 함께 살았고, 남한에 온 뒤로는 한 번도 같이 살지 않았다. 그런데도 D는 어머니에 대해 감사하다고 여기고 있었다. 그것은 다른 탈북 청소년의 어머니들에 비해 D의 어머니는 책임감 있게 자기 자리를 지켜주고 있다고 여기기 때문이었다. D는 D의 어머니가 다른 탈북하신 어머니들처럼 '떠돌지' 않고, '유혹'에 휩싸이지 않으며, '꿋꿋하게' 자기 할 일을 열심히 해주어 자신이 자기 자리를 잘 지킬 수 있는 것 같다고 하였다.

C와 D는 같은 학년이고, 어머니와 단둘이 탈북을 하였다는 공통점이 있다. 그런데 C는 남한에서 어머니와 함께 지낸 경험이 있고, D는 한 번도 없었는데 오히려 D는 어머니에 대해 감사하게 여기며 의지를 하고 있었다. C가 생각하는 C의 어머니는 D의 이야기에 등장하는 '다른 탈북하신 어머니'들에 속하고 있었다. 자기 자리를 잘 지키지 못하고 늘 떠돌아다니면서 주변의 유혹에 쉽게 휩쓸리는, 그래서 도리어 자식인 자신이 챙겨주지 않으면 안 되는 어린아이 같은 어머니인 것이다.

3) 낯선 어머니

B의 경우, 올해 초에 고등학교를 졸업하고 6개월간 지방에 내려가서 장사를 하다가, 최근에 다시 대학입시를 준비하기 위해 서울로 올라왔다. 그룹홈 '가족'에서 나온 상태이며, 지금은 친어머니와 함께 살게 되었다. B는 2011년 인터뷰에서는 그룹홈 '가족'에 들어가기 전에 어머니와 한 달 정도 같이 살았다고 하였다.

> 그때 제가 12살인가 13살 정도에⋯ 동생이 한 11살인가 10살 그때⋯ 네, 그때는 한참 막, 되게 많이 싸우고 그랬었는데⋯ 동생은 그룹홈 '가족'에 같이 있고 저는 엄마랑 같이, 한 달 동안은 같이 있었어요. (중략) 거기서 살 때는 제가 엄마랑 한 달 동안 같이 살았었는데, 컴퓨터도 가르쳐 주는데 뭘 알아야 그걸 배우잖아요. 몰라가지고.(2011년 3월 17일)

그런데 최근 B가 대학에 들어가기 위해 서울로 올라와 만났을 때에는 지금까지 어머니랑 한 번도 같이 살아본 적이 없다고 하였다.

> **연구자:** 엄마랑 여태까지 젤 오랫동안 같이 붙어서 살았던 적이 언제야?
> **B:** ⋯⋯글쎄요. 기억이 없어요.
> **연구자:** 이번이 처음 인거야?
> **B:** 살면 이번이 처음이죠. (2014년 6월 25일)

여기서 중요한 것은 어머니와 같이 지낸 실제 기간이 어느 정도 되느냐가 아니라, 어머니와 함께 보낸 시간을 기억하느냐 못하느냐이다. 최근에 만난 B는 남한에서 한 번도 어머니와 지낸 기억이 없다고 하였다. 실제로는 잠깐이나마 함께 살았지만, 그때의 기억이 없는 것이다. 이

는 B가 남한에서 사는 동안 어머니와의 관계가 어떠했나를 짐작하게 해
준다.

B에게 있어 어머니는 '항상 붙어 있어야 할 시기에 딱딱 떨어져' 있던
존재였다.

> 저는 솔직히 동생이랑도 항상 붙어 다닌 기억이 별로 없고 동생도 외
> 할머니집… 2년간 있다가 어렸을 때 같이 붙어 다녀야 하는 시기에 항상
> 떨어져 있었고 초등학교 들어가서도 학교 갈 때도 따로따로 가고 그러다
> 가 이제 중학교 올라가면서 동생은 11살인가 9살인가 10살인가 한국으
> 로 오고. 동생이랑 엄마랑. 항상 붙어 있어야 할 시기에 딱딱 떨어져 있
> 으니까.

B를 포함한 대부분의 탈북 청소년들에게는 그들을 보호해준 부모의
세계가 부재하였다. 믿고 따를 만한 부모상이 없는 것이다. 이렇게 믿고
따를 만한 부모상이 없는 것은 왜곡된 형태의 가족의식을 갖게 할 수 있
다. 가족이 해체되고 재구성되는 경험을 반복하면서 '가족의식이나 가
족정체성이 약화'[8]되는 것이다. 아이들은 가족으로서의 정체성이 공고
하지 않기 때문에 지금의 가족은 언제든지 다시 해체될 수 있는 관계로
여기게 된다. 탈북을 한 어른들은 생존전략으로 가족해체를 선택할 수
있었지만, 남겨진 아이들은 수동적으로, 일방적으로 가족해체를 당하게
된다. 그래서 다시 어머니를 만난 이후에도 어머니에 대한 신뢰감을 회
복하기란 쉬운 일이 아니다. 그래서 때로는 끝내 부모와의 안정적인 유
대를 회복하지 못하는 경우도 발생하게 된다.[9]

---

8) 이순형 · 김창대 · 진미정, 『탈북민의 가족해체와 재구성』, 서울대학교 통일학
   신서 5, 서울대학교출판문화원, 2009, 89쪽.
9) '일시적으로나마 부모로부터 아무런 설명 없이 버려졌던 자녀들이나 어느 날
   갑자기 배우자의 실종을 경험한 사람들은 배신의 상처를 가지고 있다. 떠난

지금까지 그룹홈 '가족'에 거주하는 탈북 청소년 A, B, C, D의 구술생애담에 나타나는 '어머니'의 이야기를 중심으로 가족해체 문제에 대해 살펴보았다. 아이들의 이야기 속에 등장하는 어머니의 모습은 크게 세 가지 양상으로 나타났다. 원망과 그리움의 대상이 되는 어머니, 어린 아이 같은 어머니, 낯선 어머니 등이 그것이다. 어머니라는 존재는 근원적인 아픔이 되는, 너무나 그리운 대상이지만 막상 함께 살면 서로를 힘들게 하는 낯선 존재인 것이다. 이는 아이들이게 믿고 따를 만한 부모상이 부재한다는 것을 의미하기도 한다. 그리고 이러한 부모상의 부재는 아이들이 감당해야 하는 삶의 문제에서 지속적인 영향을 행사하게 된다. 따라서 '가족해체'야 말로 탈북 청소년들이 경험하게 되는 탈북 트라우마의 가장 핵심적이고 근본적인 구성 요인이라고 할 수 있을 것이다.

3. 탈북 청소년 D의 사례를 통해 본 탈북 트라우마 치유 방향

3절에서는 2절에서 간단히 언급한 D의 사례를 보다 구체적으로 살펴보면서, 가족해체와 재구성 경험이 탈북 청소년의 실제 삶에 미치는 영향을 보다 구체적으로 드러내 보고자 한다. 그리고 이를 토대로 하여 탈북 트라우마의 치유 방향을 모색해 볼 것이다.

사람은 의도적인 생존전략으로 가족 해체를 선택했지만 남겨진 사람들은 수동적으로 가족 해체를 경험할 수밖에 없다. 이들이 서로 재회한 이후에도 본래의 신뢰와 유대를 회복하기란 쉬운 일이 아니다. 특히 자녀들의 경우 자신을 떠났던 부모에 대한 신뢰를 다시 회복하기까지 오랜 시간이 걸리며, 때로는 끝내 부모와의 안정적인 유대를 회복하지 못하는 경우도 있다. (중략) 가족구조의 회복만큼이나 가족의식의 회복도 쉽지 않은 과제임을 암시한다(이순형 · 김창대 · 진미정, 『탈북민의 가족해체와 재구성』, 서울대학교 통일학신서 5, 서울대학교출판문화원, 2009, 91쪽).

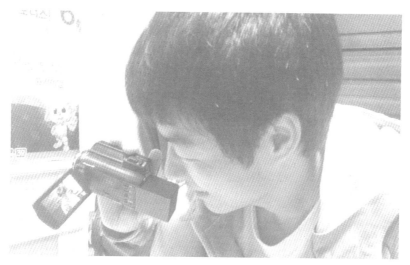

〈그림 3〉 탈북 후 국내 적응을 잘한 사례자

1) D의 사례를 통해 본 가족해체와 재구성 경험이 실제 삶에 미치는 영향

D는 2006년에 어머니와 함께 북한에서 나와 남한에서 초등학교 4학년부터 학교를 다녔다. 지금은 고등학교 3학년이고 서울에 있는 몇 개의 대학에 사회학과 전공으로 지원을 한 상태이다. D의 어머니는 북한에 있을 때에도 장사를 하러 나가서 D와 함께 지낸 적이 거의 없었고, 남한에 와서도 돈을 벌기 위해 지방으로 혼자 내려갔다. 그래서 D는 실제적으로 어머니와 같이 살아본 적이 없었다. D는 남한에서 어머니와 떨어지게 된 뒤에 그룹홈 '가족'의 대표인 K선생님과 생활을 하게 되어서 그나마 안정적으로 남한 생활에 적응을 하게 되었다. 현재 그룹홈 '가족'에 있는 아이들 중 가장 오랫동안 K선생님과 지냈다. 그래서 D는

그룹홈 '가족'에 있는 어떤 아이들보다도 진로에 대한 고민과 준비를 많이 해온 편이다. 작년에는 전국 봉사 장학생 선발 대회에서 1등을 하여 올해 초에 한국 대표로 미국 워싱턴에 다녀오기도 하였다. D는 평상시에 자신감이 넘치고 그룹의 대표로 나서서 다양한 활동들을 주도적으로 해왔다.

D는 어머니와 같이 살지 않았지만, 그 누구보다도 남한 생활에 잘 적응을 하며 살아왔다. 어머니와 따로 떨어져 지내면서도 어머니에 대한 고마운 마음을 가지고 있었다. 그것은 앞서 언급한 것처럼 주변에서 많이 봐온 다른 탈북 어머니들과는 다르게 D의 어머니는 자기 자리를 묵묵히 지키며 방황하지 않았기 때문이었다. D는 어머니와 같이 살고 싶다거나 어머니에 대한 그리움을 표현하지는 않았지만, 지신민의 안락한 가정을 꾸리고 싶다는 소망은 표현하였다.

> 안락한 가정을 가지고 시골에서 살고 싶은 꿈도 되게 많이 꿔요. 저는 보면 어릴 때부터 그냥 그래요. 보면 저희 아빠가 어릴 때 돌아가셨거든요. 엄마는 되게 그러니까 잘 살았어요 저희 집이. 엄마가 엄청 뛰어다닌 거예요. 아빠 없는데 막 가니까 그런 거 보면 이렇게 엄마도 맨날 떨어져 있고 아빠도 없었고 하니까 할머니 할아버지랑 되게 많이 지냈거든요. 또 한국에 와서도. 그래서 막 가족이 그립고 그런 것도 솔직히 잘 없어요. 한편으로는 지금도 좋고. 그래서 어떻게 보면 나도 안락하게 그냥 조용하게 그냥 순수하게 나와 나의 가족 행복만, 행복만 찾아서 사는 것도 되게 행복한 삶일 거란 생각도 하고. 또 반대로 또 서울에서 막 부딪치고 부딪히고 힘들게 또 크게 내가 할 일이 많은 사람이 되고 싶은 생각도 있고 그래요. 정치도 하고 싶고. 그래서 진짜 솔직히 말해서 하고 싶은 게 많아요. 제가 뭘 해야 될지를 모르겠어요. 그리고 저한테 누가 뭐 할래 그러면 뭐부터 말해야 될지도 모르겠지만 또 뭐라고 말해야 될지도 모르겠어요.

　　D는 가족들과 붙어 지내본 적이 없기 때문에 안락한 가정을 가지고 싶은 생각을 많이 한다고 하였다. 탈북 청소년들은 대부분 자기 친가족에 대한 '정'을 느끼지 못하는 편이다. 실제로 서로 얼굴을 맞대고 부대끼면서 살아본 경험이 없기 때문에, 가족상에 대한 막연한 동경과 그리움은 있지만 실제적인 정은 그다지 느끼지 못하는 편이다. 앞서 언급한 C의 경우처럼, 막상 어머니와 함께 살게 되면 더 좋은 것이 아니라 오히려 삶이 더 어려워지게 되는 아이러니한 측면이 있다. 그래서 A, B, C, D 아이들 외에도 그룹홈 '가족'에 있는 다른 아이들은 언젠가 어머니와 살고 싶다는 막연한 소망을 품기는 하지만 막상 어머니와 살게 되는 것을 불안해하기도 한다. 아이들에게는 자신이 믿고 따를 만한 진정한 부모상이 필요하다. 그래서 자신에게 신뢰감을 주지 못한다면 친어머니라 할지라도 막연한 그리움만 갖고 있지 실제적인 정을 나누는 사이로 발전하는 데에는 어려움을 느끼게 된다.

　　D의 이야기를 들으면 D는 어머니의 부재를 큰 상처나 아픔으로 여기지 않는 것 같았지만, 사실 어머니의 부재는 D가 남한 생활 내내 가지고 있던 '외로움'과 '불안함'과 관련이 되었다. 올해 고3이 된 D에게 고3이 된 기분이 어떠냐고 물어보았을 때, D는 남한에서 학교 다니는 내내 늘 '고3' 같았다고 하였다.

D:　　　　네. 아, 저 좀 어려웠는데. <u>계속 학교 다니면서 늘 고3이었던 것 같아서.</u>

연구자:　아, 그래?

D:　　　　공부 그런 것 때문이 아니라, 그냥 학교에서 공부뿐만 아니라 그냥 사람을 만나고 다른 사람이랑 막 부대끼는 거잖아요, 그게.

연구자:　무슨 말이야? 항상 고3 같았다고?

D:　　　　그죠, 그죠. 학교생활 어렵, 어렵잖아요.

연구자: 특히 예를 들면 어떤 게 어려워?

D: 음, 공부뿐만 아니라, 뭐 다른 수업 따라가는 거나, 아니면 저는 또 더군다나 잘 모르니까 더 집중해서 수업을 들어야 되고, 또 더 집중해서 뭔가를, 뭐 어디 놀러 갈 때도, 지금은 뭐 그냥 자연스럽게 그게 되는데 원래는 놀러가거나 하면 저는 집중해서 몸이 막 긴장되어 있었거든요. 모르니까, 그래서 낯설잖아요.

(중략)

D: 저 되게 외로웠던 것 같아요. 음. 뭐라고 말할까요. 그냥 아제가 친구가 없고 그런 게 아니라, 그냥 학교 너무 꽉꽉한 느낌 꽉꽉한 느낌.

항상 자신감 넘치고 누구보다 앞에서 활동을 해온 D였지만 늘 '고3'같은 기분으로 살았고, '되게 외로웠다'고 하였다. D는 학교에서 어디를 놀러가기라도 하면 혹시 자신이 실수를 할까봐 온몸이 긴장이 될 정도로 위축이 되었다고 하였다. D는 학교에 다니는 내내 낯설음에 대한 불안감에 항상 고3같은 긴장감을 가지고 살아온 것이었다. 탈북 아동이나 청소년은 성인 탈북자처럼 새로운 사회에 적응해 나가야 하는 동시에 급격한 신체적, 정서적 발달과 정체감을 형성해야 하는 이중의 어려움을 겪게 된다. '오랫동안 준비하고 마음의 각오를 다진 성인보다 아무 준비 없이 새로운 문화를 맞이한 아동과 청소년은 문화적 충격과 심리적 혼란을 더 많이 경험'[10]하게 되는 것이다.

저는 잘 보다듬어 진 것 같아요. 내 입으로 말하니까 챙피한데. 그러니까 삼촌이나 뭐 그냥 주변에서부터 너무나 이렇게 나쁜 길로 가고 나쁜

---

10) 최명선, 최태산, 강지희, 「탈북 아동·청소년의 심리적 특성과 상담전략 모색」, 『놀이치료연구』 제9권 3호, 한국놀이치료학회, 2006, 23~34쪽.

생각할 수 있는 그런 게 되게 많잖아요. 저는 제가 생각해도 <u>저도 근데 여러 번 고비가 있었거든요.</u> 막 중학교 때 엄청 까불어서 진짜 난리도 아니었어요. 삼촌 지금도 생각해도 이 같아요. (어떻게 까불었길래?) 제… (웃음) <u>그냥 싸움… 싸움 막 하고 다녀서</u> (왜? 누구랑?) 친구들, 다른 학교 애들 막 하면서 엄청 막 (왜 그렇게 싸우고 다녔어?) 제가 너무 화가. 지금은 제가 적응 잘 했다는 게 웃음 여유가 생겼어요, 마음에. 막 중학교 1학년 때가 제일 심했어요. 올라왔는데 이제 저한테 시비 거는 친구들이 너무 많았어요. 초등학교 때부터 시작됐어요. 솔직히 말해서. 저는 고향에서 막 친구들끼리 거기서는 싸우는 게 노는 거잖아요. 솔직히 저랑 게임이 안 되잖아요. 웃음. 전 노는 게 싸움이었는데. 웃음. 그래서 초등학교 때부터 싸웠으니까 <u>제가 북한에서 왔다고 막 빨갱이 빨갱이 이러는 거예요.</u> 저 4학년에 갔는데 6학년 애들이 와서 그러는 거예요. 그래서 제가다 때렸어요, 거기서. <u>거기서부터 이제 그 날라리 끼가 몸에 슬슬 베어들어와서 중학교 1학년 올라갔는데 그때도 막 이제 얼굴이 좀 나이 들어보이고 덩치도 제일 크고 하니까 막 시비를 거는 거예요. 이제 막 화가많은데 걔네가 시비를 걸어오니 잘 걸었다고 막 때렸죠.</u> 경찰서 가고 막.

D는 지금은 자신이 잘 다듬어진 것 같지만, 남한에서 지내면서 여러 번 고비가 있었다고 하였다. 초등학교 때부터 자신을 '빨갱이'라고 놀리는 아이들 때문에 싸움을 시작하게 되었는데, 중학교에 올라와서도 시비 거는 친구들이 너무 많아서 자주 싸웠다고 하였다. 안 그래도 늘 화가 많은 상태였는데, 누가 시비를 걸어오면 잘 됐다 싶어서 막 때리게 되었고, 자연스럽게 '날라리' 친구들과 어울리게 되면서 경찰서도 자주 가게 된 것이다.

연구자: 화가 왜 그렇게 많았어?
D: ……그러니까 아… <u>딱히 누구에 대한 화는 아니에요.</u> 그냥 누가 사춘기 사춘기…가 왔었던 것 같아요. 그때. <u>사춘기가 되</u>

게 길었어요. 막 집안 배경 나는 왜 이럴까 그런 것 때문에 그
런 건 아니었어요. 그냥 막 나를 보면 누가 좀 살짝 비웃는 것
같은 느낌? 막 그런 거 때문에 막, 남은 절대 그렇게 생각 안
하는데 저 혼자 왜 그렇게 생각했는지 모르겠어요. 또 개인적
으로 내 고향 위축되는 거 하나도 없었거든요? 근데 이상하게
막 그래도 없잖아 있긴 있었겠죠. 낯선 땅인데 불안하고, 막
불안해서 많이 그랬던 것 같아요. 초등학교 4학년 때는 그때
는 막 싸울 힘도 없고 그런 정신도 없어서 그냥 이렇게 학교
갔다 오면 너무 힘든 거예요. 막 싸우고 학교 갔다 오는 것 자
체가 너무 힘들어서 학교 오다가 벤치에 앉아 있는데 두 시간
이 지나 있는 거예요. 시간이. 집도 한 5분이면 학교에서 집까
지 5분이면 걸리는 거리인데 너무 힘든 거예요. 못 걸어가겠
는 거예요. 집까지. 벤치에 앉았는데 2시간이 지나 있는 거예
요. …어릴 때는 좀 그냥 아, 눈물 나려고 해, …… (잠시 울
음) 그냥 어떤 뭐 어떤 게 있어서 그런 게 아니라 사는 게 힘
든 거. (웃음)

D는 낯선 땅에서 안 그래도 불안하게 살고 있는데, 괜히 남들이 자신
을 비웃는 것 같은 느낌에 화가 많이 났었다고 하였다. D는 특별한 일이
없어도 그냥 '사는 것이 힘들었다'고 하였다. 처음 남한에 와서 어머니
없이 혼자 지내면서 학교를 다닐 때, 사는 것이 너무 힘들어서 5분이면
걸어가는 집을 걸어가지 못하고 근처 벤치에서 2시간이나 마냥 앉아 있
었다는 경험을 이야기할 때에는 눈물을 흘리기도 하였다. 벌써 오랜 시
간이 지난 일이지만, 당시의 경험은 여전이 D에게 아픈 상처라는 것을
알 수 있었다.

D는 탈북 청소년이기 때문에 겪을 수밖에 없었던 고등학교 선생님과
의 갈등과 그로 인한 상처도 가지고 있었다.

D: 선생님이 공부를 안 하면 정확하게 기억해요. 공부를 안 하면 이런 빨
갱이나 좌파의 선동에 넘어간다고, 그런 판단을 할 기준을 못 잡으니
까 공부를 잘해서 자기만의 판단력을 만들라고 하는 거예요. 아 저는
완전 미쳐가지고 더 막 너무 화가 나는 거예요. 정치적 이야기를 해서
화가 나는 게 아니라 말도 안 되잖아요. (그래서 어떻게 됐어?) 그렇
게 말하는 거예요. 저도 하, 저게 무슨 얘기지 선생님이면 정치 이야
기나 종교 이야기 그런 걸 중립이어야 되잖아요. 모든 거를. 아직도
다니세요. 근데 이 얘기를 모르는 사람이 없어요. (중략) 또 수업시간
에 이러는 거예요. 제가 좀 졸거나 딴 짓을 하면 니가 어려운 걸음 해
가지고 성공해야 되지 않겠냐고 그런 말씀 하시는 거예요. 이해는 하
겠는데 너무 불편하잖아요. 그리고 너무 니가 죽을 고비 넘겨서 왔으
면 죽을 생각을 하고 공부를 하고 그런 (그걸 그냥 다 같이 있을 때?)
그러니까요. 너무 좀 불편하고 힘든 선생님이었던 것 같아요. 또 지금
은 어쨌든 저랑 되게 많이 싸웠고 일이 되게 커진 적도 많아요. (중략)
아 그때 무슨 표현이 있는데. 그 선생님… 아… 두만강 뭐라고 표현했
어요… <u>사선! 사선을 넘어와서 그러면 안 된다고. 너무 불편하잖아요.</u>
친구들도 다 알건 알고 하는데 친구들도 불편하고 <u>저도 불편한 거예</u>
<u>요. 되게 애매하게 만드는 거예요.</u>

　D는 지금 다니고 있는 고등학교의 한 선생님이 수업시간에 공부를
안 하면 '빨갱이'의 선동에 넘어간다고 했던 일, 그리고 자신이 탈북 청
소년이라는 것을 알고 난 후에는 수업 시간에 조금만 졸거나 딴 짓을 해
도 모두가 듣는데 D에게 '어려운 걸음'을 해서 성공해야 되지 않겠느냐
고 한 일, 같은 반에 있던 다른 탈북 청소년이 수업시간에 졸자 그 선생
님이 '사선을 넘어와서 그러면 안 된다'고 말했던 일 등으로 인해 화가
나고 불편했던 경험을 이야기했다. D는 이 선생님과 고등학교 다니는
내내 싸웠고, 지금은 서로 거의 건드리지 않는다고 하였다.

　이처럼 D에게는 남한에서의 생활을 어렵게 만드는 여러 고비가 있었

지만, 방황하는 D가 마음을 잡을 수 있도록 결정적인 역할을 해준 사람은 바로 그룹홈 '가족'의 대표인 K선생님이었다.

D: 2학년 졸업하고 3학년 올라가면서 핸드폰을 없앴어요, 제가. 한 그러면서 같이 놀던 친구들이랑 연락을 싹 끊고

연구자: 진짜?

D: 그래서 한 동안 친구가 없었어요.

연구자: 그런데 어떻게 갑자기 그런 결심을 하게 됐어?

D: 삼촌한테 혼나서. (웃음)

연구자: 되게 무섭게 혼났나보지?

D: 아니요. 그냥 삼촌이 맨날 원래는 종아리도 좀 때리고 원래 잘 안 때리는 편인데 종아리도 때리고 그렇게 하셨는데, 그때는 좀 지쳐… 지친다? 그런 느낌이 드는 거예요. 그래서 갑자기 내가 왜 이러고 있지? 삼촌이 왜 자꾸 나한테 사정을 해야지 그 생각이 들었던 것 같아요. 그냥 그때도 잘못했어요. 경찰서 갔다 왔다가 집에 있는데. (웃음) 아, 진짜 하. 음. 근데 삼촌이 와가지고 막 크게 화를 내는 게 아니라 이틀 동안 집 나가지 말고 집에 있어라 그러는데 저 혼자 느꼈어요. 삼촌이 왠지 마지막으로 혼낼 것 같은 느낌이 드는 거예요. 그래서 그때부터 좀 불안한 느낌이 들었어요, 갑자기. 그래서, 진짜 가만히 이틀 동안 무섭기도 하고 그런 느낌이 들어서 가만있다가 또 까불까불 거리고 다니면서 그냥 자연스럽게 핸드폰을 없앴어요, 연락을 딱 끊고. 원래 핸드폰이 자꾸 나와라 나와 놀자 그러니까 그게 좀 힘들어서 핸드폰 없애고 한 두 달 세 달 방학동안 핸드폰을 끊고 방학 내내 한 번도 연락한 적 없거든요.

D는 K선생님을 '삼촌'이라고 부르는데, 자신이 한창 불량한 친구들과 어울리며 말썽을 부리고 다닐 때 삼촌이 자기 때문에 경찰서를 자주 왔

다갔다고 했다. 그런데 어느 날은 경찰서에 다녀온 삼촌이 평상시와 다르게 화도 많이 내지 않고 '지쳐 보인다'는 느낌이 들었다고 하였다. 그러면서 삼촌이 왠지 '마지막으로 혼낼 것 같은 느낌'이 들어서 '무서웠다'고 하였다. 그때의 경험 이후 D는 핸드폰을 없애고 친구들과 연락을 다 끊었다고 하였다. 믿고 따를 수 있는 유일한 부모상이었던 삼촌이라는 존재를 잃게 될지도 모른다는 불안감은, 가깝게 지내던 친구들과의 인연을 끊고 정신을 차리게 만들 정도로 강력한 충격이었던 것이다.

D는 그러면서 삼촌의 권유에 의해 봉사활동을 시작하게 되었다. 그림을 잘 그리던 D는 동네 수녀원에서 운영하는 공부방에 다니는 또래 친구들에게 그림을 가르쳐주고 같이 '마을살리기' 봉사활동을 시작하였다. 그 공부방에는 가정 형편이 어려운 또래 친구들이 다니고 있었는데, 그 아이들과 함께 마을 벽에 그림을 그리거나 마을의 소중한 가치를 되살리기 위한 미술전시회 등을 개최하였다.

> D: 3학년 때부터 조금 이렇게 그랬어요. 3학년 때부터 자리를 좀 잡
>   았어요. 그 다음부터 봉사활동 하면서부터 완… 그냥 걔네들 같
>   이 놀면서 (거기 애들?) 네. 걔네랑 같이 하고. (거기가 이름이 뭐
>   지?) ** 공부방. (공부방?) 막 활동하고 삼촌이랑 같이 활동하다보
>   니까 마음의 여유가 마음의 여유가 막 생기는 거예요. 누가 뭔 얘
>   기를 해도 받아들일 수 있는. 그게. 그게 정착이 된 것 같아요.

D는 봉사활동을 시작하고 다른 아이들과 어울리게 되면서 마음의 여유가 생기게 되었다고 하였다. D는 올해 사회학과로 지원을 하게 되면서, 자신이 고등학교 과정 중에 했던 봉사활동을 소개하는 자기소개서를 작성해야 했다. D는 자기소개서에서 동네 공부방 아이들과 함께 한 마을살리기 활동을 소개하였는데, 처음 작성한 자기소개서를 보여 주었

을 때에는, 자신이 이러한 활동을 하게 된 계기가 남한에서 사라져가는
마을 공동체 문화를 되살리고 싶었기 때문이라고 작성하였다. 하지만
연구자와의 이야기를 하는 도중에, 사실 자신이 마을살리기 봉사 활동
을 하고 싶었던 보다 근본적인 이유는 다른 데 있음을 인정하게 되었다.

> D: 그니까 제가 처음에 막 이걸 하고 싶은 이유는 그거였거든요, …
> 나는…막 학교에서 힘들고 막 되게 살면서 힘든 게 큼… 제 문제
> 잖아요. 근데 저는 이걸 되게 숨겼던 것 같아요. 그리고 이 살리기
> 를 하면서 나는 다른 사람한테 나는 잘 살고 있다는 것을 보여주
> 고 싶고 또 한국에 아. 어울리지 않게 한국에 칼부림 났잖아요. 명
> 절 때 제가 1학년 때였거든요. 그 구정 명절 때 그 층간소음 때문
> 에 칼로 찌르고 방화. 그거 보면서 아 내 고향은 안 그랬었는데 한
> 국은 그렇네. 하면서 저는 제가 소통의 불화가 막 있어서 힘들었
> 던, 처음에 그냥 생각 했었는데 삼촌이 그런 이야기한 거예요. 저
> 한테 니네 고향은 안 그러지 않냐. 근데 한국은 이렇다. 저는 그
> 것 땜에 시작한 거 같아요. 그런데 그 삼촌이 이런 말하기 전에 제
> 생각은… 제가, 제가 너무 깝깝했어요. 내가 막 하고 싶었는데 안
> 되니까 (뭐가 하고 싶었는데 안 된 거야?) 그러니까 사람. 내가 …
> 너무 여기가 어려워서 낯설고 진짜 모르겠으니까 누가… 어떻게
> 보면 개네랑 더 친해지고 싶었는데 그거를 괜히 힘자랑 식으로 친
> 해진 거 같아요. 그니까 그게 그것 때문에 공부방에 처음에 간 애
> 기도 공부방 애들이 다 그런 애들이잖아요 가기 전에 거기 애들이
> 같은 학년이거든요 그래서 개네들이랑 많이 싸웠어요, 또. (공부
> 방에서?) 아니요 학교에서. 공부방 다니는 애들이 같은 학교 같은
> 학년이고. (개네랑 싸웠다고 학교에서 만나면) 그쵸. 어려운 애들
> 인지 모르고 저는 갔어요. 그게 너무 미안했었거든요. 처음에
> 는. 그래서 같이 뭘 활동하자 그런 게 아니라 같이 밥 먹고 싶었어
> 요, 개네랑.

D는 사실 자신이 남한에서 살아온 것이 굉장히 힘이 들었지만 그것을 숨겨왔던 것 같다고 하였다. 그래서 다른 사람에게 잘 살고 있다는 것을 보여주고 싶어서, 마을살리기 봉사활동을 하고 싶었던 것 같다고 하였다. 그리고 또 다른 이유는 이 활동을 계기로 다른 친구들과 친해지고 싶었다고 하였다. 그림을 잘 그리는 D는 동네 공부방 아이들에게 그림을 가르쳐 주고, 같이 마을 벽화를 그리는 등의 봉사활동을 하였다. 그런데 동네 공부방에 다니는 아이들 중에는 D와 같은 학교에 다니는 또래 학생들도 포함되어 있었다. D는 그 아이들과 학교에서 많이 싸웠다고 하였다. 그러나 마을살리기 봉사활동을 하면서 그 아이들과 가까워지고 싶고, '같이 밥을 먹고 싶었다'고 하였다.

지금까지 살펴본 D의 이야기를 통해 다음과 같은 특징을 발견할 수 있었다. 첫째, D는 가족해체를 경험하고 남한에 적응을 하며 살아가는 과정에서 내내 '불안감'과 '외로움'을 가지고 있었고, 이는 D를 '화가 많은 아이'로 만들었다는 것이다. D가 가족해체와 재구성 과정에서 갖게 된 상처는 다른 사람들과의 갈등을 공격적인 태도로 해결하려고 하는 경향성을 갖게 만들었다. 둘째, D가 이러한 불안감과 외로움을 극복하고 자신의 정체성과 진로를 적극적으로 탐색할 수 있는 청소년으로 성장한 데에는, '믿고 따를 만한 부모상'을 가지고 있는 것이 결정적인 역할을 했다는 것이다. D에게는 같이 살지는 않지만, 멀리서나마 방황하지 않고 묵묵히 자신의 일을 하며 살고 있는 어머니가 있었고, 언제나 D의 바로 옆에서 D를 지지해주고 이끌어준 K선생님이 있었다. D가 가장 심하게 방황을 하였을 때, D가 정신을 차리게 된 결정적인 계기는 K선생님이 자기 때문에 지쳐 보인다는 느낌이 들었을 때였다. D는 K선생님이 자신을 마지막으로 혼내는 것 같다는 느낌이 들었을 때 무서움을 느꼈고, 스스로 같이 말썽을 일으키고 다니던 친구들과의 연락을 끊게

〈그림 4〉 두만강을 사이에 둔 북한 남양시와 중국 도문시

되었다. 이제 더 이상 자신을 혼내줄 사람이 없을지도 모른다는 두려움이 D가 스스로 자신의 행동 방식을 바꾸도록 노력하는 데 결정적인 계기가 된 것이다.

2) 탈북 청소년의 가족해체와 탈북 트라우마의 치유 방안

이 글이 가지고 있는 중요한 문제의식 가운데 하나는, 탈북 청소년에 대한 논의에 있어서 '가족해체'는 가장 먼저 중점적으로 살펴보아야 할 중요한 문제라는 것이다. 탈북 과정에서부터 남한에 정착을 하는 과정에 이르기까지, 탈북 청소년이 겪게 되는 여러 가지 어려움이나 상처의 근간에는 '가족해체' 문제가 자리 잡고 있기 때문이다. 탈북 청소년들의 구술생애담을 통해 가족해체가 일으키는 가장 심각한 문제는 '믿고 따를 만한 부모상'이 존재하지 못하도록 만든다는 것임을 짐작할 수 있었다.

실제로 많은 탈북 청소년이 남한에서 생활하면서 겪게 되는 가장 큰 어려움 가운데 하나는 '어른 말을 따르는 것'이다. 탈북을 하기 훨씬 전부터 시작된 가족해체는 탈북 청소년이 어른의 통제를 받거나 어른의 말을 따르는 경험을 할 수 없게 만들었다. 탈북 청소년들의 삶에서 일관되게 그들을 돌봐주거나 통제해준 어른이 부재하였기 때문에, 그런 어른과의 관계를 지속해 본 경험이 없기 때문에, 탈북 청소년은 남한에서 어른들의 말을 따르며 지내야 할 때 많은 어려움을 겪게 된다. 탈북 청소년은 '믿고 따를 만한 어른'의 존재를 필요로 하면서도, 막상 그런 관계를 맺어본 적이 없기 때문에 여러 가지 갈등을 겪게 된다. 그룹홈 '가족'에 거주하는 아이들의 경우에도, K선생님을 통해 비로소 '믿고 따를 만한 부모상'을 갖게 되었지만, 동시에 생애 최초로 자신을 통제하는 어른 밑에서 생활하게 됨으로 인해 여러 가지 갈등을 겪기도 한다.

그럼에도 불구하고 D의 사례에서 확인할 수 있듯이, 탈북 청소년의 탈북 트라우마를 치유하기 위해 가장 근본적으로 해결해야 할 문제는 '믿고 따를 만한 부모상'을 마련하고, 그 대상이 되는 인물과 지속적으로 관계를 유지하는 것이라고 할 수 있다. 탈북 청소년에게 '믿고 따를 만한 부모상'이 부재하는 것은, 개인적 차원에서 발생한 것이 아니다. 사회 구조가, 역사적인 흐름이 탈북 청소년에게서 믿고 따를 만한 부모상을 애초에 제거해 버린 것이다.

그렇다면 탈북 청소년의 탈북 트라우마는 어떻게 치유될 수 있을까. 이 글이 가지고 있는 문제의식의 연장선상에서 보면, 탈북 청소년에게 '믿고 따를 만한 부모상'을 갖게 하는 것이 가장 근본적인 치유의 방법이 될 수 있다. 그에 대한 하나의 방안으로, 먼저 그룹홈 종사자나 탈북 청소년을 자주 대하게 되는 기관의 사람들에게 '좋은 부모 되기' 교육을 실

시할 수 있을 것이다. 최근 그룹홈 종사자의 무연고 탈북 청소년과의 거
주 경험에 대해 질적 연구를 실행한 논의에서는, 그룹홈 종사자가 탈북
청소년을 대하기 전에 미리 '북한 문화'에 대한 교육을 받아야 하는 것이
필요하다고 지적하였다.[11] 물론 북한 문화에 대한 이해도 필요하겠지
만, 그것만으로는 충분하지 않다. 그룹홈 종사자가 개인적인 차원에서
알아서 부모의 역할을 하도록 두는 것이 아니라, 보다 적극적으로 이 사
회가 좋은 부모가 될 수 있는 길을 체계적으로 잡아줄 필요가 있다.

　한편으로는, 탈북 청소년들의 친부모가 남한에서 제대로 된 부모 역
할을 할 수 있도록 도와줄 수 있는 제도나 교육프로그램도 필요하다. 남
한 사회에 제대로 정착하기 어려운 성인 탈북자들은 자녀가 있는 경우
제대로 된 부모의 역할을 수행하는 것이 구조적으로 어려울 수 있다. 좋
은 부모가 되어주고 싶어도 현실적으로 여건이 되지 않는 것이다. D가
사회학과에 지원하고 싶은 중요한 이유 가운데 하나는 북한이탈주민이
사회적 약자로만 취급받는 것이 아니라, 전문성을 갖춘 당당한 사회 일
원으로서 남한 사회에 적응할 수 있도록 제도적인 기틀을 마련하고 싶
은 소망이 있기 때문이었다.

　　음. 일단 제가 엄마랑 얘기를 하면서 아, 내가 만약 정치인이 됐으면
　이런 생각을 했었던 적이 있었거든요. 이제 엄마가 북한에서 오신 분들
　저는 많이 못 만나니까 잘 모르겠는데 어른들 사이에서는 어른들 정말
　모든 버릇이나 그런 못 고치잖아요. 한국 사회에서. 그러면 좀 일자리 같
　은 거나 그런 걸 법으로. 법적으로 해주면 더, 더 보호를 받을 수 있을
　것 같은데. 지금도 충분히 많이 혜택이 있는데 이제 그냥 단순히 살기 위
　한 혜택이 아니라, 단순히 그때만 이렇게 위기 모면 식인 정책이 아니라

11) 김현아, 방기연, 「그룹 홈 종사자의 무연고 탈북 청소년과의 거주 경험에 관
　　한 질적 연구」, 『한국청소년연구』 제23권 제3호, 한국청소년정책연구원, 2012,
　　163쪽.

영구적으로 자리를 잡을 수 있게 하는 것이 정책으로 이렇게 법으로 정해져 있으면 더 구체적으로 삶을 개혁할 수 있는 것 같다고. 보면 그냥 와서 아, 이런 이야기, 아 근데 어쨌든… 아 그러니까 그냥 이런 식이잖아요. 이것도 정말 큰 도움인데 와서 돈을 주면서 어떻게 살아가라 그냥 풀어 놓는 거잖아요. 풀어놓는 게 풀어 놓는 다는 것 보다는 뭔가 일을 하고 싶으면 어떤 지원 그런 데서 구체적으로 했으면 좋겠는데 보면 다 하는 일이 다 똑같아요. 북한에서 오신 어른들은. 아저씨들은 할 일이 아무 것도 없고 그냥 어머니들은 식당일. 이제 그거니까 더 비전이 없는 거잖아요, 어른들한테는. 그게 되게 많이. 엄마 친구들이나 그쪽에 엄마랑 같이 북한에서 오신 분들이 이렇게 만나면 만나시나봐요. 엄마 얘기를 듣고 있으면 가슴이 막 답답한 거예요. 근데 아, 그게 참 지금은 지식이 없어서 잘 모르겠는데 잘만 자리를 닦아주고 마련이 된다면 전문적인 일을 할 수 있는 분들도 많은 것 같은데 너무 그런 일, 그렇잖아요. 한국 그 노인 분들도 나이 찬다고 정년퇴임하면 그것도 좀 그거랑 비슷한 거 같아요, 할 일이 분명 있는데 그에 맞는 일을 정확히 찾아주지 못하니까.

D는 현재 남한에서 북한이탈주민에게 제공해주는 많은 혜택들이 굉장히 소중하고 좋은 것이기는 하지만, 그 혜택은 '위기 모면식'의 혜택이 아닌가라는 생각을 조심스럽게 이야기하였다. 그에 대한 예로, 북한이탈주민들 중에는 분명 기회만 주어지면 전문적인 일을 할 수 있는 분들도 많은데, 모두가 다 똑같은 일에만 종사하게 된다고 하였다. D는 남한에서 성인 탈북자들에게는 미래에 대한 '비전'이 없다고 하면서, 이러란 상황을 개선할 수 있는 근본적인 대안을 고민해 보고 싶어서 사회학과에 지원하게 되었다고 하였다.

탈북 트라우마를 치유하기 위한 가장 근본적인 방안은, 우리 자신이 북한이탈주민의 문제를 바라볼 때 '강자의 입장에서 약자 대하기' 시선에서 탈피해야 하는 것일 지도 모른다. '강자의 입장에서 약자 대하기'

시선은 탈북 청소년을 포함한 북한이탈주민에게 '일단 위기를 모면하게 해주었으니 이제부터는 너 알아서 해라'라는 태도로 이어지기가 쉽다. 탈북 청소년들의 탈북 트라우마를 치유해 나가기 위해 우리가 실제로 지금 당장 시작할 수 있는 일은 '강자의 입장에서 약자 대하기' 시선에서 '부모의 입장에서 자녀 대하기' 시선으로 전환하는 것이다.

4. 앞으로의 과제

인문학 전공자가 제시할 수 있는, 인문학 전공자가 주도적으로 나서서 연구할 수 있는, 역사적 트라우마의 치유 방법은 무엇일까. 이 글에서 최종적으로 고민하고자 했던 것은 인문학 전공자인 연구자가 탈북 청소년의 가족해체와 탈북 트라우마의 문제를 다루고 치유하고자 할 때 어떠한 방향성을 제시할 수 있을까 하는 것이었다. 기존에 탈북 청소년들에게 도움을 주고자 하는 많은 연구들에서는 탈북 청소년들을 대상으로 한 교육·임상 프로그램[12] 개발 및 실행에 초점을 맞추었다. 기왕의 연구들은 탈북 청소년들의 문제를 접근하는 데 있어서 개인의 성찰과 사회화과정에서 일어난 다양한 결핍에 치중을 한 경향이 있다. 이에 따라 탈북 청소년의 문제는 남북관계라는 큰 구조적 문제 안에서 들여다

---

12) 나용선, 「북한이탈주민자녀(청소년) 사회적응 통합프로그램에 관한 연구」, 『21세기사회복지연구』 8, 2011; 금명자 외, 『통일대비 청소년 상담 프로그램 개발 연구』 II, 한국청소년상담원, 2004; 강효림, 「탈북청소년의 심리사회적 적응에 관한 연구-우울·불안을 중심으로-」, 명지대학교 대학원 석사학위논문, 2007; 신형미·정여주, 「탈북청소년을 위한 집단미술치료 체험연구」, 『심리치료』 제6권 제2호, 서울여자대학교 특수치료전문대학원, 2006; 윤지혜·오영림, 「탈북청소년의 외상 이후 성장(PTG) 체험연구-탈북대학생을 중심으로-」, 『청소년학연구』 제17권 제12호, 한국청소년학회, 2010.

볼 필요가 있다는 지적도 나오고,[13] 탈북 청소년뿐만 아니라 이들을 주변화하고 가해하는 다수의 일반 청소년 및 사회적 태도의 문제점을 깊이 천착해 보면서 국제이해교육이 시급하다고 지적한 논의도 있다.[14] 연구자 또한 사례 분석을 통해 남한 사회에서 북한이탈주민을 바라볼 때 '강자의 입장에서 약자 대하기' 시선이 강력하게 작용하고 있음을 드러내고, 이것이 분단 트라우마 또는 탈북 트라우마를 끊임없이 재생산하게 만드는 원인이 된다는 것을 논의한 바 있다.[15]

많은 사람들이 사회구조나 인식의 개선이 필요하다는 것에는 공감을 하지만, 어떻게, 어떠한 방향으로 바꾸어 나가야 하는지에 대한 구체적인 그림은 아직 그리지 못하고 있는 실정이다. 여기서 인문학 전공자의 역할이 중요해진다고 할 수 있다. 이 글에서 연구자는 가깝게는 탈북 청소년들을 직접 대면하고 매일같이 생활하는 그룹홈 종사자들부터 멀게는 '나'를 포함한 이 사회가 전반적으로 '좋은 부모 되기'(믿고 따를 만한 부모 되기)의 과정을 거쳐야 한다고 제안하였다. 좋은 부모는 반드시 직접 출산을 한 사람만 되는 것도 아니고, 누구나 쉽게 저절로 되는 것도 아니다. '좋은 부모'라는 타이틀에 걸맞은 속성을 지니기 위해서는 성장의 과정을 거쳐야만 하는 것이다. 그렇다면 앞으로의 과제는 좋은 부모란 도대체 어떠한 속성을 가지고 있으며, 어떻게 하면 좋은 부모의 속성을 가질 수 있게 되는지를 연구하여, 좋은 부모로 성장할 수 있는 길을 체계적으로 마련하는 것이 될 것이다.

---

13) 이정우, 「탈북 청소년의 사회화 과정에 대한 질적연구: 사회과 교육에의 함의」, 『사회과교육』 45, 한국사회과교육연구학회, 2006, 195~219쪽.

14) 강순원, 「국제이해교육은 탈북 청소년문제에 어떻게 대응할 수 있는가」, 『국제이해교육연구』 7, 한국국제이해교육학회, 2012, 71~98쪽.

15) 나지영, 「탈북 청소년의 적응 문제와 분단서사」, 『통일인문학논총』 55, 건국대학교 통일인문학연구단, 2013.

제3장 조선족들의 역사적 트라우마, 민족과 국가의 이중주

박영균*

1. 역사적 트라우마와 연구 방향

일반적으로 사람들은 '트라우마'라고 하면 프로이트가 말하고 있는 바와 같이 "심각한 기계적 충격, 철도사고, 그리고 생명이 위협받을 수 있는 기타 사고를 겪은 후에 발생"[1]하는, '빅 트라우마'만 떠올리는 경향이 있다. 하지만 이런 심대한 충격을 주는 사건이 아니라고 하더라도 조그만 충격이 반복적으로 행해지는 일상적 폭력에 의해 발생하는 '스몰 트라우마'도 '외상 후 스트레스 장애'를 유발하는 것으로 밝혀지고 있다. 또한, 사건의 직접적인 당사자가 아니라 하더라도 '감염', '전이(transference)'

---

* 건국대학교 통일인문학연구단 HK교수

1) Sigmund Freud, 박찬부 옮김, 「쾌락원칙을 넘어서」, 『쾌락원칙을 넘어서』, 열린책들, 1998, 16쪽.

에 의해 유발되는 '외상 후 스트레스 장애'도 있는 것으로 알려지고 있다. 역사학자 도미니크 라카프라는 바로 이런 '감염', '전이'를 '역사적 트라우마'의 가장 중요한 특징으로 간주하고 있다.[2]

트라우마라는 개념은 오늘날 광범위하게 사용되지만 그 개념은 어떤 현상들을 중심으로 다루는가에 따라 다르다. '역사적 트라우마에서 사용되는 '트라우마'는 개인 병리적인 현상을 다루는 자아심리학에서의 '트라우마'나 라캉의 무의식의 심리학에서 다루는 존재론적 의미로 사용되는 '트라우마' 개념과 다르다. 물론 역사적 트라우마도 그것이 '트라우마'라는 점에서 다른 트라우마들과 마찬가지로 '심상'에 마음의 병을 남긴다. 하지만 역사적 트라우마는 존재론적인 의미에서 트라우마나 개인 병리적 의미에서 트라우마와는 근본적으로 구별되는 독특한 작동메커니즘을 가지고 있다.

'역사적 트라우마'는 특정한 '역사적 사건'을 계기로 하여 발생한다는 점에서 존재론적 의미에서의 트라우마와 다르며 '집단적인 감염체계'를 가지고 있다는 점에서 개인병리적 의미에서의 트라우마와 다르다. 물론 역사적 트라우마도 개인들의 병리적 현상들로 나타난다. 하지만 그것은 개인적인 경험적 차원으로 환원되지 않는, 특정한 집단이 공통으로 경험하는 특정한 역사적 사건을 계기로 하여 "특정한 집단이 가지고 있는 리비도의 흐름이 중단, 억압될 때 발생"[3]하는 것이다. 또한, 역사적 트라우마는 "그 자신이 직접 경험한 것이 아니라, 특정한 역사적 시점에서 발생한 사건에 의한 트라우마가 역사적 과정을 통해서 특정한 집단의 심리적 상처로 전이"[4]되는 특징을 가지고 있다.

---

2) Dominick LaCapra, 육영수 엮음, 『치유의 역사학으로: 라카프라의 정신분석학적 역사학』, 푸른역사, 2008, 226쪽.

3) 박영균·김종군, 「코리언의 역사적 트라우마에 관한 연구방법론」, 『코리언의 역사적 트라우마』, 선인, 2012, 35쪽.

하지만 그렇다고 그 사건으로 인해 사회의 모든 구성원들이 인격왜곡이나 이상 징후를 보이는 것은 아니다. 역사적 트라우마가 발생시키는 '외상 후 스트레스 장애'는 마치 우리 몸의 이상 징후가 특정한 부위를 통해서 표현되듯이 인격왜곡이나 이상 징후를 보이는 개인들을 통해서 표현되기 때문이다. 따라서 이때의 개인들은 한 개체가 겪고 있는 이상 징후로 간주되거나 개인적 차원에서 분석되는 것이 아니라 "이 사회가 집단적으로 앓고 있는 병의 정신분석적 징후의 돌출적 표현"으로 간주되며 분석되어야 한다.[5]

그런데 그렇기 때문에 '역사적 트라우마' 분석이 다루고 있는 병리적인 현상이나 사회 집단 내에서 보여주는 인성적인 왜곡은 특정 개인에 대한 보복 감정이나 자학이라는 심리적 차원에서 다루어지는 것이 아니라 집단과 집단의 관계 차원에서 나타나는 적대적 감정이나 자기 집단 비하라는 심리적 차원에서 다루어진다. 또한, 이런 점에서 역사적 트라우마가 유발하는 '외상 후 스트레스 장애'는 개인의 인격왜곡이나 타인에 대한 공격이 아니라 특정 집단의 인격왜곡이나 공격적 성향으로 표현되기 때문에 역사적 트라우마에 대한 정신분석의 목표는 "병을 고치는 '치료(therapy)'가 아니라 생명의 힘을 회복하는 '치유(healing)'",[6] 즉 집단과 집단 간에 막혀 있는 리비도적 흐름을 만드는 데 있다.

그러나 아직까지도 한국에서는 이와 같은 역사적 트라우마 개념을 가지고 동북아의 역사와 한-중-일 관계 및 남북관계를 연구하지 않고 있다. 이것은 역사적 트라우마를 서구적 관점에서 일방적으로 수용하여 보급하고 있을 뿐, 우리 자신에 대한 본격적인 연구과제로 삼고 있지 않

---

4) 박영균·김종군, 「코리언의 역사적 트라우마에 관한 연구방법론」, 『코리언의 역사적 트라우마』, 43쪽.

5) 위의 책, 44~45쪽.

6) 위의 책, 45쪽.

기 때문이다. 물론 라카프라가 주요 분석으로 삼고 있는 대상도 '유태인' 이며 서구가 박해형 디아스포라로 규정하고 있는 것도 유태인이라는 점 에서 역사적 트라우마는 '유태인-이산-홀로코스트' 분석에 가장 적합한 것으로 보일 수 있다. 하지만 이것은 서구적 관점에서만 역사적 트라우 마를 보는 '서구중심주의'에 빠져 있는 것일 뿐이다.

코리언 디아스포라 또한 유태인들 못지않은 수난의 역사를 가지고 있 다. 그들 대부분은 일제강점기에 이루어진 수탈과 강제이주, 제국주의 팽창정책, 정치적 탄압 등으로 인해 중국과 러시아, 일본 등지로 이산되 었다. 게다가 일본 제국주의가 남긴 문제는 오늘날에도 여전히 동북아 삼국 사이의 갈등을 낳고 있다. 케빈 아르브흐는 오늘날 쟁점이 되고 있 는 위안부 문제나 영토 갈등 문제들이 1920~30년대 일본제국주의와 군 사주의의 팽창"와 관련되어 있으며 이를 역사적 트라우마와 연결시키고 있다.7) 또한, 라카프라는 "트라우마의 정치적 이용문제는 물론 극단적 인 사건과 트라우마의 관계는 한국, 일본, 중국, 북한 간의 역사적 관계 연구에도 적용될 수 있을 것"8)이라고 말하고 있다.

바로 이런 점에서 건국대 통일인문학연구단은 '역사적 트라우마'라는 개념을 코리언 디아스포라의 문제에 적용하여 2010년과 2011년 두 해에 걸쳐 중국, 러시아, 일본 등에 살고 있는 코리언들에 대한 설문조사를 실시하고 그 결과를 2012년 4권의 책으로 발표하였다.9) 이 글에서 다루

---

7) 양미강, '동북아역사갈등을 보는 국제사회의 시각 ③ 케빈 아르브흐 교수', 동 북아역사재단 뉴스레터 12월호, http://search.historyfoundation.or.kr/data/Newsletterlist/0812/0812_06.html.

8) Dominick LaCapra, 육영수 엮음, 『치유의 역사학으로: 라카프라의 정신분석학 적 역사학』, 푸른역사, 2008, 424쪽.

9) 건국대 통일인문학연구단의 조사연구결과는 2012년 선인 출판사에서 다음의 4권으로 출판되었다. 건국대 통일인문학연구단 저, 『코리언의 민족정체성』, 『코리언의 역사적 트라우마』, 『코리언의 생활문화』, 『코리언의 분단통일의식』, 선인, 2011.

고 있는 심층구술조사는 이런 선행 연구 결과를 기반으로 삼고 있다. 그러나 이번 심층구술조사는 중국에 거주하는 조선족만이 아니라 한국에 거주하는 조선족들을 포함하고 있다. 심층구술조사는 2012년 10월 연변과 2013년 11월에서 2014년 4월 사이 서울에서 이루어졌으며 도합 10명을 대상으로 진행되었다.

또한, 구술은 전체적으로 선행연구결과를 토대로 작성된 질문지를 중심으로 하여 자신의 집안내력과 인생행로에 대한 이야기로부터 시작하였으며 구술 진행 과정 중 의문시되거나 충돌되는 내용들이 있으면 조사자가 적극적으로 개입하여 질문을 던지면서 구술자의 말 이면에 있는 '틈새'나 '간극'을 찾아내는 방식으로 진행되었다. 이것은 그들의 의식 이면에 감추어지거나 명확하게 드러나지 않은 '좌절된 욕망'과 분노감정, 적대성 등을 찾아내고자 했기 때문이다. 아래 표는 이번에 조사된 구술자들의 명단이며[10] 각 구술자들의 인적사항은 다음과 같다.

번호	별칭	출생년도	출생지	학력	체류기간	직업
1	중남1	1969	연변도문	대졸	4년	회사원
2	중남2	1986	연변	대학원 재학	없음	조선족역사전공
3	중남3	1982	연변	고졸	없음	대학생
4	중녀1	1944	연변	대졸	방문	민족교육활동
5	한남1	1985	길림교화현	대졸	4년(영주권자)	마케팅 자영업
6	한남2	1986	흑룡강	대학원 재학	7년	디자인전공
7	한남3	1967	연변	중졸	3년	무직
8	한녀1	1961	연변안도현	대졸	3년	전문직

10) 민감한 이야기가 많아서 비공개를 원칙으로 하여 인터뷰를 진행했기 때문에 별칭을 사용하였다. 여기서 사용된 별칭 '중남'과 '중녀'는 '현재 중국에 체류하고 있으며 중국에서 인터뷰를 진행한 남자와 여자'를 의미하며, '한남'와 '한녀'는 '현재 한국에 체류하고 있으며 한국에서 인터뷰를 진행한 남자와 여자'를 의미한다.

| 9 | 한녀2 | 1945 | 길림 | 중졸 | 5년 | 노동자 |
| 10 | 한녀3 | 1942 | 연변시 | 초졸 | 7년 | 무직 |

2. 식민 트라우마와 조선족의 역사적 자부심

2012년 발표된 선행연구를 통해서 밝힌 코리언의 역사적 트라우마는 '식민'이라는 '근원적 트라우마'를 기점으로 하여 '이산'과 '분단'이라는 두 가지의 트라우마들이 착종되어 있는 위상학적 구조를 가지고 있었다. 서구열강이 침탈하고 있던 근대의 공간에서 한(조선)민족이 가지고 있었던 리비도는 '민족=국민국가'의 건설을 향해 있었다. 갑오농민전쟁과 갑신정변, 대한제국 등은 모두 다 '상상된 정치공동체'로서의 민족국가에 대한 열망을 반영하고 있었다. 그러나 일제의 식민화로 인해 그와 같은 '민족=국가'를 건설하고자 했던 리비도적 흐름은 좌절되었다.

게다가 이런 '민족≠국가'라는 어긋남은 일제의 패망 이후에도 아직까지 회복되지 못한 상처로 남아 있다. 왜냐하면 한(조선)반도는 '8.15해방' 이후 분단되었으며 이산된 코리언들은 한(조선)반도의 분단, 동서냉전체제의 형성으로 인해 비교적 긴 시간 동안 서로에게 망각된 존재가 되었기 때문이다. 따라서 코리언의 역사적 트라우마를 분석하기 위해서는 일제 식민지배가 남긴 상처만이 아니라 '분단'과 '이산'이 남긴 상처들에 대한 조사가 필요하다. 건국대 통일인문학은 코리언의 역사적 트라우마가 가지고 있는 위상학적 구조에 대해 다음과 같이 밝히고 있다.

①을사보호조약과 같이 '대한제국의 국권박탈과 일제에 의한 식민화'가 '민족적 리비도'의 흐름을 봉쇄하고 한(조선)민족의 집단적 욕망을

좌절시킨 역사적 사건으로부터 나온, '빅 트라우마'로서의 '식민 트라우마', ②국가를 잃어버린 민족이 제국주의적 약탈정책과 식민화정책에 의해 다른 나라로 이주할 수밖에 없었던 상황이 낳은 '이산 트라우마', ③'8.15' 이후 하나의 통일된 독립국가 건설의 열망에도 불구하고 남과 북이라는 두 개의 분단국가로 귀결되면서 겪을 수밖에 없었던 상처로 부터 오는 '분단 트라우마'가 있을 수 있다.[11]

그런데 이런 위상학적 구조를 밝히는 데에서도 중국에서 살아온 조선족은 매우 중요한 분석대상이라고 할 수 있다. 우선, 양적 측면에서 보았을 때, 재중 조선족은 해외 거주 코리언 중 가장 큰 규모를 형성하고 있는 집단이다. 2012년 12월 31일자 현재 해외에 거주하는 코리언은 총 7,012,492명이다. 이 중 중국에 거주하는 코리언은 2,573,928명으로, 이는 해외 거주 코리언 집단 중에 가장 큰 규모라고 할 수 있다. 왜냐하면 현재 중국에 거주하는 코리언은 두 번째 규모를 차지하고 있는 재미 코리언들보다도 그 숫자 면에서 50여만 명이 많으며 이는 해외 거주 코리언 전체 숫자 대비 약 38%를 차지하고 있기 때문이다.[12] 물론 이들 모두가 일제강점기에 이산된 조선족이라고 할 수는 없다.

하지만 이들 중국 거주 코리언의 압도적 다수는 '조선족'이라고 할 수 있다. 왜냐하면 중국에 현재 거주하고 있는 코리언 중 약 64%에 해당하는 1,652,730명이 동북삼성(길림성, 요녕성, 흑룡강성)에 거주하고 있는데, 이 지역은 역사적으로 일제강점기에 가장 많은 이주가 이루어졌던 지역으로, 그들의 후손이 대부분이기 때문이다. 따라서 중국 거주 코리언 중에는 중국의 개혁·개방 이후 건너간 사람도 많으나 중국 내의 코

---

11) 박영균·김종군, 「코리언의 역사적 트라우마에 관한 연구방법론」, 『코리언의 역사적 트라우마』, 선인, 2011, 48쪽.

12) 외교통상부, 『2013 재외동포 현황』, 2013, 14쪽.

리언들을 대표하는 것은 '중국 내의 소수민족으로서 조선족'이며 그것도 공간적으로 '동북삼성에 거주하는 조선족'들이라고 할 수 있다.

둘째, 질적인 측면에서도 이들 조선족은 매우 중요한 사회-역사적 의의를 가지고 있다. 왜냐하면 이 지역은 일제강점기에 전개되었던 항일 무장투쟁의 중심 지역이자 이 지역으로 이주한 이후에도 조선족 문화와 전통을 자치적으로 유지·보존할 수 있는 조선족자치주가 있는 지역이기도 하기 때문이다. 실제로, 동북삼성에 거주하는 조선족들 가운데 조선족자치주가 있는 길림성에 거주하는 인구는 1,051,652명이나 된다.[13] 게다가 그들은 자신들을 한족과 구별하여 '조선족'이라고 칭하고 '조선 사람'임을 내세울 뿐만 아니라 우리말과 글, 전통적인 생활양식과 풍속들을 유지하고 있다. 이런 점에서 '중국에 거주하는 코리언들이 가지고 있는 역사적 트라우마'를 발굴·조사하는 데 있어서 이 지역은 핵심적인 연구대상 지역이라고 할 수 있다.

셋째, 이 지역은 일본 제국주의에 의해 국권을 상실한 이후 코리언들이 겪어 왔던 모든 상처들이 중첩적으로 겹쳐진 지역이라는 점에서 코리언의 역사적 트라우마의 위상학적 구조와 그것을 치유하기 위한 전략을 생산하는 데 매우 중요한 지역이라고 할 수 있다. 중국의 동북삼성 지역은 일제강점기에 일본 제국주의에 무력으로 저항하는 중심 거점 지역이자 일제패망 이후에도 한족이 압도적인 중국이라는 나라에서 중국 공민으로 살면서 조선족이라는 '민족'적 가치와 정서, 문화들을 유지·보존해 온 지역이다. 게다가 이 지역은 1990년대 이전까지 '북'과 긴밀한 관계를 유지해 온 반면 그 이후로는 '남'과도 활발한 교류를 맺으면서 남북교류의 가교역할을 수행하고 있는 지역이기도 하다.

그러므로 이 지역은 '식민', '이산', '분단'의 상처가 중첩되어 있는 지역

---

13) 외교통상부, 『2013 재외동포 현황』, 2013, 14쪽.

〈그림 1〉 길림성 왕청현 하마탕촌 개척기념비

이라고 할 수 있으며 이런 점에서 이들이 가지고 있는 역사적 트라우마
와 그 극복의 방향을 탐색하는 것은 코리언들의 아픈 역사를 치유하는
길을 모색하는 데 중요한 참조점이 될 것으로 보인다. 실제로, 이번 구
술자들 대부분은 자신들의 선조가 일제의 탄압이나 박해를 피해 이주했
거나 아니면 잃어버린 나라를 되찾는 독립운동을 하기 위해 이주했다고
증언하고 있다. 따라서 그들의 이주역사는 일제강점기라는 아픈 역사와
직접적인 관련을 가지고 있다. 물론 이런 이주의 역사와 관련해서는 논
란이 있을 수 있다.

역사적으로 보았을 때, 중국의 동북부지역으로의 이주가 시작된 것은
19세기 중엽부터라는 것이 일반적인 정설14)이다. 따라서 어떤 사람들은

---

14) 박창욱은 1958년 하북성에 거주하는 350여 명의 박씨 일족이 조선족 족적 개
  정을 요구했으며 1982년 이들과 요녕성 박씨 일족 약 1,200여 명이 조선족으

이에 대해 반론을 제기할 수도 있다. 하지만 이것은 그들의 이주 역사가 시작된 기원이 그러하다는 것이지 현재 이 지역에 거주하고 있는 조선족들의 근간을 형성하고 있는 이주가 이 당시에 이루어졌다는 것을 의미하지는 않는다. 현재 이 지역에 이렇게 많은 코리언들이 살게 된 것은 대한제국의 몰락과 국권 상실로 이어진 일제강점기라고 할 수 있다.

일본은 러일전쟁 승리 이후인 1909년 청나라와 「간도에 관한 협약」을 맺고 1931년까지 한(조선)반도에 살고 있었던 조선인들 약 41만 명을 간도로 이주시켰다. 그런데 이것은 당시 만주 지역 전체 인구 중 64%에 해당하는 것이었다. 게다가 1930년대에 일제는 「국가총동원법」을 제정하는 등 만주로의 팽창정책을 가속화했는데, 1931~1945년 사이에 이주한 인구는 약 100만 명[15]에 이르렀다. 게다가 이것은 이번 구술자들 대부분이 일제강점기에 이주했다고 증언하고 있다는 점에서도 드러나고 있다. 자신의 이주역사를 정확하게 기억하지 못하고 있는 중남2, 3을 제외하고는 모두다 자신의 가계가 중국으로 이주한 시기를 일제강점기라고 증언하고 있기 때문이다.

바로 이런 점에서 조선족의 이주 역사가 19세기 중엽, 또는 그 이전에 시작되었다고 하더라도 현재 조선족의 근간을 이룬 것은 일제강점기 때 이주한 사람들이라고 할 수 있으며 조선족들은 일제의 강점과 침탈, 탄압에 대한 매우 강한 '식민 트라우마'를 가지고 있을 것이라고 예상해 볼

로 족적을 개정했다는 점을 근거로 조선족들의 역사적 기원을 '명말청조'인 1620년이라고 주장(박창욱, 「조선족의 중국이주사 연구」, 『역사비평』 계간 15호, 1991년 겨울호 참조)을 편 바 있다. 그러나 이에 대한 반론도 있다. 김원석은 이들 박씨 일족의 마을 생활풍속이나 문헌자료들에 대한 조사를 근거로, 이들은 이미 한족에 동화된 사람들이라고 하면서 조선족의 기원이라고 할 수 없다고 주장하고 있다.

15) 김강일, 허명철, 『중국조선족 사회의 문화우세와 발전전략』, 연변인민출판사, 2001, 47쪽.

수 있다. 그리고 이런 예상은 타당한 것이기도 했다. 왜냐하면 선행조사에서 드러나고 있듯이 재중 조선족들은 한국인들과 마찬가지로 일본에 대한 매우 강한 적대성을 가지고 있기 때문이다.

재중 조선족들은 "중국, 미국, 일본, 러시아, 한국, 조선" 중에서 "가장 싫어하는 나라"로 일본을 가장 많이 선택한 반면에 "호감이 가는 나라"로는 일본을 가장 낮은 비율로 선택하고 있다.[16] 또한, 재중 조선족 중 "일본인 때문에 고생했던 역사에 대해 어떻게 생각하십니까?"라는 물음에 대해 "불행한 과거이므로 잊자"고 답한 경우는 겨우 3.7%에 불과했으며 이와 반대로 "결코 용서할 수 없다"고 답한 경우는 무려 28.0%나 되었다. 심지어 재중 조선족 중 61.6%(매우 그렇다 22.2% + 조금 그렇다 39.4%)은 "일본인들에게 당한 것을 생각하면 되갚아주고 싶다"는 복수와 원한의 감정을 가지고 있었다.[17]

그러나 이렇게 재중 조선족들이 식민지배에 대한 상처와 더불어 일본에 대한 강한 원한과 복수의 감정을 가지고 있을 정도로 깊은 트라우마를 가지고 있음에도 불구하고 그들이 이산해서 살았던 중국이라는 국가에 대해서는 그리 깊은 '상처나 반감'을 가지고 있지 않았다. 구술자들 대부분은 자신들이 중국의 공민이며 중국 국가로부터 받은 상처가 그리 크지 않은 것처럼 생각하고 있었다. 오히려 그들은 자신들이 현재의 중국 국가를 수립하는 데 공헌한 소수민족이라는 자부심을 가지고 있었다. 이것은 그들이 한(조선)반도를 떠나 중국에 살면서 함께 일본 제국주의에 저항했으며 일본을 몰아내고 중화인민공화국을 세웠다는 역사 때문인 것으로 보인다.

---

16) 김종곤·허명철, 「재중 조선족의 역사적 트라우마와 식민 트라우마」, 『코리언의 역사적 트라우마』, 선인, 2011, 229쪽.
17) 위의 책, 186~187쪽.

　일반적으로 모든 트라우마적 사건들은 사람들의 마음에 강하든 약하
든 간에 심적 상처, 즉 분노나 복수, 자책의 감정 같은 인격왜곡이나 '외
상 후 스트레스 장애'를 남기는 경향이 있다. 그러나 그렇다고 모든 트
라우마적 사건들이 사람들에게 이런 식의 인격왜곡이나 '고통'이나 '분
노', '보복의 감정'을 남기는 것은 아니다. 왜냐하면 모든 생명체는 외부
적 충격에 대한 방어기제를 가지고 있는데 이런 외부의 충격에 대항하
여 그것을 자신의 생명 내부로 통합하거나 통제하기 위한 대응전략이
성공적일 때, 그것은 그에게 '극복'된 것이 되어버리기 때문이다. 사실,
'외상 후 스트레스 장애'는 외부 충격을 자신의 내부로 통합해내지 못할
때, 그것은 자신에게 여전히 위협적인 것으로 남아 있을 수밖에 없는데,
이에 대항하여 자신을 지키기 위한 방어기제로서 '회피, 망각' 등과 같은
것들을 작동시키기 때문에 발생하는 것이다.

　예를 들어 베트남전쟁에서 미국인과 한국인들은 베트남 사람들에게
매우 커다란 '빅 트라우마'를 남겨놓았다. 하지만 현재 베트남 사람들은
이 전쟁을 매우 큰 상처로 기억하고 있지 않다. 이것은 그들이 베트남전
쟁에서 이겼다고 생각하기 때문이다. 그들은 이렇게 말한다. '우리는 당
신들을 미워하지 않는다. 왜냐하면 베트남전쟁에서 승리한 것은 우리이
기 때문이다.' 마찬가지로 조선족들 또한 그런 이산의 상처를 '일본 제국
주의에 저항하는 역사적 전통'을 통해서 극복해 왔다. 조선족 학자이자
민족지도자인 정판룡은 조선족의 대표적인 자부심으로 해방전쟁, 항일
전쟁에서의 선구자, 사회주의 건설에서의 주력군, 동북지역에 뿌리박은
삶의 개척자로서의 자긍심을 들고 있다.[18]

　이번 구술자 중 중녀1도 다음과 같이 말하고 있다.

---

18) 정판룡, 「서문」, 김동화 · 김승철 편, 『당대중국조선족연구』, 연변인민출판사,
　　1993, 1~4쪽.

> 왜냐하면 우리가 이 땅에 기여도 이 중국 공산당 당사에 기여도 열사
> 의 94% 조선족 중국 사회주의 건설에서의 우리 공로. … 중국사람 논하
> 고 나의 논이 이렇게 붙어 있어요. 내 논에서 나온 쌀이 그쪽이 지은 쌀
> 보다 더 맛있어요. … (바깥을 가리키며) 이 논 누가 했어요. 우리가 했어
> 요. 그러니까 우리는요, 정말 옛날에는 큰소리 뻥뻥 쳤습니다.

바로 이런 점에서 '조선족'이 가지고 있는 '역사적 트라우마'를 분석하
기 위해서는 그들이 중국으로 건너가 '소수민족'으로 살아가면서 그들이
만들어 온 '조선족자치주의 역사와 현실'에 주목할 필요가 있다.

3. 이산 트라우마와 문화대혁명, 민족과 국가의 균열

역사적으로 보았을 때, 조선족자치주는 1952년 8월 9일 '민족구역자치
실시강요' 선포→9월 3일 연변조선족자치구 선정→1955년 연변조선족
자치주로의 변경→1956년 연변조선족자치주의 정비→1958년 돈화현
의 연변조선족자치주 편입을 거쳐 오늘날까지 이어지고 있다. 그러나
이렇게 조선족들이 자치주를 형성하고 살아갈 수 있었던 것은 서로 다
른 민족들이 동등한 지위와 권리를 향유한다는 '민족평등'과 상호 협력
한다는 '민족단결' 원칙이라는 중국의 소수 민족 정책에서만 주어진 것
이 아니다. 그것은 조선족들이 이산 이후 만들어 온 특별한 역사가 있었
기 때문이기도 했다.

동북삼성, 특히 연변자치주는 일제 만주 침략의 전초기지로, 이에 대
항하여 싸웠던 '항일연군'을 중심으로 한 '무장투쟁'의 중심 지역이었으
며 현재의 중국 공산당이 중화인민민주주의공화국을 건설하는 데 핵심
적인 역할을 했던 지역이었다. 따라서 조선족들은 일제 식민지배의 피

〈그림 2〉 재중조선족 거주 마을 어귀의 혁명열사비

해자이면서도 항일투쟁이라는 역사적 자부심과 더불어 현재의 중국을 건국하는 데 지대한 공을 세운 소수민족이라는 자부심을 가지고 있었다. 중녀1은 다음과 같이 말하고 있다.

뭐 전체적으로 우리 전체적으로 다 항일지사의 후손이 아닌 거 하며 그럼에도 불구하고 우리는 그런 군체의 성원이기 때문에 자부심을 가지고 있어요. 이거는 당연하다고 생각합니다. 예, 근데 이거를 이제 못 봐줘요. 저도 그래요. 한국 가서 저는 당당하게 얘기할 수 있는 게, 우리 집에 태극기가 만세운동을 했던 태극기를. 제가 이제 정치운동을 하니까 불 지르고 받고 그때는 그게 태극기인지도 몰랐어요. 그에 가니까 그게 이제 태극기고 태극기 이게 뭐냐 이렇게 관심 그런 거도 있고 할아버지 얘기 이런 걸 듣고 영향을 받았기 때문에.

그러나 조선족들이 '이산 트라우마'를 항일무장투쟁과 중국 건국에 공헌한 소수민족이라는 자부심을 통해 극복했다고 하더라도 그들이 중국으로 이산한 이후 다수종족인 한족과 살면서 겪을 수밖에 없었던 이산 트라우마를 가지고 있지 않은 것은 아니다. 중녀1은 다음과 같이 말하고 있다.

> 이런 거를 쭉 겪어보니까 이제 문화혁명까지 겪어보니까 아, 알겠다 이거죠. 그래서 우리는 민족 자치 지역을 하는 곳에 민족정서가 강하기 때문에 민족정책을 주는 겁니다. 그렇게 이해를 하시면 됩니다. 안주면 똑같이 하면 들고 일어날 거거든요. 그러니까 이제 정책 줘서 말도 해 옷도 입어 학교도 세워. 근데 지금 학교 못 세우게 하지 않습니까?

즉, 그녀의 증언에 의하면 조선족들 또한 중국에서 살면서 중국 국가와 충돌이 없었던 것이 아니며 이런 충돌이 낳은 아픔을 극복하면서 자치주를 만들어왔다는 것을 의미한다. 사실, 중국으로의 이산 이후 조선족 사회가 겪은 가장 충격적인 사건은 1966년과 1967년 중국 전역을 광풍처럼 휩쓴 '문화대혁명'이라고 할 수 있다. 이번 구술자 중 그 때를 기억하고 있는 중녀1, 한녀1, 한녀2는 '문화대혁명'이 그들에게 남긴 상처들에 대해 증언하고 있으며 이 증언을 통해서 볼 때, 비록 그것이 그들에게 '외상 후 스트레스'로 남아 있지는 않지만 조선족사회와 정체성 형성에 많은 영향을 끼친 것으로 보인다.

대표적으로 중녀1의 경우, 그녀의 집안은 본래 황해도에 있었는데, 한일합방 전후 증조할아버지와 할아버지가 나라를 찾겠다고 만주로 이주했으며 그 이후 만수에서 독립운동을 했었다고 한다. 그런데 그녀의 증언에 의하면 문화대혁명 때, 자신의 할아버지가 김일성 부대와 관련하여 지하조직 자금책으로 활동한 것이 문제가 되었으며 이로 인해 탄압을 받게 되었으며 자신의 아버지는 연로한 할아버지를 대신하여 죄를 뒤집어쓰고 공산당으로부터 축출되었다고 증언하고 있다. 그리고 이 당시 주자파로 몰린 조선족사회의 민족지도자였던 주덕해[19]를 보호하려고 그녀 또한, 자료를 모아 가지고 북경으로 갔다가 오히려 흑룡강성 오지로 추방되어 2년 간 사상교육을 받았다고 증언하고 있다.

이와 경우는 다르지만 한녀1의 경우, 그녀는 그녀의 외할아버지가 일제강점기 시절 일본학교에서 교장을 했으며 그 때문에 문화대혁명 당시 사람들에게 얻어맞고 거름 똥 수레를 지는 일을 하다가 그 이후에 흑룡강성으로 추방되어 학대당하다가 자살한 사건을 증언하고 있다. 그녀는 자신의 할아버지가 흑룡강성으로 추방되어 그 곳 사람들에게 갈비뼈가 네 대가 부러지는 구타를 당한 뒤에 자살했다고 말하면서 그 당시의 경험을 매우 끔찍하게 회상하고 있다. 마찬가지로 한녀2도 문화대혁명 당시 다니던 학교의 교장을 보필하는 일을 했는데, 그 당시에 질이 좋지 않은 사람들이 '다 알고 있음'에도 불구하고 선량한 사람들을 오히려 '나쁜 사람'으로 몰고 핍박하는 것을 보고 참을 수 없어서 교장을 옹호하다가 사상교육 4일을 받았으며 그 이후, 서로 싸우는 꼴이 보기 싫어서 동생들과 함께 학교를 그만두었다고 증언하고 있다.

그러므로 '문화대혁명'은 조선족들에게 매우 강한 충격을 남긴 '빅 트라우마적 사건'이라고 할 수 있다. 한녀2는 그 당시의 공포를 다음과 같이 증언하고 있다.

> 그때 막, 그때 생각하면 막 무서워요. … 투쟁하자니 싫어가지고, 아

---

19) 주덕해(朱德海, 1911년 3월~1972년 7월 3일)의 본명은 오기섭이며 중국공산당에 참여하여 동북항일연군으로 참전하였다. 중국 옌볜 조선족 자치주의 초대 주장으로 임명되었다. 문화대혁명 기간 중 박해를 받고 병사하였다(위키백과 참조).

학습반 참가했더니. 그 사람들 나쁜 사람 아니다 그 사람은 좋은 사람이다 했더니 … 학교 가봐야 교장들도 막 투쟁하고 하니까 싫어요. 우리 동생들도 그래 가지고 학교 그만두고.

하지만 그럼에도 불구하고 구술자들 대부분은 문화대혁명을 낯선 땅에서 살면서 겪어야 했던 차별이나 폭력으로 기억하고 있지는 않았다. 이것은 그 당시에 개인적으로 경험한 아픔에 대해 증언하고 있는 구술자들뿐만 아니라 문화대혁명을 직접 경험하지는 못했지만 들어서 알고 있는 중남1, 한녀3과 같은 사람들의 증언에서 동일하게 나타나고 있다. 그들은 한결같이 '문화대혁명'을 '한족과 조선족 사이의 민족적 대립'이 아니라 '조선족 사회 내부의 다툼이자 분열'로 기억하고 있다.

대표적으로 한녀1은 다음과 같이 증언하고 있다.

> [조사자男 : 그 당시에, 부모님들이 … 문화대혁명 때 있었던 일들을 얘기하시면서, 한족들이 우리를 탄압했다. 뭐 이런 얘기는 안 하셨어요?] 그런 거는 없고, 거기까진 아니고, 조선족들끼리 많이 다툰 것 같아요. 민족끼리 다툰 게 아니고 조선 민족, 그 뭐 어떤 중국하고, 뭐 한족하고 조선족이 다툰 것 같진 않아요. 제 생각엔. 조선족들끼리 막 패싸움하고 서로 갈라서고 무슨 패 무슨 패 이래 갖고 조선 민족끼리 다툰 것 같아요 제 생각엔 문화대혁명 후에는. 예, 같은 민족끼리. 그러니까 우리 할아버지가 돌아가셨을 때도 이게 다 조선족 마을이에요. 조선족들이 더해요.

뿐만 아니라 이를 직접 체험하지 않은 40대의 중남1은 다음과 같이 증언하고 있다.

> 우린 어쨌든 조선족이 많으니까. 이 조선족 지방에서는, 에, 같은 조선족끼리 그 안에 한족도 끼어 있었겠지마는 같은 조선족끼리, 있잖아요.

그, 그 많이 싸웠다고. 아직까지는 민족과 민족이 개별적으로 정치 민족
과 민족이 아직까지는 이제 대결해 본 적은 없는 것 같아요. 제가 알기
론. 지금은 한족들 싫고 좋은 자리는 한족이 많이 차지하기가, 여기가 그
게 다 조선족이잖아요. 우리 목소리가 그때까지 높았어요. 지금 뭐, 그 정
돈 아니지만 그때는 많이 높았었어요. 지금은 많이 한족들이 차지한다 하
지마는 옛날, 옛날에는 조선족 자치지방이니까, 민족 깃이나 뭐 그런 것
은 없어요, 이런 거는 없어요. 그리고 또 뭐 어떨 때마다 조선족이 앞섰다
는 것은 그건 사실이에요. 앞장서서 나섰다는 거죠.

　물론 이런 증언들은 역사적 사실에 부합하지 않는 단편적인 경험에
대한 증언이라고 할 수도 있다. 왜냐하면 역사적으로 보면 '문화대혁명'
을 둘러싸고서 종족적 갈등과 북-중간의 갈등이 있었기 때문이다. 역사
적으로 볼 때, 항일무장투쟁과 6·25전쟁을 함께 한 북-중간의 혈맹은
1956년 중소분쟁과 8월 종파사건을 둘러싸고 금이 가기 시작했으며
1958년 봄에서부터 1959년 말까지 연변에서는 '한어대약진'이라는 구호
아래 반년에 걸쳐 한어 배우기 운동이 전개되기도 했다.[20] 그러다가 이
후 중국과 북은 문화대혁명과 베트남전쟁 파병 문제를 두고 서로를 '기
회주의' 대 '좌경모험주의'라고 비판하면서 본격적으로 대립했으며[21] 이
것은 중국에 살고 있는 조선족들에게도 영향을 미쳤다.

　문화대혁명 기간 동안 중녀1이 증언하고 있듯이 주덕해 등 조선족 지
도자들에 대한 탄압이 자행되었으며 한족 중심의 동화 및 조선어 무용

20) 염인호, 「중국 연변 문화대혁명과 주덕해의 실각-북한 특무 혐의를 중심으로」,
　　『한국독립운동사연구』 25, 독립기념관 한국독립운동사연구소, 2006, 422~423
　　쪽.
21) 이에 대한 북중 관계에 대한 구체적인 논의는 다음을 참조하시오. 박종철,
　　「1960년대 중반의 북한과 중국: 긴장된 동맹」,『한국사회』 10-2, 고려대학교 한
　　국사회연구소, 2009, 144~151쪽, 박종철, 「북한과 중국의 관계정상화 과정에
　　대한 연구(1967-1970)」,『아태연구』 15-1, 경희대학교 아태지역연구원, 2008,
　　21~25쪽.

론과 조선어 사용 금지, 그리고 교과서의 민족 작품 배제 등이 진행되었다.[22] 그래서 북경대의 김경일은 문화대혁명 시기를 '문화위축시기'라고 규정하기도 한다.[23] 그러나 이런 사실관계에 대한 시비는 여기서 중요하지 않다. 여기서 중요한 것은 그들의 증언이 역사적 사실(fact)과 얼마나 부합하는가에 있지 않다. 인간의 욕망은 현재의 삶과 관련하여 특정한 기억들을 반복적으로, 사후적으로 재편집되기 때문이다. 여기서 과거를 편집하는 것은 과거가 아니며 현재이며 그 이후 그들이 아픔을 극복하면서 만들어온 역사이다.

그런데 조선족들은 '문화대혁명'의 상처뿐만 아니라 그 이후에 그들이 겪는 이산의 아픔을 '민족적 자각'과 '민족적 유대'의 강화라는 차원에서, 한족에 대항하는 그들의 민족적 자부심을 강화하는 방식으로 '전치 또는 응축'시킴으로써 이를 극복해갔던 것으로 보인다. 즉, 그들은 문화대혁명 동안의 폭력적 경험을 한족 대 조선족이라는 종족적인 갈등이나 민족차별과 같은 '거주국 국가 및 사회적 폭력'이 아니라 오히려 조선족 내부 분열에 의한 사회적 폭력으로 기억하고 있다. 하지만 그럼에도 불구하고 그들은 아이러니하게도 중녀1처럼 '문화대혁명'을 계기로 조선족의 '민족적 자의식'을 강화해가고 있다. 이것은 곧 '문화대혁명'의 상처를 민족적 자의식의 강화로 전치시켰음을 의미한다.

중녀1은 문화대혁명 때 흑룡강성 오지로 밀려나 2년 동안 사상교육을 받으면서 다음과 같은 생각을 했다고 진술하고 있다.

예, 그때 이제 제가 주덕해를 보호하는 자원에 섰다는 이유 하나만으로 거기에 가서, 제가 나는 누구인가를 고민하고 왜 내가 여기 왔냐를, 조

---

22) 김상철 · 장재혁, 『연변과 조선족』, 백산서당, 2003, 90쪽.
23) 김경일, 『중국조선족문화론』, 료녕민족출판사, 1994, 4~5쪽.

선족인 이유 하나 때문에, 그러면 조선족으로 살아야 되는 거죠.

그리고 그 이후, 그녀는 조선족의 민족교육과 여성운동에 뛰어들었고 현재는 연변에서 조선족 학생을 위한 장학 사업을 진행하고 있다. 이제, 그녀는 다음과 같이 말하고 있다. "니가 중국 사람으로 한국하고 만나냐, 아니면 조선족으로서 혈통으로 만나냐, 아니면 마르크스주의 조국관에 의해서 만나냐, 이건 다른 문제에요. 그걸 교육을 했습니다. 그래서 이제 중국에서 요구하는 조국관하고 제가 말하는 조국관은 좀 달라요. 우리 몸속에 가지고 있는 피, 그러니까 이제 정체성 교육문제가 설정되는 거죠."

그러므로 중녀1의 사례가 보여주듯이 문화대혁명이 그들에게 비록 '종족단압'과 같은 박해의 기억으로 남은 아니었지만 그래도 그것은 조선족들이 이산되어 살면서 겪는 '결핍'이나 '억압'과 분리되어 있는 것은 아니라고 할 수 있다. 그들은 문화대혁명을 겪으면서 그들이 살아가고 있는 중국이 "본래 제한되고 주권을 가진 것으로 상상되는 정치공동체"[24]로서 '민족'이 아니라는 '현실'을 자각해 가고 있었으며 그것을 자신들의 민족적 자의식을 강화시킴으로써 돌파해 왔다. 따라서 조선족들에게 '이산 트라우마'가 없다고 할 수는 없다. 다만, 그들은 이산 트라우마를 조선족의 민족적인 자부심과 문화적 자긍심으로 돌파함으로써 그것을 '극복'했던 것이다.

그러나 그렇다고 조선족들이 중국 국가와의 관계에서 온전한 '공민'이라고 믿고 있는 것은 아니다. 그들은 중국에서 살면서 그들이 한국인들이 한국이라는 국가에서 누리는 주권과 같은 것을 그들이 누릴 수 없다

---

24) Benedict Anderson, 윤형숙 옮김, 『상상의 공동체: 민족주의의 기원과 전파에 대한 성찰』, 나남출판, 2003, 25쪽.

는 현실을 자각하고 있다. 왜냐하면 조선족들은 구술자들이 증언하듯이 교육이나 일상적인 생활에 민족차별이 없지만 위로 올라가려고 할 때, 권력의 상층부로 올라갈 수 없다는, 주권의 제한성에 대한 인식에서 그대로 드러나고 있기 때문이다.

중남1은 다음과 같이 말하고 있다.

> 이기, 백성들한테 좀 있잖아요. 공평하다 할 수 있고 내가 만약에 정치적 야심을 품고 야망을 품고 뭐 한다면 민족적으로 보이지 않는 그물이 있어요. 정책적으로나 법상으로나 다 평등하다 해도 있잖아요. 보이지 않는 그물 속에서 있잖아요.

하지만 그럼에도 불구하고 그들에게 중국이라는 국가(states)는 '현실' 이며 살아가기 위해 불가피하게 수용해야 정치권력이었기 때문에 중국 내의 소수민족으로서 자신들을 자리매김하면서도 다른 한편으로 '소수민족으로서의 한계' 내에서 그 스스로 '민족적 리비도'를 제한하고 억제해야 했다.

한녀1은 문화대혁명 이후 삶을 통해서 이런 결핍의 지점을 체험적으로 인식해갔던 조선족들의 모습을 보여주고 있다.

> 예. 자기네 민족끼리 다투었기 때문에 한족하고 트러블이 내 생각엔 (도리도리). 오히려 문화대혁명 지나면서 막 경제적으로 부유해지면서 그 다음에 자치주가 자리를 잡으면서, 뭐 때문에 저희들이 좀 놀랐냐면 제1책임자는 무조건 한족이에요. 만약 여기가 방송국이다 하면 제1책임자는 한족. 두 번째가 조선족이에요. 어쨌든지 간에 이건 한족이 다 제1책임자가 되는 거거든요. 그러니깐 뭐 아무리 내가 잘했다 해도 이건 안 되는 거지. 그러니까 그런 면에선 눌러왔지만 개인적으로 뭐 어떤 역사적으로나 그런 건 뭐 별로 없어요. 제 자신도 뭐 한족에 대해 막 뺏어 이런 감정이 별로 없으니까.

그렇다고 그녀가 이렇게 결핍된 것들에 대해서 아무런 감정을 가지고
있지 않은 것은 아니다. 한족에게 아무런 개인적인 감정이 없다고 말하
는 그녀조차 "아, 싫지만 원래 우리는 거기서 낳았으니까. 싫어도 살아
야지. 어디를 가지 못하니."라고 말하고 있기 때문이다. 그녀의 이 말 속
에는 결핍된 것들에 대한 체념과 더불어 그 결핍이 남긴 아픔의 일단들
이 드러나고 있다. 따라서 조선족들에게 중국이란 국가는 '상상된 정치
공동체'를 결코 완성하고 있는 것이 아니었다. 그들에게 그것은 일정한
체념에 의해 억압되고 수용되었을 때만 작동할 수 있는 '정치공동체'였
다.

바로 이런 점에서 그들이 살아가는 현실적인 정치권력체로서 '국가
(states)'는 '상상된 정치공동체'로서 '민족(nation)'와 동일한 것이 될 수 없
으며 양자 사이의 틈새가 유발하는 균열은 불가피한 것이었다. 그것은
'국가'로 통합되지 못하고 남겨진, 아니 보다 정확하게 통합되기 위해 불
가피하게 배제되거나 억압되어야 하는 잔여를 남기는 것이었다. 따라
서 이산이 조선족들에게 남긴 역사적 트라우마는 바로 이 지점에서 작
동하고 있다. 하지만 그들은 이 억압을 그냥 '억압적'인 것으로 남겨 놓
지 않았다. 그들은 이 억압을 극복하기 위해서 '국가' 대신에 '문화와 혈
연' 등의 '상상된 공동체'로서 '민족'을 선택했으며 '국가'라는 현실을 수
용하면서도 '민족'을 통한 자신의 자존감을 만들어가는 '민족과 국가의
이중주'를 켰던 것이다.

〈그림 3〉 이주 초창기 재중 조선족 복장

4. 고향상실의 아픔과 민족의 상상적 형상화

조선족들이 이산 이후 겪는 상실과 결핍은 '정치공동체'로서 민족의 결여라는 측면에서만 나타나는 것은 아니다. 그것은 훨씬 더 신체적이며 감각적일 뿐만 아니라 직접적인 정서에 속한 것이다. 상상된 정치공동체로서 '민족의 결여'는 '이산'만이 아니라 일제에 의한 식민지배로부터도 나온다. 그들은 '이산'하기 이전에 이미 '상상된 정치공동체로서의 국가'의 상실을 경험하고 있으며 역사적으로 그들의 '이산'은 일제 식민화에 의한 국가의 상실이 낳은 결과 또는 효과이다. 하지만 그럼에도 불구하고 이산 트라우마는 '식민 트라우마'로 환원되지 않는 고유한 지점을 가지고 있다. 그것은 바로 '고향의 상실'이다.

'고향의 상실'은 단순히 '상상된 정치공동체'의 상실만이 아니라 그가 태어나고 자라면서 나눈 삶의 모든 체험들이 숨 쉬고 있는 공간, 즉 장소(place)로부터의 분리를 의미한다. 민족이라는 상상된 공동체의 '상상력'을 자극하고 그것을 하나의 결속력으로 바꾸어 주는 것은 단순한 공상으로부터 나오는 것이 아니다. 그들은 특정한 공간을 중심으로 자신들의 삶과 문화, 가치들을 나누었던 체험적 요소들을 기반으로 하여 '민족'을 상상한다. 따라서 공간적으로 상상된 같은 민족이라고 믿고 있는 사람들과 그들의 역사와 추억이 깃든 체험적 장소로부터의 분리는, 삶의 안정성을 제공하는 주거지로 '집'의 상실, 대지에 뿌리박고 있는 뿌리의 상실을 낳으며 그것은 태아가 어머니의 자궁으로부터 떨어져 나와 이 세계에 홀로 던져진 것처럼 '상실의 고통'을 수반할 수밖에 없다.

하지만 어머니의 자궁으로부터 분리되어 이 세계에 던져지는 '존재론적인 분리의 과정'이 모든 인간에게 필연적으로 주어진 '존재론적 과정'임에도 불구하고 인간은 이런 결핍, 부재를 오히려 생성의 힘으로 만들어왔던 것처럼 그들에게 주어진 '고향의 상실' 또한 부정적으로만 작동하는 것은 아니다. 사람들은 그들이 겪는 상실의 아픔을 극복하기 위해 다양한 방식들의 기제들을 생산한다. '회피', '억압', '전이와 응축' 등의 방식은 바로 이런 방어기제의 작동이 낳는 것이라고 할 수 있다. 하지만 이 중에서 '회피', '억압'은 '외상 후 스트레스 장애'와 같은 후유증을 남기는 반면 '전치와 응축' 등은 그것이 트라우마를 자신들의 삶 내부로 통합시키는 방식에 따라 오히려 생산적인 힘이 되기도 한다.

프로이트는 1살 반 정도 된 아이가 실이 감겨 있는 실패를 가지고 던졌다가 잡아 당겼다를 반복적으로 수행하는 'Fort-Da(포르트-다)' 놀이를 보면서 이것을 어머니와 헤어짐이라는 상실의 아픔을 극복하는 놀이로 해석한 적이 있다. 여기서 'Fort'는 '없다.'는 뜻을, 'Da'는 '여기 있다.'는 뜻을 가지고 있다. 따라서 그는 아이가 실패를 던지면서 '포!'라고 외치는 것은 어머니의 부재를 상징화하는 것으로, 실패를 잡아당기면서 실패가 보이면 '다!'라고 외치는 것은 어머니의 현존을 상징화하는 것으로 해석하고 있다.[25] 여기서 '실패'는 '어머니'의 대체물이다. 따라서 상실의 고통을 겪는 사람들은 실패를 가지고 'Fort-Da' 놀이를 하는 아이처럼 '그 부재'를 대체하는 놀이를 생산하면서 자신의 아픔을 극복하고자 하는 놀이를 생산한다.

조선족들 또한 마찬가지였다. 중녀1은 다음과 같이 말하고 있다. "우리가 일제 치하 때, 이제 강제이민 할 때, 이제 경상도가 흑룡강으로 많이 갔어요. 그 다음에 이제 평안도 쪽은 이제 운용 쪽으로 많이, 우리 여기 길림성 쪽에는요, 나라 찾는다. 뭐 이런 분들이 많이 오니깐요, 팔도가 다 있어요. 연변은 팔도에 저 캠프장 짓고 있는데 기둥이 여덟 개에요. 제가 팔도의 어머니들이 여기에 와서 뿌리내렸고 씨를 뿌렸다. 그래서 이제 제 캠프장에 여성개발원 건물을 만들었는데 기둥이 여덟 개다 그런 뜻이 있어요." 따라서 그녀가 말하는 '팔도의 어머니', '여덟 개의 기둥'은, 'Fort-Da' 놀이에서 '실패'가 어머니의 상징적 대체물이듯이 한(조선)반도의 팔도를 응축(condensation)하고 있는 대체물이다.

그들의 고향 상실을 대체하는 공간의 상상적 구성은 8개의 기둥을 통해서 응축되며 그 속에서 상상적으로 재현된다. 그리고 그렇게 됨으로써 그들은 자신들이 현재 살고 있는 공간을 한(조선)반도의 작은 축소판으로, 마치 중국 땅으로 팔도를 옮겨 놓은 것처럼 '팔도의 응축된 공간'으로 바꾸어 놓는다. 여기서 그들은 '부재하는 고향'을 '현존하는 고향'으로 바꾸어 놓으니 '신체적으로 분리된 공간'을 다시 연결시키고 있다. 따

---

25) Sigmund Freud, 박찬부 옮김, 「쾌락원칙을 넘어서」, 『쾌락원칙을 넘어서』, 열린책들, 1998, 20~21쪽.

라서 조선족들에게 고향 상실의 '결핍'은 결핍으로, '부재'는 부재로 끝나지 않으며 다시 그들의 기억을 현재화하고 끊어진 유대성을 확보하는 새로운 의미와 삶의 공간을 생산하는 새로운 생성의 힘으로 작동하고 있다.

마찬가지로 조선족들은 자신들을 '사과배'나 '민들레'에 비유하는 '은유(metaphor)의 방식'으로도 이와 같은 상실의 아픔을 극복해 왔다. 은유의 방식은 응축과 달리 유사성의 연쇄 고리를 통해서 작동된다. 여기서 상실된 대상 a로서 한(조선)민족과의 유대를 확보해가는 것은 '사과'와 '배'라는 이종교배의 혼종적 성격이다. 사과배는 '사과'와 '배'를 접목하여 만든 과일로서, 연변자치주에서 생산되는 특산물이다. 그런데 이런 사과배의 혼종적 성격은 조선족의 이중정체성, 중국 공민이면서도 '한민족'이라는 이중정체성뿐만 아니라 한족과 조선족의 생활풍속이 접합된 '장국 문화'나 '이중 언어' 사용, 그리고 온돌문화를 중국의 '캉'식 난방과 결합시킨 혼종적 생활문화에 잘 드러내고 있다.

따라서 그들은 사과와 배를 접목시켜 '사과배'를 만든 것처럼 자신들이 중국으로 와서 살면서 새로운 문화를 생산한 집단이라는, '조선족의 이중정체성'을 '사과배'라는 은유를 통해서 상징화하고 있다고 할 수 있다. 그래서 어떤 사람들은 이런 조선족의 이중정체성이나 문화적 변용을 한(조선)반도 거주 코리언과도 다르고 중국의 한족과도 다르기 때문에 제3의, 독립정체성의 징표로 간주하기도 한다. 그러나 이것은 재중 조선족의 이런 이중정체성 및 혼종성이 본질적으로 '고향상실'의 아픔을 극복하고 어떻게든 민족적 유대를 확보하려는 그들의 욕망에서 나온 것이라는 점을 간과하고 있다.

재중 조선족은 한(조선)반도로부터 유리되어 중국에 정착하였다. 그런데 만일 어떤 사람이 특정한 지역에서 특정한 사람들과 어울려 산다면 그는 그 지역 사람들의 문화와 삶의 방식들을 자연스럽게 습득할 것이며 그것을 그대로 수용하고 살아갈 것이다. 그러나 재중 조선족들은 '팔도'니 '사과배'니 하는 상징체계를 만들어내고 있다. 이것은 그들에게 주어진 현실을 있는 그대로 받아들이지 못하는, 그 어떤 것을 가지고 있다는 것을 의미한다. 바로 이런 점에서 재중 조선족에게 '중국적인 것', 또는 '한족적인 것'들은 그들에게 주어진 현실이 낳은 산물이라면 '코리언적인 것'은 이런 현실에 대한 저항 또는 '빗겨짐'의 산물이라고 할 수 있다.

또한, 그렇기에 그들의 욕망이 향하고 있는 것은 '중국', 또는 '한족'이 아니라 오히려 '한(조선)반도', '코리언'이다. 즉, 그들의 이중정체성과 문화적 혼종성은 중국화의 산물이 아니라 중국화에 대한 거부, 또는 잃어버린 고향에 대한 그리움의 산물인 셈이다. 재중 조선족의 또 다른 상징적 은유인 '민들레'는 이를 잘 보여주고 있다. '민들레'는 원래의 모체로부터 떨어져나가 바람을 타고 이동하면서 자신의 씨를 퍼트린다. 그것은 조상의 나라이며 고향이었던 한(조선)반도로부터 유리되어 뿌리를 잃은 채 먼 이국땅으로 이주한 조선족과 마찬가지이다. 하지만 그들은, 그 아픔을 아무리 척박한 땅에서도 뿌리를 내리는 '강한 생명력'을 지닌 민들레라는 이미지를 형상화함으로써 그들 스스로를 '끈질긴 삶을 꽃피운 자들로, 그들 스스로에게 자부심을 부여하고 있다.

조선족 문학의 발전을 위해 평생을 바친 활동가이자 시인인 김창석은 조선족의 아픔을 다음과 같이 노래했다. "둥실둥실 그렇게 거뿐하게 / 넘실넘실 그렇게 자유롭게 / 어디로 날아가느냐 / 하얀 민들레 꽃씨 / ─아, 순박한 사랑의 마음이 // 소문 없이 피었다 지는 민들레 / 길섶에 짓밟혀 천대받고 / 수레짝에 짓눌려 이즈러져도 / 기어코 물려가는 그 생명 / ─아, 곧고 굳은 결백한 넋이여 // 넓고 넓은 이 천지간에 / 희망

〈그림 4〉 중국 도문 국경의 조선과 중국의 우의탑

에 차 날았건만 / 어찌하여 하필 / 길섶에 내려서 또 피려느냐 / ─아, 내 마음에 핀 고향의 민들레!"[26] 여기서 '민들레'는 조선족을 형상화하는 대체물이다.

그들은 '민들레'처럼 척박한 땅에서도 뿌리를 내리고 그 속에서 '고향의 민들레'를 만들어낸다. 이런 점에서 "조선족의 실상을 고려할 때 조선족의 비유적 표상으로서 '사과배'보다도 '민들레'가 더 적합"[27]하는 주장 또한 제기되고 있다. 그들이 보기에 조선족들은 사과배처럼 '한족'과 섞이는 존재가 아니다. 오히려 그들은 한족이 다수인 중국에 살면서도

26) 김창석, 「민들레 꽃씨」, 『中共僑胞詩人代表作選集1 해란강의 두견새』, 융성출판사, 1988, 76쪽.

27) 이사, 「중국의 개혁개방 이후 조선족 시문학의 민족정체성 구현양상 연구」, 『겨레어문학』 50, 겨레어문학회, 2013, 225쪽.

'한족'과의 결혼을 거부하고 자신들의 핏줄을 보존하려고 할 뿐만 아니라 조선족만의 마을공동체를 형성하고 자신들의 문화를 한족보다 우월한 것으로 만들어가는 '우수한 소수민족'이다. 중남1은 다음과 같이 말하고 있다.

> 우리 집에선 무조-건 우리민족 학교 보내지 한족 학교 아이 아니 보낸다. 지금 생각해도 그래요. 같은 우리 있자나요, 우리 조선 사람들 있자나요. 우리가, 한족들보다, 일상적인 생활에 퍽, 총명한 거 같다 보여. 그이 한족들보다. 뭐 깊은 머리거나 앞으로 큰일이거나 이건 뭐 한족들보다 뭐. 그, 그렇게 해서는 비교가 안 되는데, 일상적인 생활에서 보면 있잖아요, 우리가 임기응변하거네- 예? 어. 기 어디 생활 적응하거나 이거 보면은 우리가 한족들보다 더 정보발이 빠르거나 적응하는 게, 민족 자체의 언어가, 이제, 좋은 언어래서-. 우리는 머리를 좋게 만, 총명- 총명하게 만든다니까요? 우리 언어가.

물론 여기서 조선족들이 한족보다 문화적으로 우월한가의 여부는 중요하지 않다. 중요한 것은 그들이 만들어내는 상상의 체계가 '고향상실'의 아픔을 극복하기 위한 그들의 전략이었다는 점이 중요하다. 일반적으로 조선족들은 중국의 한족들에 대항하여 민족평등의 가치를 한족들에 대한 조신족의 우월성으로 전치시키는, 즉 '이항 대립적인 조선족의 우월성'[28]을 가지고 있다. 따라서 중국에 살고 있는 조선족들은 '이산'이 낳은 '고향상실'의 아픔과 '민족≠국가'라는 어긋남이 빚어내는 '상상된 정치적 공동체'로서의 민족의 결여를 극복하기 위해서 '중국 내의 문화

---

28) 이런 이항 대립적인 조선족우월성은 다음과 같은 도식으로 작동한다. '한족은 더럽다. 조선족은 깨끗하다.' '한족은 무식하다. 조선족은 교양 있다.' '한족은 게으르다. 조선족은 부지런하다.' '한족은 인색하다. 조선족은 베푸는 사람이다.'(이현정, 「조선족의 종족정체성 형성과정에 관한 연구」, 『비교문화연구』 7-2, 서울대 비교문화연구소, 2001, 79~81쪽).

적으로 우월한 소수민족으로서 조선족'이라는 '문화적으로 상상된 체계'를 만들어낸 것이라고 할 수 있다.

그러나 1992년 한-중 수교 이후, '민족의 유대와 끈'을 간직한 채, 그 위에 만들어 온 사회적이고 역사적인 공간인 조선족 사회는 해체의 위기에 직면하고 있다. 2006년 중국에 거주하는 코리언들은 2,762,160명(2007년 통계)이었으나 2012년에는 2,573,928명(2013년 통계)으로, 약 20만 명 정도가 감소하였다. 게다가 이것은 2006년 동북삼성에 거주하는 코리언들이 1,836,643명(2007년 통계)에서 2012년 1,652,730명(2013년 통계)으로, 약 20만 명 정도가 감소되었다는 점[29]에서 보듯이 동북삼성을 중심으로 한 조선족들의 감소추세를 반영하고 있다. 하지만 여기서 보다 중요한 것은 현재 조선족자치주의 감소추세를 견인하고 있는 주요인이 바로 한국으로의 이주라는 점이다.

현재 전체 조선족들의 1/4에 해당하는 약 50만 명이 한국에 들어와 있다. 따라서 현재 조선족들은 한(조선)반도로부터 이산되어 만들어온, 그들의 '정박지'였던 '조선족공동체'라는 고향으로부터 유리되어 다시 '민들레'처럼 떠돌고 있다. 이것은 물론 오늘날 신자유주의 지구화가 만들어낸 세계사적 풍경이며 거스를 수 없는 대세이기 때문에 굳이 조선족들만이 직면하고 있는 문제는 아닌 것처럼 보인다. 그래서 사람들은 이 문제를 오늘날 지구화가 유발하는 '탈민족', '탈경계'라는 '디아스포라'적인 관점에서만 다루는 경향이 있다. 하지만 그렇게 되었을 때, 문제는 일반적인 디아스포라들의 이산과 다른, 조선족들이 가지고 있는 이산의 독특성을 놓치게 된다는 점이다.

중국에서 살아 온 조선족들이 이주해 들어오는 곳은 아무런 연고지나 특별한 유대감이 존재하지 않는 타국이 아니다. 그들에게 한(조선)반도

---

29) 외교통상부, 『2013 재외동포 현황』, 2013, 66쪽.

는 그들이 고향을 떠나 살아온 중국에서 그들의 이산 트라우마를 극복하면서 상상적으로 '동일화'해 왔던 특별한 욕망의 대상이었다. 이 점에서 그들은 동남아지역에서 한국으로 온 이주민들과 다르다. 그들에게 한(조선)반도는 상상적 동일화의 대상이 아니다. 그러나 조선족들에게 한(조선)반도는 상상적 동일화의 대상이며 그들을 집단적으로 묶어주었던 정체성의 근원 지점이었다. 따라서 조선족의 이주는 오늘날 디아스포라들이 가지고 있는 이주와 다르다.

중녀1은 다음과 같이 말하고 있다.

> 우리는 사역관계가 아니에요. 우리가 주인이에요. 주인이기 때문에 평등하다고 생각을 해요. 당신이 간부이지 당신이나 나나 다 노역가다 당신은 많이 받고 나는 적게 받아요. 그거는 능력의 차이도 있고 이렇게 생각을 해요. 근데 한국에 가니까 사역관계 이거는 생각도 못한 거예요. 그런데 뭐를 갖고 가느냐 하면은 동족이고 같은 민족이고 또 고향에 왔는데 아버지 조국에 갔는데. 이런 어떤 그런 걸 갖고 간 사람들 때문에 착취받는다. 우리는 그 착취를 뒤집어엎은 그런 계급인데 거기 가니까 착취당한다고 생각을, 아니 한민족인데 착취하나! 이런 게 하나 있고.

5. 망각된 존재의 귀환과 귀환의 좌절

조선족들은 그들이 비록 지구화하는 풍경 속에서 돈을 벌기 위해 한국으로 오지만 그들의 이주에는 '귀환(return)의 욕망'이 작동하고 있다. 이 귀환은 다른 이주노동자들의 '귀환' 욕망과 동일하지 않다. 그들은 돈을 벌어 본국으로 돌아가고자 한다. 반면 조선족들은, 비록 그들 중 많은 사람들이 중국으로 되돌아가고자 하더라도 그들은 그들이 과거에 상상적으로만 떠올렸던 한(조선)반도에 대한 동일화의 욕망을 가지고 한국으로 들어온다. 여기에는 '민족적 차원'에서 작동하는 상상적 동일화가 중첩되어 있는 '귀환'의 욕망이 작동한다.

2010년 설문조사결과에 따르면 재중 조선족들 중 한국인이 자신들을 대하는 태도에 대해 만족하는 비율은 26.3%('매우 만족' 3.7%+'만족' 22.6%)에 불과했으며 나머지 73.7%가 불만족을 느끼고 있었다. 또한, 그들은 "남쪽으로부터 받은 상처는 무엇입니까?"라는 물음에 대해 34.4%가 "우월감을 가지고 무시하는 태도"를, 31.8%가 "같은 민족으로 취급하지 않는 태도", 22.1%가 "편견과 선입견을 가진 태도"를 꼽았다. 물론 이것은 재중 조선족들에게만 나타나는 것이 아닐 것이다. 동남아시아 등지에서 한국에 온 이주 노동자들 또한 '같은 민족으로 취급하지 않는 태도'를 제외하고는 이와 같은 답변을 할 것이다.

그렇다고 그들이 입는 상처가 조선족 사람들이 입는 상처와 동일한 것은 아니다. 표면적으로 보았을 때, 재중 조선족들이 박탈된 '민족적 동일화'의 욕망 때문에 상처를 입고 있는 비율은 31.8%에 불과한 것처럼 보일 수 있다. 그러나 이것은 주어진 답변이 놓여 있는 맥락을 고려하지 않았기 때문에 그렇게 보일 뿐이다. 한녀1은 다음과 같이 말하고 있다.

> 우선 조선족인데도, 중국이다 이런 게 붙었으니까 쟤네들은 샤워도 잘 안할 거다. 그 다음에 뭐 막 과일을 갖다놓고는, 야 너네는 이런 과일이 있냐? 먹어 봤냐? 뭐 그 다음에 또 뭐라 할까? 너네는 뭐 그 하루에 밥을 뭐 입쌀만 먹냐?

물론 이런 문화적 편견이나 충돌은 서로 잘 모르는 사이에서 발생할 수 있는 것이기도 하다. 하지만 문제의 심각성은, 한녀1이 이야기하는 '과일을 먹어 봤냐'와 같은 단순한 비하가 핵심이 아니라는 점에 있다.

그녀에게 보다 중요한 것은 '조선족인데도, 중국이다 이런 게 붙는' 것이다. 바로 이런 점에서 조선족들이 한국-한국인과의 만남에서 겪는 충돌은 다른 디아스포라들처럼 단순한 '우월감을 가지고 무시'하거나 '편견이나 선입견'을 대하는 태도에서만 나오는 것이 아니다. 보다 중요한 것은 한국인들의 이런 태도가 근본적으로 그들이 가지고 있는 독특한 욕망, 즉 '집단적인 기억과 상상에 근거한 코리언으로서의 귀환이라는 욕망'이 좌절시키고 있다는 점이다.

그들에게 중국이라는 국가(states)는 '현실'이며 살아가기 위해 불가피하게 수용해야 정치권력이며 정치적 공동체에 대한 욕망은 '억제'되어야 하는 '민족적 리비도'였다. 그래서 그들은 조상의 뿌리가 있는 곳으로서 한(조선)반도라는 상상된 공동체로서의 '민족(nation)'을 불러냈으며 한족과 자신들을 구별하고 '정치적 공동체'가 아닌 '문화적 공동체'로서, 한(조선)민족의 우월성을 만들어갔다. 여기서 한족은 비록 정치적 공동체의 상층권력을 장악하고 있는 주류민족이지만 열등한 민족이며 한(조선)반도라는 상상된 공간과 연결되어 있는 조선족은 중남1이 말한 것처럼 "머리가 좋고", "적응을 잘 하며", "총명한" 우수한 종족이다.

또한, 중녀1과 한녀1이 말하고 있듯이 조선족은 "유격전에 능하고", "싸움을 잘 하는" 혁명적 민족이다. 이것은 한국인들이 한(조선)민족에 대해 가지고 있는 우월성과 다르지 않다. 그런데도 그들의 욕망은 한국인에 의해 부정된다. 즉, 한국인들이 '한(조선)민족 우월성'은 한국-한국인에 대해 적용되며 그들에게는 적용되지 않는 것이다. 따라서 그들이 느끼는 박탈감은 동남이시이 둥지에시 온 다른 종족이 느끼는 빅딜김을 넘어선다. 그들이 느끼는 박탈감은 그 자기 자신의 존재성 그 자체를 부정당하는 느낌으로 주어질 수밖에 없다.

그들은 중국으로 이산된 이후, 이산 트라우마를 극복하면서 그들 스

스로의 민족정체성을 만들어왔다. 그것이 바로 문화적으로 상상된 조선
족공동체이며 그것이 조선족으로서의 자존감(self-esteem)을 형성했다.
그런데 그런 그들이 한국으로 들어와서 '비록 착각'이라고 할지라도 그
들이 가지고 있는 민족정체성을, 같은 민족이라고 믿는 한국인에 의해
부정당하고 있는 것이다. 따라서 그들이 느끼는 박탈은 사랑하고 믿었
던 사람으로부터 당하는 '배신'과 같은 종류의 박탈로 부로디외가 말한
"사회적으로 인정된 사회적 존재, 다시 말해 인류애를 획득하기 위한 상
징적 투쟁에서 패한 자들의 박탈"로, 이보다 "더 나쁜 박탈은 없다."고
할 수 있다.[30)]

　게다가 이와 같은 박탈은 더 나아가 그들이 중국에 살면서 역사적으
로 만들어왔던 '민족적 환상체계', 즉 한족과의 이항 대립적 코드화는
'조선족=중국인=한족'이라는 코드의 계열화를 통해서 오히려 자신들을
열등한 존재로 바꾸어 놓는 억압적 코드화로 역전된다. 한국인들은 조
선족들을 같은 한(조선)민족으로 간주하지 않을 뿐만 아니라 더 나아가
그들이 만들어왔던 '이항 대립적 계열화'를 거꾸로 뒤집어 자신들에게
적용시키고 있는 것이다. 따라서 이 동일화의 좌절은 단순히 그들이 '조
상의 뿌리가 있는 곳'으로서 '한(조선)반도'라는 '상상적 공간'의 형상화
를 통해서 만들어 온 '민족적 유대'의 박탈에 멈추는 것이 아니다. 그것
은 그들이 가지고 있는 '이항 대립적 코드화'의 전복을 불러온다.

　한국에 영주권을 가지고 있으며 사업을 하는 한남1은 이렇게 말하고
있다.

　　무식한 얘기를 안 했으면 좋겠다. 중국인 취급하는 것에 대해서 좀 애
　매한 점이 있어요. 한국에 오니까 한민족으로 인정해주지 않는 사람도 있

---

30) Pierre Bourdieu, 김웅권 옮김, 『파스칼적 명상』, 동문선, 2001, 344쪽.

더라구요. 그런 거 볼 때면 당신이 한민족 인정 안 하면 나도 당신과 같
은 민족일 필요 있나!

여기서 작동하는 것은 한국에 대한 에로스를 타나토스로 전화시켜 대
상 a(한국)와의 관계 그 자체를 파괴하는 것이다. 그렇기에 그들은 중국
에서 살면서 '국가'라는 국민정체성을 수용하는 대신에 선택했던 '한족
대 조선족'이라는 이항 대립적 코드(한족/조선족=한국인)에 대한 한국인
들의 역전된 코드(조선족=한족/한국인)'를 그들 자신에 대한 정체성으로
변환시킨다.

이제, 한남2는 자신이 조선족이라는 점을 굳이 밝히지 않으려고 하는
회피경향을 보이며 한남3은 더 나아가 자신은 한국인들과 대화를 하지
않으며 한족들하고 어울리는 것이 훨씬 더 즐거울 뿐만 아니라 자신은
중국인이기 때문에 한국인들이 중국인으로 간주해도 전혀 기분 나쁘지
않다고 말한다. 게다가 그는 중국에 대한 한국의 비난 여론에 대해서도
중국은 이에 전혀 신경 쓰지 않는다고 말하고 있다. 따라서 조선족들이
이전에 중국에서 살 때 그들이 이산의 상처를 극복하기 위해 선택했던
'민족' 대신에 이제는 거꾸로 '민족'이 아니라 중국이라는 그들이 이전에
살았던 '국가'를 선택한다.

한국과의 교류가 활발해지면서 조선족들의 중국인 정체성이 오히려
강화되어가는 것은 바로 이런 사정을 반영하고 있다. 여기서 그들을 중
국인으로 코드화하고 있는 것은 '조선족'들이 아니다. 오히려 그것은 '한
국인'들이다. 한국인들이 조선족들을 한(조선)민족으로 받아들이지 않
고 '중국인'으로 취급하면서 오히려 그들이 무시해왔던 '한족'으로 계열
화하고 그런 코드화 속에서 무시와 편견을 보이기 때문에 그들은 '같은
처지'의 중국인, 더 나아가 한족과의 유대와 공감을 형성하는 것이다.

오늘날 제3의 독립정체성론은 바로 이와 같은 조선족들의 변화에 근거하고 있다. 하지만 이것은 조선족들이 왜 그렇게 되었는가를 전혀 보지 못하고 있다.

한녀1은 다음과 같이 말하고 있다.

> 같이 살 때는 제가 한족들을 뭐랄까 미워하는 감정이 좀 많았어요. … 그래서 나는 그게 되게 막 싫은 거예요. 쟤네들을 안 보면 세상 잘 살 것 같아. 근데 아이러니한 게 있어요. 한국에 와서 중국 사람들을 만났어요, … 근데 걔네들이 얼마나 예뻐 보이는지 몰라요. … 걔네들 보니까 내가 막 걔네들을 끌어안고 싶더라고요. … 중국에 있을 때는 텔레비전을 보면 축구를 차요. 그러면 나는 한국 이겨라 하고 한족 애들이랑 같이 있어도, 우리는 막 한국 이겨라 하고 애는 중국 이겨라 하고 막 둘이 그렇게 다투는데, 한국에 와서 텔레비전 보니까 막 중국 이겨라 하고 소리치는 거예요. 그러니까 내가 한국에서 받는 상처 때문에 막 또 중국 이겨라, 이렇게 얘기하는 것 같더라고요.

그러므로 그들의 한국 이주는 '상상적 동일화'의 욕망을 가지고 있는 '귀환'이며 현재 조선족들이 만들어내는 '민족과 국가의 이중주'는 바로 이런 '귀환의 욕망'이 좌절됨으로써 발생하는 것이라고 할 수 있다. 그렇다면 왜 한국인들은 해외 거주 코리언 중에서 한(조선)민족의 언어와 문화, 풍속 등을 가지고 많이 가지고 있는 조선족들을 '한족'과 동일한 중국인으로 코드화하는 것일까? 사실, 여기에는 동북아시아에서 남북분단이라는 경계를 중심으로 벌어졌던 국제정치의 역사와 한국이라는 분단국가에 의해 한국인들의 신체에 아로새겨진 '분단의 아비투스'라는 문제가 놓여 있다.

1990년대 탈냉전의 분위기 속에서 노태우정부가 북방정책을 추진하기 이전까지만 하더라도 구소련지역과 중국에 거주하는 고려인과 조선족들은 우리에게 존재하지 않는 '비존재', 즉 '망각된 존재'였을 뿐이다. 한국에서 구소련과 중국은 단지 적국이었을 뿐이며 거기에 우리와 같은 민족이 산다는 것 또한 한국인들은 떠올리지 못했다. 따라서 그들은 거기에 존재했지만 현현(manifestation)되지 않는 존재였으며 설사 현현된다고 하더라도 그들은 남북분단의 프리즘을 통과한 이후 표상되는, 이미 민족적 성격을 상실한, '변질되고' '타락한' 민족이었을 뿐이다.

그러나 1992년 한-중 수교가 맺어지고 중국의 개혁·개방정책이 본격적으로 이루어지면서 중국의 조선족들은 비로소 우리에게 현현하는 존재가 되었다. 그리고 22여 년이 흐른 오늘날 우리는 고려인과 조선족들은 일제강점기에 이산되어 살아왔다는 것을 알게 되었다. 오늘날 우리는 일상적인 삶 속에서 고려인, 특히 조선족들을 쉽게 만날 수 있다. 상상 속에 존재했던 양자 사이의 만남이 이루어지고 있는 것이다. 하지만 그럼에도 불구하고 우리는 여전히 그들의 '귀환'을 '귀환'으로 받아들이지 못하고 있다. 이것은 조선족과 우리 사이에 국가적 갈등, 즉 국제적 차원에서 진행되는 동서냉전체제와 그 냉전을 뒤이은 신냉전체제가 동북아를 중심으로 진행되고 있기 때문이다.

오늘날 동북아에서 형성되는 미중 간의 패권다툼을 반영하는 신냉전체제는 남북분단이라는 경계를 중심으로 진행되고 있다. 여기서 재중 조선족의 국민정체성은 '북-중-러'라는 북방삼각의 코드화로, 동서냉전체제 해체 이후에는 '북-중' 대 '한-미'라는 두 개의 적대적 코드의 계열화로 전이된다. 그리고 그렇게 되었을 때, 미/중의 적대적 대립은 남/북이라는 분단의 저대적 코드로 중첩되면서 조선족들을 '같은 민족으로서'가 아니라 '체제대립의 적대자'로 생산하게 되는 것이다. 따라서 남북분단은 상호 적대적 관계를 국제적 대립의 코드로 바꾸어 놓음으로써 그들에게도 우리에게도 서로를 '하나의 민족'으로 재현(representation)하는 것을 가로막고 있는 것이다.

분단체제의 적대성 문제가 단순히 남과 북의 문제만이 아니라 코리언 디아스포라를 포함하는 분단의 문제인 것은 바로 이 때문이다. 과거에 한국에서 재중, 재러 코리언들이 망각된 존재가 되었던 것은 분단체제 그 자체가 동북아의 국제적 냉전, 동서냉전체제와 결합되어 있으면서 그들을 적대화했기 때문이다. 마찬가지로 현재 한국인들이 그들의 '귀환'을 온전히 받아들이지 못하는 것 또한 그들을 미중 간 패권경쟁과 북중 간의 동맹이라는 코드가 작동하기 때문이다. 따라서 이 프리즘을 통과하는 한에서 한국인들에게 조선족들의 귀환은 '동포'의 귀환이 아니라 '중국인'의 이주가 되며 조선족들이 만들어 온 역사는 '한(조선)민족'의 역사로 통합될 수 없다.

바로 이런 점에서 한국-한국인과의 만남에서 유발되는 조선족들의 좌절과 상처를 다루기 위해서는 '디아스포라' 일반으로 다루어서는 안되며 오히려 그들이 가지고 있는 특수한 욕망과 그들이 만들어 특수한 상상적 계열화가 한국-한국인과 만나면서 좌절되는 지점에 우선적으로 주목할 필요가 있다. 또한, 현재 조선족들이 겪고 있는 역사적 트라우마는 '민족≠국가'의 어긋남이 발생시킨 '식민 트라우마'로부터 시작으로 하여 한(조선)반도에서 중국으로, 그리고 다시 중국 '조선족자치주'에서 한국으로 이산되는 과정에서 그들이 겪을 수밖에 없었던 '이산 트라우마'를 극복해왔던 '민족'이라는 '상상적 동일화'의 욕망이 '분단체제'의 적대성에 걸려 좌절되면서 형성되는 것이라고 할 수 있다.

이제, 조선족들은 자신들의 처지를 다음과 같이 읊고 있다.

> 나의 작은 배는/지금 어디로 가고 있느냐/잔잔한 파도우에 걸어가는/
> 저 해는 아침이냐 저녁이냐/알려다오/내가 달려온 물굽이에/나의 그림자

는 검었는지/나의 발자국은 희였는지 ⋯ 대체 우리는 어디로 왔느냐/나의
하늘에 와 우는 새소리/기쁨인지 슬픔인지/기억에 날아오는 민들레웃음/
나를 채색의 풀밭으로 부르건만/남몰래 가만히 속잎 펼치라고/나를 부르
는 바람은/왜 거짓말만 하였느냐/꽃밭은 어디?/창망한 바다우에/내가 찾
는 살뜰한 별은/왜 숨기만 하느냐/알려다오/나의 작은 배는/지금 어디로
가고 있느냐/누구도 가보지 못한 하늘에서/나를 손저어 부르는/안개와 같
은/꿈과 같은/별, 별, 별⋯31)

6. 어디에서, 어떻게 치유는 시작되어야 하는가?

모든 트라우마가 유발하는 '장애'는 언제나 '현재'를 통해서만 작동한
다. 왜냐하면 트라우마는 리비도가 '억압'된 과거의 사건에 대한 기억을
현재화하는 계기들을 통해서 '되돌아오기' 때문이다. 조선족들의 역사적
트라우마 또한 그들이 현재 만나는 특정한 계기들을 통해서 작동한다.
그 계기들은 과거의 트라우마를 치유 또는 치료(therapy)되기도 하지만
역으로 더욱더 그 상처를 덧나게 할 수도 있다. 따라서 과거에는 억압적
이지 않았던 것이 현재는 억압적인 것이 될 수 있으며 반대로 과거에는
억압적인 것이 현재는 억압적이지 않는 것이 될 수도 있다. 조선족들에
게 이런 대표적인 사례가 바로 '6・25전쟁'에 대한 상처이다.

그들은 과거 '항미원조전쟁'이라는 기치 하에 '6・25전쟁'에 참여한 역
사를 가지고 있었지만 한국-한국인들을 만나기 전까지 이에 대한 '죄의
식'이니 '트라우마'를 가지고 있지 않았다. 그러나 그들은 한국-한국인과
만나면서 그것이 '동족상잔'이었으며 과거 그들이 한국-한국인에게 남
긴 상처라는 것을 깨닫게 되었다. 따라서 그들은 하나같이 '항미원조전

---

31) 김성휘, "꿈5", 『김성휘 시선집』, 민족출판사, 2004, 331~332쪽.

쟁'이 조선족들의 자발적인 의사가 아니라 중국에서 살아남기 위한 불가피한 선택이었으며 당시에는 '항미원조전쟁'이 '우리 민족끼리' 싸우는 전쟁이라는 것을 몰랐다고 진술하고 있다. 중녀1은 그것이 자발적이지 않았다는 점을 강조하기 위해 자원자 모집 방식으로 편법을 사용했다는 것을 강조하면서 다음과 같이 말하고 있다.

> 그런데 그 마을에 이제 군대 뽑아가 젊은이가 이제 몇 안 남았는데 가기 싫은 거죠. 그래서 이제 마을에 회의를 한다. 그래 갖고 그 집에 불을 때는데요. 엄청 구들 따갑게 만들었는데 먼저 간 사람들은 구들목이 따가우니까 구들목에 가고요. 나중에 간 사람은 따가운데 앉게 마련이잖아. 그럼, 이제 너무 따가우니까 (들썩들썩 하시며) 움찔거리게 되잖아요. 아, 그래 누가 엉덩이 들자며 '간다'하고 이렇게 보냈어요. 예. 그렇게 나간 군인들이고. 그리고 군인이 뭡니까? 그거는 부르면 나가야 되는 거 아닙니까? 조직적으로 부르면 나가야 되잖아요. 한국도 마찬가지죠. 그러니까 그렇게 나가서 싸우고 보니까 이제 형제하고 붙었다는 걸 안 거죠. 그건 나중에 일이고요.

여기서 그녀가 강조하고자 하는 것은 그 당시에 자신들은 6·25전쟁이 동족을 향한 전쟁이라는 점을 몰랐으며 결코 자발적이지 않았다는 점이다. 또한, 한녀1은 주덕해를 비롯하여 당시 연변지역의 민족지도자들이 '자치정부주장'이 되기 위해서 파견한 것처럼 이야기하고 있다. 이것은 물론 동족상잔의 비극이라는 '죄의식'을 회피하면서도 한국인들을 향해 총부리를 들이댄 것은 아니라는 점을 보여주기 위한 진술이라고 할 수 있다. 따라서 이것은 그 당시에 진행되었던 '사실(fact)'와 다른 것일 수 있다. 그러나 이들의 진술에서 중요한 것은 그것은 '사실 여부'가 아니다. 과거의 기억은 언제나 현재적 관점에서 특정한 방식으로 계열화되며 변용된다. 문제는 이런 계열화와 변용이 그들이 가진 어떤 욕망과 책략을 반영하고 있는가이다.

바로 이런 점에서 중요한 것은 6·25전쟁 당시 그들의 행위가 아니라 그들이 그 당시를 기억하면서 우리와 나누고자 하는 '고통과 아픔'의 연대이다. 이번 구술자 중에서 북과의 관계에서 상처를 가지고 있지 않은 사람은 '중남1'과 '중남2', '중남3'뿐이었다. 중녀1은 문화대혁명 때 아버지 문제에 대해 적극적으로 변호에 나서지 않은 북에 대한 섭섭함이 있으며 한녀3은 남편을 6·25전쟁과 이후 복구사업 중에 사고로 잃은 '아픔'을 가지고 있다. 또한, 한녀2는 자신의 오빠가 전후 복구 사업에 참여하기 위해 북으로 가서 살다가 죽었다고 말하면서 "북은 왠지 싫다"고 말하고 있다. 그 외에 한남1, 한남2도 자신들의 친척들이 북에 살고 있으며 그들을 도와주기 위해 노력한 사례들에 대해 말하고 있다. 따라서 그들은 한국인들이 일반적으로 생각하듯이 친북적이지도 이데올로기적이지도 않다.

하지만 그렇다고 이들이 이런 상처들 때문에 북에 대한 매우 강한 반감을 가지고 있는 것도 아니다. 한국과 자신을 일체화하는 한녀2를 제외하고 구술자들은 '못사는 북'에 대해서 가슴 아파하면서 '같은 동포'라는 생각을 가지고 있었다. 여기서 '같은 동포'라는 동감을 만들어내는 것은 '같은 체제'에 사는 사람들이라는 이데올로기적 동질성이 아니라 오히려 '상상적 동일화'에서 나오는 '민족애'와 같은 것이다. 게다가 조선족의 경우, 이런 '민족애'는 그들이 현재 겪는 상황들, 즉 지구화로 인한 이주와 잘 사는 한국에서 겪는 경제적 가치에 따른 차별 경험들과 중첩되면서 북쪽 사람들에 대한 연민과 연대의 의식으로 나아가고 있다. 이를 잘 보여주는 것은 한녀1이다.

한녀1은 다른 어떤 구술자들보다도 북과 관련하여 훨씬 더 충격적인 경험을 가지고 있다. 그녀가 '6·25전쟁'과 관련하여 겪은 아픔으로 들려

준 이야기는 두 가지였다. 첫째는 할아버지 사촌형제 중 6·25전쟁에 참전하여 죽은 이후, 홀로 된 할머니가 다른 사람의 딸을 낳아 주변 사람들에게 손가락질과 핍박을 당하면서 살았는데, 어느 날 할머니가 혼자 울고 있는 것을 목격한 사례이며 둘째는 자신의 시아버지가 '6·25전쟁'에 참여했다가 상이군인이 되어 돌아온 후 '전쟁 트라우마' 때문에 폭력적 행위들을 일삼다가 죽었고 39살에 혼자가 된 시어머니가 세 자녀를 키운 사례이다.

하지만 그럼에도 불구하고 그녀는 이런 자신의 상처들을 자신만의 상처가 아니라 북의 상처이기도 하다는 점에 대해 공감하면서 이런 상처들을 민족사적 아픔과 고난으로 이해하면서 민족애에 근거한 연대와 공감을 통해서 극복해가고 있었다.

> 탈북자들이 다 중국을 거쳐서 한국 오는 거예요. 그러니까 중국말이 통해요. 그리고 중국을 잘 알아. 걔네들하고 중국말 하면 막 되게 신나. 그러니까 걔네들하고 되게 가깝더라고요. 그 다음에 막 남북에서 이야기를 해보니까 걔네들이 막 생명 걸고 한국에 넘어온 거예요. 그게 너무 가슴 아프더라고요. 그게 서로 동질감이 생기더라고요. 내가 여기와 받는 그런 어떤 아픈 마음, 그 사람들이. 아 그래서 이게, 통일이라는 게 내가 중국에 있으면서 북한을 돌아다니면서 아, 그 사람들 못 사는 걸 안 거예요.

바로 이런 점에서 조선족들의 역사적 트라우마에 대한 치유(healing)는 첫째, 한녀1이 '북'에 대해서 취하는 태도와 동일한 방식으로, 그들과 우리 사이에 존재했었던 '체제 대립과 동존상잔의 아픈 역사'를 누구의 책임이 아니라 식민지배 이후 한(조선)민족 전체가 겪을 수밖에 없었던 수난의 역사이자 어쩔 수 없었던 한계적 상황이 빚겨낸 아픔으로 만들어가는 데에서 시작할 필요가 있다. 사실, 조선족들에게 거주국의 국가와 한(조선)민족이라는 민족의 분리는 '현실'이었다. 그들의 이중정체성은 이것을 반영하고 있으며 그들이 만들어가는 '민족과 국가의 이중주'는 이런 현실 속에서 살아남는, 그들의 생존전략이 빚어낸 결과이기도 했다. 따라서 그들에게 민족은 한국인처럼 국가와 일치하지 않는다. 그 것은 중국이라는 '정치공동체'와 '혈연-문화공동체'로서 민족이라는 두 개의 '상상된 공동체'로 분열되어 있다.

중녀1은 다음과 같이 말하고 있다.

> 나는 그 후손인데 내가 할아버지가 사랑했던 그 나라에 배신할 이유는 없잖아요 그러나 나는 또 이 땅에서 나를 키워주고 이랬는데 내가 이걸 또 배신할 이유가 없습니다.

하지만 남북분단의 체제경쟁으로 인해 '민족=국가'를 '국가(한국)=민족'로 전치시키고 한국이라는 국가의 프리즘을 통해서 민족을 보는 한국-한국인들의 입장에서 이런 태도는 여전히 불충분한 것일 수밖에 없다. 그리고 이런 분단국가주의의 입장에서 본다면 조선족들의 이중정체성과 '민족과 국가의 이중주'는 이해 불가능한 것이 될 수밖에 없으며 양자의 만남은 서로의 상처를 덧나게 하는 과정이 될 수밖에 없다. 따라서 둘째로, 조선들의 상처를 이해하기 위해서는 한국인들이 가지고 있는 '분단국가주의'를 벗어날 필요가 있다.

> 아, 제일 실망적이라는, 거요. 그 이념을 가지고 민족문제를 그 보는 시각 이거 때문에 이제 무조건 우리는 사회주의 체제 하에 있었기 때문에 무조건 빨갱이고, 그리고 이제 중국을 욕하니까, 우리를 이제 중국 짱깨로 보고 뭐 변절자로 보고 뭐든 문제. 거기에다 또 6 · 25전쟁에, 또 우리

가 이제 나가서 싸웠다, 그러니까 이제 안 되는 거다. 그런데다 이제 불법
체류하면서 문제들이 많이 나잖아요. 저번에 이제 4월 갔을 때 오원춘 그
살인사건 났을 때 ○○대에 계셨던 분인데 ○○○교수님이라고. '사람 죽
인 거 알지. 조선족이야.' 이래요. 저보고 그분이 저를 이제 토마토라고
하시는 분인데, 그러니까 '교수님, 한국 분 미국 가서 살인했데요.' 제가
이랬어요. 근데 반감이 생기는 거예요. 조선족이기 때문에 살인하는 거
아니잖아요.(중녀1)

　조선족과 한국인들이 서로의 상처를 보듬으면서 치유해 가기 위해서
는 셋째로, 그들이 만들어낸 상상된 공동체로서의 민족 또한 분단으로
인해 '하나'로 재현되지 않는다는 점에서 그들의 다름을 차이로, 민족사
의 일부로 통합시켜 갈 필요가 있다. 과거 그들에게 민족은 '북'이었으나
이제 그들에게 민족은 '남'일 수도 있고 '북'일 수도 있으며 '남'과 '북' 양
자일 수도 있다. 따라서 그들에게 '상상된 공동체'로서의 민족은 '민족≠
국가(중국), 남≠민족, 북≠민족'이라는 '삼중의 어긋남'으로 존재한다.
여기에는 하나의 고정된 '정박지'가 없다. 하지만 바로 그렇기 때문에 그
들의 어긋남은 한(조선)반도 양쪽을 각각 실효적으로 지배하면서 대립
하고 있는 '분단 국가주의'를 벗어나 있으며 민족을 전체로 사유할 수 있
는 힘을 가지고 있으며 분단체제의 적대적 상호의존 틀에 갇혀 있는 남
과 북을 뛰어넘을 수 있는 장점을 가지고 있다.
　사람들은 일반적으로 '트라우마'를 '장애'와 곧바로 연결시키거나 '어
긋남'을 부정적인 시각에서만 바라보는 경향이 있다. 그러나 문제를 유
발하는 것은 '어긋남' 자체도 아니며 트라우마가 반드시 '장애'를 유발하
는 것도 아니다. '트라우마'는 '퇴행적'으로도, '생산적'으로도 작동할 수
있다. 비록 '어긋남'은 라캉이 말하는 '빗금 친 S'처럼 '분열'과 '결핍', '트
라우마'를 남기지만 역으로 그렇기 때문에 그것은 또한 특정한 존재를

'주체화'하고 '생성'을 만들어가는 힘이 되기도 한다. 따라서 '어긋남'은 '일치'보다 좋은 것이 아니다. 그런데도 사람들은 일반적으로 일치가 좋고 어긋남은 나쁘다고 생각하는 경향이 있다.

그러나 진짜 문제는 그것을 일치시키려고 할 때, '분열'과 '결핍'을 봉합하는 '퇴행'이 일어난다는 점이다. 그런 대표적인 예가 바로 '국가'라는 대타자를 통해서 남과 북이라는 두 개의 국가로 분단되어 있는 '민족'을 봉합하려 하는 '분단국가주의'이다. 한국인들은 조선족들의 '어긋남'만을 보지만 이것은 그들이 '분단국가주의'를 통해서 이 어긋남을 퇴행적으로 봉합했기 때문이다. 한국이라는 국가 또한 민족 전체를 대표하지 못하는 '결손국가'이며 바로 이런 결핍이 남과 북의 적대성을 생산하면서 동북아 전체에서 진행되는 '신냉전체제'라는 '위험'과 '공포'에 휘말리는 결과를 낳고 있음에도 불구하고 사람들이 이를 지지하는 '자기 배반적인 행위'를 수행하고 있는 것이다. 따라서 조선족들과 한국인들 간의 민족적 리비도의 흐름을 만들어가는 치유의 과정은 한국인들 자신의 결핍을 봉합시켜 온 '분단의 트라우마'를 치유하는 과정이기도 하다.

그렇다면 진짜 문제가 되는 것은 '조선족들'이 아니라 '한국-한국인'들 자신이다. 그들이야말로 '분단의 트라우마'를 '한국=민족'으로 전치시키면서 그들 자신이 결여하고 있는 '민족의 분열'을 봉합하면서 '트라우마'가 지닌 생산성을 오히려 퇴행적인 것으로 바꾸어놓고 있기 때문이다. 따라서 조선족들이 역사적으로 겪을 수밖에 없는 '삼중의 어긋남'은 조선족만이 겪고 있는 것이 아니라 오히려 한국인 자신들이 겪어온 '분열'과 리비도의 억압을 보여주는 반면교사의 자화상으로 삼을 필요가 있다. 왜냐하면 일제강점기 이후 시작된 '민족≠국가'라는 어긋남은 '이산'과 '분단'의 과정 속에서 지속되어 온 코리언 전체의 겪고 있는 상처이자 '공감과 연대의 끈'이며 역사적 트라우마를 오히려 민족적 합력 창출이

라는 생산의 힘으로 만들어가는 치유가 시작될 수 있는 공통적 지점이
기 때문이다.

그들은 다음과 같이 말하고 있다.

> 저는요. 저희들이 처한 지역 우리가 살고 있는 이 지역 때문에. 이 지
> 역은 지금 한국에서 말하는 거는 동북아 중심이라고 말하잖아요. 여기에
> 있다는 것과 우리와 북한 사람들은 같은 체제 사고방식 행위의식이 같다
> 는 점. 그러니까 우리를 통해서 설득할 수 있는 거예요. 우리말을 듣죠.
> … 우리는 이제 교류를 이제 20년 하잖아요. 그러다 보니까 한국은 정말
> 자본주의를 몇 십년 하면서 문제점을 안고 있다는 건 사실이죠. 저희들이
> 사회주의 한대서 사회주의 다 잘하는 거 아니기 때문에 지금 개혁개방 해
> 서, 중국식 사회주의 뭡니까? 경영은 경제는 자본주의, 의식은 공산주의
> 잖아요. 문제가 있으니까 하지 않습니까? 그러면 이제 이렇다고 우리말을
> 들어요."(중녀1) "나는 통일에 조선족이 분명이 할 수 있는 역할이 있다고
> 생각해요. 왜냐하면 우리가, 북한 사람에 비해서 한국을 더 잘 알고 있고,
> 한국 사람에 비해서 북한을 더 잘 아는 매개, 중개자이지 않아요.(한녀1)

제4장 재일조선인의 역사적 트라우마가 지닌 사후적 의미작용의 양상

김종곤*

1. 역사적 트라우마의 '사후성'

트라우마(Trauma)는 경험자가 비극적인 사건으로 인해 정신을 보호하고 있던 방어막에 파열구가 발생하고 그로 인해 외부적인 충격 에너지가 대량으로 침입하면서 발생하는 것을 의미한다. 이는 마치 피부가 견딜 수 있는 이상의 마찰이 발생했을 때 살갗이 벗겨지고 상처가 나는 것과 같다. 하지만 외부적 사건이 발생하였다고 해서 모두 문제가 되는 것은 아니다. 프로이트가 말하듯이 리비도 과잉 집중(Überbesetyung)에 따른 '묶음'(Bindung)작업이 제대로 이루어지지 않고, 그로 인해 쾌와 불쾌를 조정하여 항상성을 유지하려는 쾌락원칙이 중단될 때 문제가 발생

---

* 건국대학교 통일인문학연구단 HK연구교수

한다. 오늘날 외상 후 스트레스 장애(PTSD)라 불리는 증상은 실패한 묶음 작업을 반복적으로 시행하면서 유입된 자극을 처리하려는 것이라고 할 수 있다. 하지만 그것은 쾌락원칙의 중단 속에서 경험자를 외상적 사건 당시로 이끌고 가 고통을 반복하게 한다는 점에서 프로이트가 말하듯 '악마적 힘'이 작용하는 것에 비견될 수 있다.[1] 그러나 트라우마의 재경험이 단지 여느 질병이 주는 고통처럼 단순히 반복되는 것은 아니다. 반복에는 외상 경험과 연상적 관계를 가지는 후사건 즉 트리거(Trigger)가 있어야 한다. 이러한 조건 하에서 트라우마는 예견치 않은 상태에서 불쑥 나타나는 '침입적 플래시백'(intrusive flashback) 효과로 나타난다.

그렇다면 트라우마를 재경험하게 하는 직접적인 원인이 후사건이라고 말하는가? 물론 후사건이 없을 경우 무의식으로 억압되어 있던 것이 회귀하지 않는다는 점에서 그렇다고 할 수 있다. 이 경우 과거의 사건을 통해 형성된 트라우마는 기억되지 않은 상태에서 잠재적인 상태로 남아 의식 저편에 머물 수 있다는 것이다. 그러나 그렇다고 최초의 비극적인 사건으로서 전사건이 없다면 애초부터 트라우마와 그 이후의 증상은 존재할 수 없다. 프로이트는 이를 '사후성'(Nachtraglichkeit)이라는 개념으로 설명한다. 트라우마는 그것 자체로 문제가 되는 것이 아니라 사후적으로 그것에 어떠한 의미가 부여되는지가 문제라는 것이다. 프로이트가 『과학적 심리학 초고』에서 분석하고 있는 엠마의 사례가 이를 잘 보여준다. 엠마는 8살 때 식료품 가게 주인한테 성추행을 당했지만 당시에는 그것이 어떠한 경험인지 알지 못했다. 하지만 12살이 되던 해 옷가게 갔다가 자신을 보고 웃는 여점원들을 보고 광장공포증이 발생한다. 그녀가 최초 사건을 경험하였을 때에 의미를 부여하지 못했던 사건이 성

---

1) S.프로이트, 박찬부 역, 「쾌락원칙을 넘어서」, 『정신분석학의 근본 개념』, 열린책들, 2012, 299~301쪽.

관념이 형성된 청소년기에는 수치심, 죄의식을 동반하는 증상으로 나타나는 것이다. 여기에서 중요한 것은 바로 성관념이다. 이는 억압되어 있던 트라우마가 사후적으로 도덕적 기준 혹은 문화적 가치질서 등이 개입하면서 '존재의 비존재'로 남아 있던 트라우마가 재경험되면서 "소급적 원인 작용"(retroactive causation)2)이 일어날 수 있다는 것이다.

그렇다면 이러한 사후성은 비경험자로서 후세대에 해당하는 '역사적 트라우마'(Historical Tauma)에도 적용이 가능한 것인가? 역사적 트라우마는 직접적인 경험자가 아니라 경험자의 후세대들에게 아비투스를 통해 전승되는 '집단'의 트라우마를 의미한다. 예를 들어 한반도에 거주하고 있는 '코리언'에게는 식민 트라우마, 분단 트라우마, 전쟁 트라우마 등과 같이 19세기 이후 한반도가 겪었던 역사적 비극으로 인해 발생한 집단적인 트라우마를 지니고 있다. 그것은 한-일, 남-북 간 정치·군사적 충돌과 마찰이 발생할 경우 일제 식민지 지배, 6·25전쟁을 떠올리며 PTSD와 같이 불안, 공포, 분노 등의 정서적 반응을 불러일으킨다. 하지만 이때 사람들의 반응이 앞서 설명한 사후성의 개념을 곧바로 적용하여 설명할 수는 없다. 왜냐하면 이들은 최초의 사건이라는 전사건의 직접적인 경험자가 아니기 때문이다. 그럼에도 불구하고 집단이 역사적 사건에 대해 사회 심리적으로 어떠한 의미를 부여하고 있는가에 따라, 다시 말해 그 집단 사회의 장(場, champ)에서 어떠한 상징권력이 작동하고 있는가에 따라 비경험적인 역사적 사건은 현재의 사건을 통해 정념을 동반한 기억으로 '되살아난다.' 아니 더 정확하게 말하자면 기억이 '된다.' 그러한 의미에서 역사적 트라우마에도 사후성이라는 개념은 트라우마의 '반복적 조건'으로서 유효하다고 할 수 있다.

---

2) 서동욱, 「데리다의 '차연'과 들뢰즈의 '차이 자체'」, 『문화과학』 27호, 2001, 147쪽.

그러나 그러한 사후성이 작동하는 방식이 동일할 수는 없다. 그것은 첫째, 집단에 따라 주요하게 작동하는 트라우마가 다르기 때문이다. 한반도에 거주하는 코리언들에게는 분단과 전쟁 트라우마가, 코리언 디아스포라에게는 이산 트라우마, 그리고 그것과 착종되어 있는 국가·사회 폭력 트라우마가 더 주요하게 작동할 수 있다는 것이다. 그렇기에 둘째, 역사적 트라우마를 반복적으로 경험하게 하는 혹은 재생산하는 조건으로서 후사건 또는 계기는 그들이 처해 있는 정치·문화적인 지형에 따라 달라질 수밖에 없다. 이는 곧 '코리언'이면서 '디아스포라'라는 독특성이 가진 특징으로부터 나오는 것이다. 그들은 코리언이지만 특히 일제 식민지시내에 한반도의 주변국으로 이산되어 거주국에서 생존·직응의 전략 속에서 자신들의 정체성과 문화를 변용하면서 살아온 자들이면서 그들의 후손들이다. 그렇기에 이들의 역사적 트라우마는 이들 집단의 역사적 과정과 거주국과의 관계 그리고 이들이 코리언이라는 점에서 한반도와 관계 등과 같은 매우 복잡한 양상 속에서 발생한다고 할 수 있다.

특히 재일조선인의 경우 한반도의 코리언과도 다르지만 재중조선족, 재러 고려인과도 다르게 지정학적으로는 식민지국가이면서 냉전체제의 구도 하에서 남방삼각(한-미-일)에 속하는 국가에 살고 있으며 또 오늘날 미-중 중심의 신냉전체제 하에서 미국과 동맹적 관계를 맺고 있는 국가에 살고 있다. 이는 코리언이 경험했던 식민지지배와 분단이라는 상처의 역사가 어쩌면 가장 생생한 현실성으로서 작동하고 있는 공간에서 이들이 살아가고 있다는 의미이기도 하다. 더구나 오늘날 1, 2세대에서 3, 4세대로 세대변화를 겪고 있는 재일조선인에게 있어 이러한 조건들은 자신들의 정체성 문제와 결부되어 역사적 트라우마의 전승 조건들을 생산하는 요인으로 작동하고 있다. 즉, '나는 누구인가?'라는 물음은 이들 존재 생성의 역사성을 회고하지 않을 수 없게 하면서 가치질서세계를 흔들고 나아가 의미 생성에 실패하면서 트라우마가 될 수 있다는 것이다.

본 글은 우선 이러한 관점에서 재일조선인이 지닌 역사적 트라우마가 어떠한 사후적 의미작용을 통해 재생산되며 그에 따라 어떻게 전승되는지 그리고 어떠한 착종의 위상적 구조를 지니는지를 심층면접조사에 근거하여 밝히고자 한다. 또 마지막으로는 재일조선인의 역사적 트라우마를 치유하는 방향성을 제시하고자 한다. 심층면접조사의 대상자 10명의 기본정보는 아래 표와 같다. 조사는 2012년 11월과 2014년 1, 3월에 실시되었으며, 이 중 2012년 11월에 실시한 인터뷰 대상자 3명은 한국어 구사에 어려움이 있는 사람들이어서 통역을 사용하였다. 또 2014년 3월에 실시한 두 명의 대상자는 한국에 유학중인 학생들이다. 이름은 신변보호를 위해 성별에 따라 번호를 붙여 사용한다.

〈표 1〉 구술자 기본 정보

이름(가명)	출생년도	성별	세대	국적	인터뷰일자
남1	82년	남	3	조선	2012.11.10.
남2	87년	남	3	조선	2014.1.23.
남3	67년	남	3	한국	2014.1.25.
여1	76년	여	3	일본	2012.11.11.
여2	77년	여	3	한국	2012.11.11.
여3	79년	여	3	한국	2014.1.23.
여4	75년	여	3	한국	2014.1.24.
여5	80년	여	3	일본	2014.1.24.
여6	89년	여	3	한국	2014.3.24.
여7	94년	여	3	한국	2014.3.27.

2. 정체성과 반동적 정서 그리고 식민·이산 트라우마의 현재화

잘 알려져 있다시피 재일조선인의 삶은 억울함, 굴욕, 무시, 공포 등 어쩌면 인간의 정신적 고통을 표현하는 단어들을 모두 열거해야 설명이 될 만큼 수난의 역사라고 할 수 있다. 더구나 이들이 피식민지인이라는 점은 식민지 시대에는 말할 것도 없고 해방 이후에도 일본이라는 국가와 사회의 공모적 관계 속에서 차별과 배제 그리고 폭력에 무방비적으로 노출되어 왔다는 점을 쉽게 짐작할 수 있게 한다. 그렇기에 재일조선인의 삶은 "살해는 가능하되 희생물로 바칠 수는 없는 생명(vita uccidibile e insacrificabile) 즉 호모 사케르(homo sacer)"[3]에 비유한다고 해도 과언이 아닐 것이다.

더군다나 일제식민지지배의 미청산과 남북분단은 숱한 폭력 속에서 이들이 겪어야 했던 상처에 대한 애도(trauer)[4]는 고사하고 그들을 그러한 상황으로 몰고 간 사회적 구조에 대해 저항조차 여의치 않게 만들었다. 그렇기에 "역사적인 진실이 밝혀지지 않고, 애도 작업도 이루어지지 않아, 트라우마가 누적되는 일종의 역사적이고 민족적인 증상"[5]이라는 의미에서 재일조선인의 삶은 한마디로 '한'(恨)의 역사라고 할 수 있다. 당연히 이러한 역사를 가장 생생하게 기억하고 있는 사람들은 재일조선인 1세라고 할 수 있다. 하지만 이들 대부분은 사라져갔고 이제 기록 속에서나마 "생존을 위한 고난으로 가득 차 있"[6]는 이들의 기억을 만날 수

---

3) 조르조 아감벤, 박진우 역, 『호모 사케르』, 새물결, 2008, 45쪽.

4) 애도는 "사랑하는 사람의 상실, 혹은 사랑하는 사람의 자리에 대신 들어선 어떤 추상적인 것, 즉 조국, 자유, 어떤 이상(理想) 등의 상실에 대한 반응이다."(S.프로이트, 위의 책, 244쪽).

5) 임진수, 『애도와 멜랑콜리』, 파워북, 2013, 19~20쪽.

6) 김귀옥, 「냉전적 이산과 탈냉전적 공존의 전망」, 『사회와 역사』 제99집, 한국사회사학회, 2013, 141쪽.

있을 것만 같다.

하지만 1세대의 기억은 유한한 존재의 소멸과 함께 단절되는 것이 아니라 다음 세대로 이어지고 반복적으로 현재화된다. 분명 2세대가 살아왔던 시대는 1세대와는 다르다. 2세대 대부분은 1960년 이후 일본이 경제적으로 고도성장하면서 생활수준면에서 그 이전과 비교할 수 없을 만큼 향상된 생활수준을 가지고 있었으며, 또 외국인과의 공생론이 대두되고 "2세 이하 세대를 중심으로 하는 재일조선인의 권리 획득 운동 또는 문화 운동이 활발히 전개되"[7]었던 1980년대에 청·장년기를 보냈기 때문이다. 그러나 이 시기 일본인과 재일조선인의 주요 종사직과 학력 등을 비교한 자료를 보면 일본인에 비해 재일조선인은 주로 노무직에 종사하는 비율이 상당히 높으며, 학력수준에서도 많은 차이를 보였다.[8] 뿐만 아니라 불량선인이라는 재일조선인에 대한 편견은 여전했으며 이로 인해 때로는 정치적이고 사법적인 희생양이 되기도 하였을 뿐만 아니라 일상적인 삶에서도 지속적으로 차별과 배제를 경험할 수밖에 없었다.[9] 그렇기에 2세대는 1세대가 가진 상처의 기억을 단지 이어받아 간직하는 것이 아니라, 이들이 살아온 공간 속에서 다르게 반복되는 자신들의 직접적인 경험을 통해 또는 잠재성으로서 1세대가 지니고 있던 상처가 2세대의 경험 속에서 현행화 되었다고 할 수 있다. 그렇기에 이들이 가진 상처의 기억은 사회구조적이고 문화적인 외상으로 인해 구성된 것이라고 할 수 있다.

이러한 상처의 기억은 한 세대를 더 거치기는 하였지만 3세대로 구성되어 있는 조사대상자들의 인터뷰에서도 나타났다. 자신들의 부모 혹은

---

7) 김태영, 강석진 역,『저항과 극복의 갈림길에서』, 지식산업사, 2005, 93쪽.

8) 도노무라 마사루, 신유원·김인덕 역,『재일조선인 사회의 역사학적 연구』, 논형, 2010, 496~498쪽.

9) 서경식, 임성모·이규수 역,『난민과 국민사이』, 돌베개, 2006, 79~261쪽 참조.

친지들의 상처는 1세대와 마찬가지로 재일조선인에 대한 일본 사회의 편견과 문화적 차이로 인한 배제와 차별에서 부터 직접적인 폭력에 이르기까지 다양한 상처의 기억들로 점철되어 있었다. 몇몇 구술내용을 살펴보면, 여7의 아버지는 재일조선인이라는 이유로 대학입시에서 낙방을 하였으며 결국 삼수를 해서 대학에 입학하였다. 그래서 자식들은 차별을 받지 않고 공부했으면 하는 바람에 한국에서 유학하기를 권장하였다고 한다.

> 삼수를 하셨거든요. 그게 공부를 못해서가 아니라 좀 대학교 들어가는 데 차별적인 그런 게 있었어요. (…) 아무리 일본이름이라고 해도 통명인지 통명이 아닌지 그런 게 구분이 갈 때가 있어요. 아빠 이름이 그래서 떨어졌는데 (…) 자기가 그런 경험을 하다보니까 계속 직장에서도 일본이름으로 다니시고 그랬는데, 자기 자신이 이렇게 한국 사람이라는 것을 숨기고 다녔는데 자기 자식들은 그렇게 안 해줬으면 좋겠다는 그런 마음이 있어요. (여7)

여7의 부모는 일본 사회 내에서 재일조선인이 지닌 한계를 받아들이고 있기에 일본을 벗어나지 않는다면 해결될 수 없는 문제로 보고 있는 것이다. 반면 여6과 남1의 부모는 이들에게 일본 내에서의 사회적 성공을 통해 차별로부터 벗어날 수 있음을 지속적으로 강조하여왔다고 한다. 여6은 일본에 거주하면서 자신과 일본 사람 간에 차이가 없다고 생각하며 살아왔다. 하지만 그녀의 어머니는 자신이 겪은 차별경험 때문에 여6에게 일본이름을 사용하도록 하였으며, 일상적으로 "너는 외국인이니까 잘해야 한다"고 말하였다고 한다.

> 저는 일본에 있을 때는 나는 뭐… 뭐라고 할까 다른 일본인과 차이가

없다고 생각해왔었고… 그렇게 살아왔는데, 어… 그니까 뭐라고 그럴까… 계속 어머니가 이렇게 했어요. '너는 외국인이니까 다른 사람보다 잘 해야 한다'는 이런 식으로 메시지를 계속 듣고 자라다보니까 좀 이렇게 막 힘주고 열심히 해왔던 것 같고 (…) 일본 이름을 써야 한다는 자체가 차별이고 (…) 우리 집은 어머니의 경험상 자기가 차별받았던 경험이 있었기 때문에 아마 일본 이름을 쓰게…(여6)

그리고 남1의 경우에는 할아버지와 어머니가 재일조선인 사회에서 늘 배제되어왔기에 의사나 변호사와 같이 사회적으로 인정받는 전문직을 가져야 잘 살 수 있다고 강조하였다고 한다.

부모님이 자주 말하는데 제가 일하는 시절부터 변호사가 뭔지 모를 때에 저는 장차 변호사에 되겠다고 말하고 있었던 듯합니다. 왜냐하면 그거 할아버님이랑 아니며 어머님이랑 다 그 어릴 때부터 그 뭐야 너는 크게 되고 학습을 하고 변호사 되는 거야 그런 거 교육을 했기 때문에, 왜냐하면 재일 코리언은 일본 기업사회에서 배재될 크기 때문에 의사가 되나 아니면 변호사가 되는 수밖에 좀 잘사는. 거꾸로 말하면 2세가 겪은 그 오명을 하게하고 시키고 싶지 않아 하기 때문에 그런 말을 했었던 거죠.(남1)

여7과 여6, 남1의 부모들은 각기 방식에서는 조금씩 차이가 나지만 결국 자신이 경험하였던 일본에 비추어 자신들의 자녀들이 그러한 차별을 극복할 수 있는 방법을 제시하고 있는 것이다. 하지만 이것이 차별에 대한 극복의 방안이지 적극적으로 그러한 구조에 대하여 비판적이거나 저항하는 방식이라고는 할 수 없으며, 오히려 회피의 반응에 가깝다고 할 수 있다. 여1의 숙모에서 이러한 방식의 반응이 가장 잘 드러나고 있다. 그녀는 자신이 당한 사회적 폭력에 대한 경험으로 인해 그에게 때로는 신경질적인 반응을 보이면서 항상 일본인을 경계하고 조심할 것을 당부

하였으며, 심지어는 조선인이라는 정체성이 드러나는 행위를 꺼려했다
고 한다. 즉, 여1의 숙모는 문제 상황을 피하도록 권유하고 있는 것이다.

> 숙모가 가까이 살고 계셨는데, 숙모가 일본 사람을 좀 안, 안 좋아하는
> 사람이었는데, 일본 사람에 대해서 조금 뭐지 불신감이 좀 갖고 있는 분
> 이었어요. 그 숙모가 우리 집은 다른 집이 아니라 다르고 (…) 다른 일본
> 사람보다 좀 많이 꾸지람을 받을 수가 있다, 그러니까 좀 조심해라고. 이
> 러한 말도 좀 하시구, 하셨구요. 그리고 또 한 가지 초등학교 4학년 쯔,
> 쯤에. 이게 좀 학교에 자기가 좀 어렸을 때 사진을 가져와 한 적이 있었
> 는데 이게 유치원, 보육원 근데 그때 자기가 좀 몇 살인지 모르겠지만 치
> 마저고리를 입은 좀 사진이 있었고. 이걸 가져, 가지러 갈려고 했지만 그
> 게 대해서 숙모가 좀 굉장히 화났어요. 화내서 이거 하지 말라고. 에 이
> 사진은 하지 말라고. 이렇게 했을 때는 잘 그때는 조금 이게 잘 자기가
> 이러한 부분을 이게 숨겨야 한 부분이지 아닐까, 하는 생각이 조금 났습
> 니다.(여1)

이러한 구술내용들을 미루어 보건대 서경식의 공생론과 재일론에 비
판은 일견 타당해 보인다. 그는 일본의 국가주의는 단지 고도성장에 따
른 자본의 요청에 따라 새로운 국가주의로 바뀌었을 뿐이며 따라서 공
존이라는 것이 "불평등한 공존"에 다름 아니었다는 점을 보여주는 것이
라고 하면서 공생론과 재일론은 이러한 현실적인 문제점을 간과한 측면
이 있다고 강도 높게 비판한다.[10] 그런데 이러한 입장을 부정하지는 않
지만 재일조선인 1세대와 2세대 간의 차이를 보게 되면 또 다른 의미로
도 해석이 가능해보인다. 재일조선인 1세는 한반도로 돌아갈 것이라는
의식이 강했던 반면, 2세대는 현실적인 판단에서 정주의식이 강했다는
점에서 그들이 겪어야 했던 트라우마에 대한 회피가 필요했을 수 있다

---

10) 서경식, 임성모·이규수 역, 『난민과 국민 사이』, 돌베개, 2006, 158~160쪽 참조.

는 것이다. 그런 이유로 위의 구술에서 2세대들이 3세대에 당부하는 내용들은 저항 혹은 권리 쟁취보다는 은폐, 회피 등의 성격을 띠고 있다고 할 수 있다.

그런데 이러한 이해를 전제로 이들의 구술에서 중요하게 주목할 점은 좌절되었던 재일조선인 2세의 욕망이 자녀 세대에게 전이(transference)되고 있다는 점이다. 그것은 풍요롭고 안정적인 삶에 대한 바람 정도로 정리될 수 있는데, 부모세대들은 자신들의 좌절된 욕망이 일본 사회 내에서 충족될 수 없다는 측면에서 욕망의 대상을 자녀에게서 찾는 것이다. 그렇다고 해서 이러한 전이가 라캉이 말하듯이 오인이라는 환상 속에서 '안다고 가정되는 주체'로 전이되는 것은 아니다. 그것은 재일조선인 사회의 분열상과는 또 다른 측면에서, 부모 세대가 경험하였던 욕망의 좌절이 가져다준 이들 개개인의 분열상과 관련이 있다. 이들에게 있어 현실적인 장벽이 욕망의 금기(taboo)로 작동하면서 분열된 욕망하는 주체, 하지만 무의식으로 억압되어 사라지는 주체를 자식들에게 투사적으로 동일시하고 있다는 것이다. 물론 재일조선인이 아니더라도 부모세대들이 자신의 젊은 시절에 좌절되었던 욕망을 자녀들에게 투사하는 경우는 우리 주변에서 흔히 볼 수 있는 광경이다. 그러나 중요한 것은 이들의 좌절은 자신이 '재일조선인'이라는 사회적 신분 때문이며 나아가 그로 인해 사회적 역할 면에서 제한을 받았다는 것으로 의미화 되면서 자녀 세대로 전이되고 있다는 점이다. 그렇기에 재일조선인이 보이는 부모와 자녀의 전이적 관계는 한편으로는 에로스(eros)적 결합에 대한 지향이라는 보편성을 지닌다고 할지 몰라도 또 한편으로는 재일조선인이라는 정체성을 바탕으로 집단적으로 '전염'되는 특수한 조건들을 형성하고 있었다고 할 수 있다.11)

---

11) 김태영은 어느 한 재일조선인 2세가 겪어야 했던 좌절에 대해 다음과 같이

일반적으로 트라우마의 전염은 성폭행과 같은 충격적인 경험을 한 사람들의 가족이나 주변인들에서 자주 나타나는 현상이기도 하다. 역사학자 도미니크 라카프라 역시 "어떤 이는 자신이 결코 경험하지 않은 사건의 트라우마 이후 증상(posttraumatic symptoms)을 되살리거나 다시 겪을 수도 있다. 이러한 되살리기 혹은 이차적 트라우마화는 종종 희생자나 가해자의 아이들에게 발생하며, 무의식적으로 광범위하게 발생할 수도 있다. 특히 특정 사건이 공공연한 비밀이 되는 경우에 더 그러하다"고 말하면서, 역사적 트라우마의 전승 요인이 투사적 동일시와 합일적 동일시에 따른 '전염'이라고 말한다.12) 하지만 더 엄밀하게 말하자면 재일조선인들의 전염은 트라우마를 지닌 앞선 세대들이 폭력에 대한 공포, 불안을 해소할 수 없거나, 또는 그것이 여전히 지속되고 구조 속에 놓여 있음으로 해서 발생하는 것이라고 할 수 있다.

그렇다고 해서 앞서 진술한 구술자들은 부모세대들이 경험하였던 상처의 기억을 전해 들었던 그 시점에서 그것에 대해 어떤 감정적 반응을 보이면서 곧바로 트라우마가 전염되는 것은 아니다. 부모세대가 겪었던

말한다. "재일조선인이 처한 냉엄한 현실은 민족운동이나 민족교육의 세계에서 말하는 '민족긍지'와는 커다란 괴리를 보인다. 자이니치 2세가 본 '재일조선인의 원(原) 풍경'은 1세인 부모들의 모습이었다. '재일조선인이라는 것', '재일조선인으로서 살아가는 것'에서 적극적인 의의를 찾아내는 것이 어려웠던 2세 청년들에게 '긍지를 가지고 살아가세요'라는 말은 너무나 공허한 대사였다." 마찬가지로 재일조선인 3세 또한 모두가 부모와의 에로스적 관계 속에서 전이적 관계를 유지하는 것은 아닐 수 있다. 본 연구의 조사대상자들에게서는 나타나지 않았지만, 어떤 경우에는 자신이 재일조선인이기에 경험해야 하는 고통스러운 현실로 인해 "조선인=부모=증오"로 전치시킬 수 있다는 것이다. 하지만 이러한 전치구조가 트라우마의 전염을 전면적으로 부정하는 것은 아니다. 왜냐하면 이 역시 그들이 재일조선인이라는 이유에서 욕망의 좌절을 경험하고 난 후 나오는 반응이라는 점에서 그 자체로 집단의 트라우마가 전승되는 것일 수 있기 때문이다(김태영, 같은 책, 169쪽).

12) 도미니크 라카프라, 육영수 외, 『치유의 역사학으로』, 푸른역사, 2008, 226~227쪽.

상처의 역사를 듣고 그것에 대한 일정정도의 공감이 형성되었을 수 있지만 여기서 문제 삼고자 하는 것은 부모세대와의 접촉이 직접적인 이차적 트라우마화를 유발한다고 말하기에는 무리가 있다는 것이다. 왜냐하면 이들이 부모세대의 트라우마를 자신의 상처로 내면화하는 데에는 '사후적으로' 의미화 과정이 개입하고 있기 때문이다. 그것의 전형을 보여주는 것이 여6이다.

> 학부 때 지도교수님께서… (…) 그 분이 연구주제가 전쟁과 트라우마 이쪽으로 관련된 연구를 하셨는데 그래서 위안부 할머니 그런 위안부 할머니들의 그 워크숍도 참석을 했었고… (…) 처음 알게 되었을 때 (…) 음… 음… 그냥 보통 아예 관심을 안가지고 그냥 살고 있으면은 모른다는 것에 무서움을 느꼈고 그래서 저도 공부를 해야 되겠다고 생각했고… (…) 감정적인 차원에서 말씀드리면, 음… 복잡하다고 밖에 말할 수밖에 없는데, 우리 집안에서는 어떻게 할머니가 왜 일본에 오게 되었는지 이런 얘기를 많이 들어왔고, 아까 이야기한 것처럼 엄마는 일본인 보다 잘해야 된다고… 이런 메시지를 들어왔고 일본에 대해 반감을 느끼는 반면에 교육은 일본을 계속 이해를 해왔고… (…) 이게 뭐지? 뭐 이런 좀… [조사자: 혼란?] 이중으로…(여6)

여6은 일본인 학교를 다녔지만 선생님과 선배의 배려로 특별히 상처를 경험한 적이 없다고 한다. 하지만 대학에 들어가 공부를 하면서 종군위안부 문제를 알게 되면서 한편으로는 일본에 대해 반감을 느끼기 시작하였으며, 또 한편으로는 자신이 배워왔던 일본의 역사교육과 충돌하면서 혼란스러웠다고 한다. 그녀는 이미 가족사를 그 이전부터 알고 있었지만 역사공부를 통해 자신의 기억에 의미를 부여하면서 이전 세대의 트라우마를 자신의 것으로 내면화하였던 것으로 보인다. 물론 이것이 어떤 도덕적이고 윤리적인 원리에 따라 죄책감을 유발하는 것으로서 의미를 부여한다는 것은 아니다. 오히려 에로스적 결합을 전제로 하는 '재일조선인=가족=나'라는 정체성 집단 속에서, 더 정확하게 말하자면 아픔, 수난의 역사를 통해 집단의 정체성을 규정하는 동시에 집단과 자아를 동일시하고 나아가 집단이 경험한 리비도 좌절을 자신의 좌절로 받아들일 때 발생하는 것으로 보인다.

이는 그 계기가 자신의 직접적인 경험일 때 더 명확하게 나타난다. 여7은 학창 시절 자신에게 김치 냄새가 난다고 일본인들로부터 따돌림을 당하였거나 자신을 북의 주민과 동일시하면서 놀림감이 된 경험을 지니고 있었다.

> 김치를 너무 좋아하다보니까 엄마가 그… 도시락에 김치를 요만큼 넣어줬는데… 그걸 먹으려고 도시락을 딱 열었는데 그걸 그냥 먹으려고 했는데…. 애들이 너무 신기했나 봐요. (…) 어떻게 보면 김치라는 게 한국을 상징하는 음식이잖아요. 근데 애들이 그걸 보고… 어떻게 놀렸는지 기억이 안 나는데… 너무… 너무 속상했던 걸로… 속상했어요. 그래서 제가 울어가지고…(여7)

게다가 여7은 조사자가 일제식민지지배를 떠올리면 일본에 대해 어떤 분노를 느끼는가라는 물음에 일제식민지시대를 배경으로 하는 한국 드라마를 보고 난 후 일본에 대한 기존의 관점이 바뀌어갔다고 말하면서 반감을 표현하고 있다.

> 짜증이 났어요. 제가 초등학교 때 저희 집에서 항상 저희 엄마가 한국 방송을 보셨는데 야인시대를 제가 초등학생 때 봤어요. 그 당시에 보고 허… 어떻게 저렇게 할 수 있지? 일본이 진짜 나쁜… 일본 사람들 정말 못났구나, 그렇게 생각을 했었어요. 그걸 보고 좀 근데 바꿨어요. 지금도 솔직히 그런 생각을 가지고 있는 편인 것 같아요.(여7)

여1은 일본의 한 토론 프로그램에서 재일조선인에게 '너희 나라로 돌아가라'와 같은 발언을 하는 모습을 보고, 또 좋은 성적을 받은 취직 시험에 불합격하면서 그 이유가 자신이 재일조선인이기 때문이라고 생각하면서 충격을 받았다고 한다.13)

재일 한국인이 한국인들이 일본을 싫다면 '우리나라(한반도: 조사자)에 돌아가면 된다', '돌아가라'고 이러한 의견이 있었어요. 근데 이 의견을 봐서 왜 이러한 좀… 지금 현대 시절의… 시절이라도 이러한 시대착오 같은 의견이 있는지… 있을까 이렇게 충격을 받았거든요.(여1)

파견회사에 등록하러 가봤어요. 근데 친구하고 같이 한 친구하고 같이 갔는데, 그 친구는 저와 좀 성격도 비슷하고 근데 (…) 성격 테스트 있어요. 성격이 어느 정도 맞는지. 이걸 좀 체크하는… 이것이 친구보다 좋은 결과였고 (…) 그 친구는 붙고 저는 안 됐습니다. 저는 못 됐습니다. 근데 어느 쪽, 이게 대해서 아무리 생각해봐도 좀 이유가… 이유를 몰랐거든요. 생각할 수 있는 부분이 있다고 하면, 역시 제가 코리언인가? 재일 동포인이라서 이렇게 됐는지, 이게 좀 잘 모르겠고요. 중요할 순 없잖아요. 다만 이러한 생각이 조금 그때는 생각났습니다.(여1)

이때 충격적 사건의 경험 혹은 욕망이 좌절되는 지점에서 트라우마가 형성되는 과정은 개인적인 것이지만 구술자들이 지목하는 요인은 재일

---

13) 이에 대해 가장 격렬한 반응을 보이는 사람은 구술자 중 여1과 남1이었다. 여1은 충격 이후 "어두운 마음으로 생활했었"는데 재일조선인 친구 어울려 있을 때는 "안심감"을 느낄 수 있었다고 한다. 남1 역시 재일조선인들이 배타적으로 모여 있는 민족학교에 있을 때에 안심할 수 있었다고 한다. 이들에게 있어 일본사회는 위험한 곳이고 따라서 민족학교는 정서적으로 안정감을 찾을 수 없는 곳이었다. 그렇기에 일본이라는 공간 속에 여전히 위치하지만 상대적으로 일본 사회와 거리를 둘 수 있는 재일조선인 커뮤니티가 그러한 불안과 공포를 느끼지 않을 수 있었던 창구였던 것이다.

〈그림 1〉 재일조선인 학생들의 북춤

조선인이라는 정체성이다. 만약 의식적이든 무의식적이든 자신을 재일
조선인으로 규정하지 않는다면 이것은 단순히 '드라마', 토론회' 이상의
의미를 가지지 못하고 따라서 상처가 될 일이 아니게 된다. 실제로 여7
의 경우 뉴커머인 어머니가 재일조선인이라는 사실을 숨기지 않고 성장
하도록 하였으며, 여1 역시 스스로 '한국인'이라고 생각하며 성장하였다.
그렇기에 자신의 외상 경험은 '내가 재일조선인이기에 일본사람들한테
이런 고통을 당한다'는, 집단과 집단 사이에서 발생하는 것으로 의미화
될 수 있는 것이다.

　이때 두 가지의 의미적 상황이 발생할 수 있다. 첫째, 어쨌든 일본에
서 태어나 일본의 문화적 영역 속에서 성장하면서 형성해온 개인의 욕
망체계에 균열이 있을 수 있다. 나아가 비록 그러한 현상이 개인의 정신
세계에서 발생하는 것일지라도 개인을 초월하여 있는 '집단'의 문제라는

점에서 둘째, 일제제국주의시대에 일본으로 이주하여 거주국의 폭력적 상황 속에서 경험해온 재일조선인의 역사를 자신의 내러티브와 등치시킬 수 있다.

그런데 이러한 의미화 과정은 직접적인 경험을 통해서만 나타나는 것이 아니다. 여1과 여5은 아버지가 일본인, 어머니가 재일조선인으로서 어릴 때부터 자신이 재일조선인의 혈통을 지니고 있음을 모른 채 일본인으로 살아왔다. 그들의 이름에서는 재일조선인의 흔적을 찾아볼 수 없으며 스스로도 그것을 몰랐다는 점에서 차별의 경험은 전무하다. 하지만 특이하게도 이들은 자신들의 어머니가 재일조선인임을 알고 난 후, '정체성의 고민'이 생기면서 재일조선인의 역사적 트라우마를 내면화한다.

정체성(Identität)의 문제가 '나는 누구인가?'라는 물음에서 시작하는 것이라고 한다면 그 물음은 이전까지 자신을 규정하면서 잘 정돈되어 있던 질서체계가 흔들리는 것이며 자기 동일성이 파괴된다는 것을 의미한다. 그 자체로 트라우마일 수 있다는 것이다. 그렇기에 이들은 자신을 구성하고 있는 '반의 뿌리'에 대해 관심을 가지고 재일조선인 단체에 결합하기 시작하였던 것이다. 이들은 그곳에서의 활동을 통해 자신의 정체성을 재구성한다. 여5는 자신의 정체성에서 재일조선인의 정체성이 일본 사회 혹은 국가의 차별과 배제 그리고 폭력으로 인해 삭제·은폐되어왔다고 생각하면서 스스로를 재일조선인의 인권을 위해 활동해야 할 의무를 지닌 '역사적 존재'로 세워내기까지 한다.[14]

---

14) 서경식의 다음과 같은 설명은 여5를 이해하는 데에 도움이 된다. "재일조선인 젊은이들은, 많은 경우 자신이 왜 일본에 태어났는가 하는 역사를 배울 기회도 없이, 조선어와 조선문화와의 접점도 없이, 원래의 이름을 쓰는 일도 없이, 자신이 조선인인 것을 숨긴 채 살아야 한다. '문화적 대학살'이라고 불러야 할 이러한 사태는 일제강점기의 '민족말살정책'(황민화정책)이 재일조선인에게는 현재까지도 계속되고 있음을 말해준다. … 재일조선인 젊은이들은 일

내가 정체성이 재일조선인이라고 생각하는 것은 역사적으로 형성된 존
재라고 생각을 하니까요. 내 아버지 어머니가 어느 나라 사람인가라는 것
이 내가 어떤 역사를 가지고 태어났는가를 생각을 하고… 아 그리고 지금
의 일본 사회나 한반도의 전체를 보면 일본에 있는 재일조선인들이 가지
고 있는 역할이 있다고 생각을 해요. 그런 역사적인 역할이라고 해야 하
나… 역사적으로 형성된 존재이니까. 그런 존재가 해야 하는 일이라고 할
까… [조사자: 역사적인 역할의 그 내용을 좀 설명하신다면?] (…) 그런데
역시 일본에서 조선 반도를 식민지 지배한 역사적인 책임이 있고 일본의
책임이 지금도 남아 있고 역사적으로 식민지 시대부터 지속하고 있는 문
제도 많이 있고 지금도 해결되지 않은 문제가 많이 있잖아요. 현재 재일
동포가 가지고 있는 문제도 그 뿌리도 식민지 시대에 일본이 한 것이나
일본이 계속하고 있는 정생이나 그런 문제가 계속되고 있으니까 그런 것
이 있으니까 재일 동포가 가지고 있는 정체성의 고민도 없을 수가 없고
재일조선인은 일본의 문제하고 일본과 한반도 사이에 있는 문제가 해결
되지 않으면 재일 동포의 진짜 문제를 해결하지 못한다고 생각을 하니
까…(여5)

여1의 경우에는 처음에 책을 통해 재일조선인이 차별받아왔으며 자
신의 외할아버지가 힘든 시대를 살았다고 생각했지만 재일동포 단체에
서 활동을 하면서 본격적으로 자신의 문제로 받아들였다고 한다.[15] 이
들은 남1과 여7과 같이 어떤 차별적인 경험을 통해 트라우마를 가지게

___

본 사회에서 차별과 소외로 고통 받으면서 그 원인이나 이유를 인식할 기회
조차 빼앗기고 있다. 이런 현실에서는 최근 언급되는 일본의 '국제화'라든가
'다문화공생사회'라는 구호는 지극히 공허하게 들릴 뿐 아니라, 오히려 악질
스런 기만으로조차 느껴진다."(서경식, 같은 책, 131쪽).

15) 여1의 여동생(당시 19세)은 그와 다른 양상을 보인다. 그녀 역시 여1과 같이
자신의 반의 뿌리가 재일조선인이라는 사실을 알지만 그에 대해 알고 싶
지 않다면서 오히려 회피하는 경향을 보였다고 한다. 그러한 반응을 보인 것에
대해 여1은 말하지 않았지만 추측컨대 이는 자신의 정체성의 혼란이 야기하
는 반응일 수 있지만 한편으로는 일본 사회 내에서 재일조선인에 대한 사회
적 시각을 자신이 잘 알고 있었기 때문일 수도 있다.

〈그림 2〉 도쿄 조선중고등학교 정문

된 것은 아니다. 하지만 이들이 공통적으로 보이는 특징은 재일조선인
으로서의 민족정체성을 혈통이나 언어보다는 자신의 정체성을 재일조
선인의 역사 속에서 고민하면서, 윤건차가 말하듯 "자신의 내력에 대한
자각"을 통해 구성하며, 나아가 재일조선인 집단의 역사를 자신의 기억
으로 받아들이면서 트라우마를 경험하게 되는 것이다.

　이는 재일조선인이 거주국의 국가·사회 폭력으로 인해 발생하는 상
처가 개인을 넘어 재일조선인이라는 집단의 트라우마로 의미화되고 또
그것이 식민 트라우마나 이산 트라우마를 현재화하는 계기로 작동하고
있다는 점을 말해주는 것이다. 요컨대 개인마다 차이는 있지만 이들이
재일조선인의 역사적 트라우마를 가지게 되는 것은 일본 국가와 사회의
폭력이 지속될 수 있는 '구조'와 그것의 효과로서 사후적 의미구성이라
는 것이다.

3. 이중의 리비도 철회와 트라우마의 복합적 착종

재일조선인이 지닌 트라우마가 일본 사회 내의 구조적 효과라고 할지라도 그것은 일본이라는 개별적 공간의 문제라고만 할 수 없다. 그것은 재일조선인이 '디아스포라'이면서 동시에 '코리언'이라는 점에서 자신들의 선조가 분리되어 온 곳이면서 자신들과 같은 민족이 거주하고 있는 한반도를 향한 지향성을 배제할 수 없다는 전제에서 그러하다. 물론 오늘날 한반도 지향성이 약해지고 반면에 재일이나 일본지향성이 강해지고 있다는 점에서 전적으로 이것이 타당한 것이라고 할 수는 없다. 하지만 다시 제기될 수 있는 문제는 그러한 지향성의 변화가 일본과 재일조선인 사회가 지닌 내재적 요인으로만 볼 수 있냐는 것이다. 다시 말해 탈민족적, 정주의식의 강화로 비춰지는 이러한 변화가 한반도와의 관계를 완전히 배제한 채 생각할 수 있냐는 것이다. 여3의 경우만 보더라도 그렇지 않다.

> 만나는 사람마다 그 '일본 분이세요?'라고 하잖아요. 저에게는 이야기를 했었어요. 처음에는. 그걸 알아서 뭘 하고 싶은지는 (웃음) 뭐하고 싶은지는 잘 모르겠는데, 뭔가 그렇게 구별하고 싶어 하는, 그런 게 있잖아요. 그런 게 좀 저에게 걸렸고 그런데. 흠, 음, 차별인지 아닌지 잘 모르는 것은 그, 저는 한국 국적을 가지면서 일본에 있으니까 주민등록번호가 없는 상태지 않습니까? (…) 근데 한국에서는 모든 사람들 주민등록번호 관리가 되고 있고, 모든 절차에 그게 필요하잖아요. 근데 안 갖고 있으니까 좀 시간이 많이 걸리거나, 인터넷에서 뭔가 어떤 물건을 사고 싶은데 그걸 살 수가 없다. 그런 게 있었거든요. 외국인 등록번호도 없으니까. 그런데 그런 게 차별이라고 생각하기에는 좀 그렇죠. (…) 그게 왜 기분이 안 좋았냐면 일본사람으로 보지 말라거나 그런 게 아니라, 음 사람의 국적을 따지는 게 뭐가 중요하냐는 그런 게 있거든요.(여3)

그녀는 한국으로부터 차별을 받은 경험이 있는가라는 사전 조사 물음에 동그라미도 가위표도 아닌 세모를 그렸다. 그 이유를 묻자 그녀는 한국에서 유학시절 자신에게 "일본분이세요?"라고 묻는 물음이나 '주민등록번호가 없다는 점'이 차별인 것 같기도 하고 아닌 것 같기도 해서 그랬다고 답했다. 그리고 뒤이어 자신은 국적이 중요하다고 생각하지 않기에 이런 식의 질문이 기분이 나빴다고 말한다. 하지만 그녀의 답변에 자신이 코리언임에도 불구하고 한국에서 자신을 같은 민족으로 대우하지 않았다는 점, 또 한국적을 가진 한국 국민임에도 불구하고 구분을 두는 것이 문제라는 점이 전제되지 않는다면 기분이 나쁠 일이 아니다. 그렇기에 이러한 정서적 반응은 국적이 중요하지 않다는 그녀의 답변과는 일관되지 않아 보인다. 오히려 그녀는 한국에서 재일조선인을 차별하는 것에 대한 트라우마를 경험하였지만 그것을 '부정'(Verneinung)하는 것처럼 보인다.

중요한 것은 왜 부정의 반응을 보이는가이다. 그녀의 아버지는 민단 활동을 하면서 민족을 강조하였다고 한다. 그렇지만 일본 내에서의 차별로 인해 그녀는 어릴 때부터 왜 자신은 "한국인이라든지 조선인이라든지 그 부분을 숨겨야 되는가"라는 물음을 통해 정체성에 대한 고민을 할 수밖에 없었다고 한다.

> 그냥 숨겨왔었어요. 그렇게 뭐 한국인이라든지 조선인이라든지 그 부분을 숨겨야 되는가에서부터 시작을 해가지고, 역사나 여러 가지를 생각을 해서. 예, 그렇게 생각하게 됐죠. [조사자: 왜 그런 걸 숨기고 나는 살아야 되는가.] 예. [조사자: 그걸 숨긴 거는 일본 사회내에서 조선인에 대해서 뭘 다르게 보기 때문이에요?] 다르게, 예 그렇죠. [조사자: 그 당시에도 그렇게, 선생님이 성장하시면서도 그런 걸 굉장히 많이 느끼셨나봐요?] 근데 그게 음. 느꼈다라기보다 뭔가 그런 것 같다고 생각을 했었어요. 뭔가 말

하면 안 되는 것.(여3)

그것은 일본 내에서 자신이 욕망하는 바를 성취할 수 없었으며, 리비도가 철회된다는 것을 의미한다. 하지만 그렇다고 해서 철회된 리비도가 한국에서 원활하게 흐를 수 있었던 것도 아니다. 이는 그녀의 리비도가 국가로도 민족으로도 즉, 상징적으로도 상상적으로도 두 번이나 리비도의 대상을 찾을 수 없었다는 것이다. 그것은 두 번의 실연이면서, 사랑받지 못하는 자신과의 대면이다. 그렇기에 리비도는 다시 회수되어 나르시시즘(Narziβmus)적으로 '재일조선인'으로 귀결된다.

> [조사자: 흔히 인종적이든, race 개념으로 쓰든 아니면 nation개념으로 쓰든 하여튼 그 특정한 민족적인, 종족적이든 민족적이든 뭐 이런 걸로 어디에도 속하지 않았다고 쓰신 거에요.?] 저는 재일조선인이다. 라고 생각은 하는데 한국인이다 뭐 일본인이다라고는 생각을 하지 않아요. [조사자: 한국인, 일본인은 사실 국가개념이잖아요. 국가에는 속한 건 아니지만 내가 재일조선인 일본에 살고 있는 조선인 이라는 생각은 하신다는 거에요.?] 예, 예예. 그게 가까운 것 같아요."(여3)

그렇지만 비록 나르시시즘이 욕망 대상을 향하던 리비도를 회수하여 자아에게로 돌리는 것이라고 할지라도 그것의 효과는 욕망을 지속시켜 살아가기 위한 것이기에 그러한 귀결은 자아 보존의 목적을 지닌다고 할 수 있다. 따라서 이때 보이는 부정은 리비도가 좌절되고 억압된 것이 기억을 통해 드러날 때 자기를 보존하기 위한 방어 기제라고 할 수 있다. 그렇기에 여3은 종족이나 민족, 그리고 국가를 기준으로 어떤 정체성을 구분하는 것을 거부하고 있는 것이다. 따라서 재일조선인의 이산 트라우마는 일본사회 내의 문제로만 귀결시킬 수 없으며, 그것은 다른

〈그림 3〉 도쿄 조선중고등학교 교사

한편으로 한반도의 두 분단국가의 차별에 의해서도 발생하는 것으로 보아야 한다.16)

　그러나 한반도 지향성에 대한 욕망의 좌절 그리고 이산 트라우마의 현재화가 지닌 이러한 양상이 단순히 두 국가에서의 차별 경험만으로 설명할 수 없다. 여기에는 더 복잡한 문제가 결합되어 있다. 잘 알다시피 재일조선인들은 코리언 디아스포라로서 재중조선족이나 재러 고려인처럼 '거주국≠민족'뿐만 아니라 '남≠민족', '북≠민족'이라는 이중의 어긋남을 가지고 있다. 하지만 한반도의 분단체제가 미치는 영향력은

---

16) 물론 여3이 오로지 이산 트라우마만을 경험하였다고 단정지을 수는 없다. 다만 그녀의 구술 속에서 분단 트라우마는 잘 드러나지 않았을 뿐이다. 하지만 그녀의 아버지가 민단 활동을 하였다는 점, 그리고 재일조선인은 남북의 분단을 고민하지 않을 수 없는 위치에 있다는 점에서 그녀 역시 분단 트라우마를 지니고 있을 가능성이 있다는 추측은 가능할 것 같다.

여타의 코리언 디아스포라와는 다르게 매우 강하며, 그만큼 국제적 정세변화에 더 민감한 상황에 놓여 있다. 이는 무엇보다도 남과 북이 일본을 체제경쟁의 장외 라운드로 삼고 재일조선인을 '국민 만들기'에 동원하였기 때문이다. 그 대표적인 사례 중 하나가 1965년 한일기본조약이다. 이 조약이 체결된 이후 한국적을 선택하지 않은 조선적 재일조선인은 북의 주민과 동일시되고 오인되면서 남한 입국이 자유롭지 못하게되었다. 조선적을 포기하지 않고 있는 남2가 그러한 경우라고 할 수 있다.

> 저는 제가 직접 경험을 많지 않습니다. 제가 그런 감각에 약간 둔하고 그렇거든요. 다른 사람들이 받은 상처를 생각했을 때 많이 아파요. 저희 누나도, 집안적으로도 있었고, [아─예예]저희 누나도 버스에서 버스를 타고 통학을 했는데 버스에서 내리고 집에 가는 길에 뒤에서 갑자기 목각으로 목각이 뒤통수를 때리고… 지금쯤이면 교토 제일정보학교에 사이드국가인 진돗개라고 의식들도 집단적인 그런 모습을 보고 보면. 아이들이 받은 상처, 동포들이 어… 더 살기 어려워지는 조선사람이라는 것을 숨기고 싶어지는. 싫게 되는 그런 일상생활하면은 그런 것에서 상처를 받지요.(남2)

그는 일본의 차별과 폭력을 경험한 적이 없지만[17] 자신의 누나가 저고리 사건 때 폭력을 당한 기억을 떠올리면 가슴이 아팠다고 한다. 그러면서 일본인들이 재일조선인을 북과 동일시하면서 폭력을 행사하는 것

---

17) 차별에 대한 기억 회피 : "피차별자에게는 자기가 당한 차별을 차별로 자각하는 것조차 회피하려는 심리가 작용한다. 왜냐하면 일본 사회에서는 차별이 도덕적으로 악(惡)하다는 판단과는 다른 차원에서, 피차별자는 약자이고 패자라는 가치관이 피차별자 자신에게까지 침투해 있기 때문이다. 그렇기 때문에 피차별자는 최대한의 자기방어로서 피차별 체험을 의식으로부터 지워버리려 한다."(서경식, 같은 책, 154쪽).

에 대해 일본 사람들의 역사인식 결여를 지적하면서 분노의 감정을 드러내 보였다. 그렇기에 한번 씩 조선을 방문하게 되면 그러한 기억이 오버랩되면서 만감이 교차한다고 진술했다. 그러한 감정은 이산으로 인해 한반도가 아닌 일본에 거주하면서 억울한 경험들을 할 수밖에 없는 자신의 처지에 대한 회고일 것이다. 여기에서 엿볼 수 있는 것은 그는 일본 내에서 거주하면서 좌절된 리비도를 한반도로 돌리면서 지향성을 강하게 드러내 보이고 있다는 것이다. 하지만 그것이 단지 조선으로만 향하고 있는 것은 아니다.

이는 그가 사전조사에서 조국으로 '조선민주주의인민공화국'을, 모국으로는 '조선반도'를 선택하였다는 점에서도 확인되는 바다. 그는 조국으로 북을 선택한 이유를 묻는 물음에 응답을 하지 않았다. 즉, 태어난 곳도 아니며 현재 살고 있는 곳도 아니며, 내 선조의 뿌리가 있는 곳도 아니며, 자신의 정신과 문화가 같기 때문도 아니라는 것이다. 반면에 모국 선택이유로는 '내 선조의 뿌리가 있는 곳이기 때문에'라는 문항을 선택하였다. 이는 조국으로 조선을 선택하는 것은 국적을 따른 것이지 그 이상의 의미를 가지지 않으며, 분단된 두 국가 중 어느 하나만이 자신의 정체성을 귀결시킬 수 없다는 것이다. 여기서 남2는 조선적이 반드시 한반도의 이북의 조선이라는 국가를 지칭하는 것이 아니라 남도 북도 아닌 분단이전의 한반도 전체를 가리키는 것임에도 불구하고 분단국가주의적 시각에서 오인되어 왔다는 점을 보여주고 있다. 그렇기에 조선적이라고 해서 그들의 리비도가 단지 한반도의 이북으로만 향하고 있다고 할 수 없다.

> 저희 아버지도 한국에 가고 싶어요. 환갑을 넘었고, 죽기 전에도 한번 가고 싶다고 그렇게 얘기하시는데, 지금. 실질적으로 못가는… 저도 가고

싶다는… 그러한… 근데 이 상황에서 가려면은 한국국적을 취득해서. 가
는 그런 방법도 있지 않습니까. 전 그것을 하고 싶지는 않습니다. 왜냐하
며는 북미일문제도 그러는데, 지금은 쉬운 방법을 선택하려면은 얼마든
지 할 수는 있다고 생각해요. 그러나 앞으로의 그 다음 세대에 이게 더
좋은 미래를 물려주려면 지금 고생을 해야 한다고… 그래서 지금 가고 싶
은 마음이 억눌르면서 나도…"(남2)

실제로 남2는 할아버지 고향인 남한에 가보고 싶다고 말하면서 국적
상의 문제로 가지 못하는 것에 대해 안타까움을 표현하면서 이산의 상
처를 보인다. 또 조선적 재일조선인이 마음만 먹으면 국적을 한국적으
로 변경하고 남한을 방문할 수 있는데도 불구하고 그는 "가고 싶은 마음
을 억누르면서" 다음세대에게 더 좋은 미래를 남겨주기 위해 지금 참아
야 한다고 말했다. 그것은 남과 북이 분단되어 서로 간의 체제경쟁 과정
에서 재일조선인 사회를 이용하거나 분열시킨 역사가 있고 그렇기에 국
적 변경 문제는 그것에 동참하는 것이라는 의미에서 그는 그러한 선택
을 유보하겠다는 의미로 해석될 수 있다. 특히 '조선적=북'이 아님에도
불구하고 한국은 국적으로 민족을 구분하고 이동권을 박탈하면서 리비
도의 흐름을 좌절시키는 것에 대해 반감을 가지고 있는 것이다.

그럼에도 불구하고 남2의 경우 여3과 다르게 나르시시즘적으로 리비
도가 완전히 철회되는 모습을 보이지는 않는다. 이는 남한으로의 이동
권이 박탈당지만 조선으로는 이동이 가능하며 또 적어도 조선에서는 차
별을 경험하지 않는다는 점에서 온전하지는 않지만 한반도를 향한 리비
도가 어느 정도는 흐를 수 있기 때문으로 보인다. 하지만 이것이 트라우
마를 유발하지 않는다는 것은 아니다. 그에게서는 오히려 한반도 반(半)
의 국가를 향한 욕망의 좌절이 이산 트라우마뿐만 아니라 분단 트라우
마까지 착종되어 현재화되는 모습을 보이기 때문이다.

그러나 한반도와의 관계 속에서 재일조선인에게 있어 어쩌면 더 큰 상처를 안겨준 것은 한국의 재일조선인 간첩조작사건과 북의 북송사업 같이 두 국가가 재일조선인 사회를 이용해왔던 것이다.[18] 이는 재일조선인이 일본과 한반도의 국가로부터 이중의 국가 폭력을 경험하게 되었다는 의미이다. 그렇기에 이산 트라우마와 분단 트라우마의 착종 형태는 한반도로의 이동권 박탈을 통해서만 나타나는 것은 아니다. 한국의 국가폭력에 대한 공포를 여실히 드러내 보이는 사람은 여4였다.[19]

> [조사자: 그. 시어머니 하고, 지금 문화적인 갈등은 없어요?] 문화적인 갈등은 없지만 전체적인 갈등은 있었지만, 표면적으로 그렇게 말 안 하죠. 저도 언제 정권이 바뀌어서 문제가 될지도 모르고 어머니께 피해가 가고 그러면 안 되니까, 정치적인 이야기는 하나도 못했어요. 어머님 돌아가셨는데, (…) 자꾸 이야기를 못해요(웃음) [조사자: 그 정치적으로 저기 시댁이 좀 보수적이…] 아니요 그냥 보통. 일반형. 그리고 남편이 하는 연구도 좀 이해를 가지 실려고 해주시는 쪽이신데도. 그래도. 어렵죠(웃음) [조사

---

18) 1959년부터 시행된 북송사업 역시 재일조선인에게는 상처가 되었다. 남1의 아버지는 "북조선이나 청년에 대한 미움 같은 게 역시 강"하다고 한다. 왜냐하면 북송 이후 친구가 전혀 소식이 없고 뉴스를 통해 북이 비민주적인 사회이면서 인권침해에 관한 소식을 접했기 때문이라고 한다. 이는 두 번의 이산이라는 재일조선인의 역사와 현재 이들이 가지고 있는 북에 대한 이미지가 중첩되고 있다는 것을 보여준다. 이러한 이미지가 진실인가 아닌가라는 문제는 여기에서 중요하지 않다. 다만 그러한 이미지가 북송으로 인한 이산에 대한 상처를 현재화하면서 분노로 나타난다는 것이다. 그렇지만 이것은 남1의 아버지에게만 해당하는 분석이다. 남1에게서는 북송의 상처는 드러나지 않는다. 왜냐하면 현재 북과의 관계에서 좌절된 욕망이 없기 때문이다.

19) 남3은 한국의 민주주의를 지적하면서 분단체제에 근거한 보수세력이 강한 이유를 일제식민지지배의 미청산과 아울러 국가보안법에서 찾고 있다. 이것이 재일조선인 사회에 가해진 한국의 국가폭력과 관련된 생각이라는 점이 명확하게 들어나지는 않지만 다문화사회가 되어가고 있는 한국이 통일을 하기 위해서는 국가보안법이 폐지되어야 한다고 뒤에서 덧붙이는 말에서 이것이 한국의 국가폭력을 염두해 둔 발언이라는 점을 추측할 수 있다.

자: 아. 그게 주로 정치적이라고 하는 건 북에 관계된. 거기에 대해서 너무.] 어머님이 월남자세요.(웃음) 그래서 월남 하실 때 많이 힘든 일이 북한에서 있어가지고. 좀. 전체적으로 좀 기피하는 경향이 있었어요.(여4)

그녀는 한국에 있는 시어머니와는 정치적인 이야기를 하지 못한다고 한다. 그녀의 시어머니는 월남자인데, 자신과의 대화 때문에 자칫 피해를 입을까 우려되기 때문이다. 심지어는 조사자에게도 자신의 발언 때문에 불이익을 당하지 않느냐고 묻기까지 했다. 그녀는 역사적으로 재일조선인과 한국의 관계 속에서 작동했던 반공주의에 대한 '공포'가 시어머니와 조사자와의 '만남' 속에서 환기되고 있는 것이다.[20] 그런데 이러한 그녀의 반응은 가족사를 통해서 보면 자신의 경험 속에 트라우마로 잠재되어 있었다는 점이 드러난다.

[조사자: 그 아버님, 그 이복동생들 오시면 그런 갈등은 없으세요? 그. 아버님. 우리 아버님, 일본에서는 친척들 중에서도 아버지만 조선적이었어요. 그래서, 오랫동안 만나는 걸. 무서워하셨죠. 아버지가. 자기를 만나는 것 때문에. [조사자: 피해가 갈까봐?] 네. 그래서 만나면 정치적인 이야기 하나도 안 하더라고요. 지금도 안 하세요.(여4)

이유는 밝히지 않았지만 그녀의 아버지는 일본에 있는 형제들 중에 유일하게 조선적을 계속해서 유지해왔다고 한다. 그래서 정치적인 피해

---

20) 조선적이었을 당시 여4는 한국인 남편과의 결혼준비 문제로 영사관을 방문하였는데, 이때 영사관 직원이 '이번 한 번뿐이다'라고 말했다고 한다. 그때의 기분을 묻는 질문에 "그렇게 해봐라 그런 생각이 들어서… 난 몇 번이나 가겠다"고 생각했단다. 이어서 북을 방문했을 이전에는 이런 대접을 받지 않았는데 그래도 기분이 안 나쁘냐는 물음에 기대를 하지 않았기에 기분이 나쁠 일도 없다고 답했다. 그녀에게 한국은 재일조선인 사회를 이용한 역사를 돌이켜 보면 애착의 대상이 아니었던 것이다.

가 갈까봐 한국의 형제들과 만남을 제대로 가지지도 못하였고 만나더라
도 정치적인 이야기는 지금까지도 하지 않는다고 한다. 그래서인지 여4
는 한국정부가 재일조선인 사회를 '이용해왔다'면서 강하게 불편함을 드
러내보였다. 그러나 그녀가 한국만을 문제 삼는 것은 아니었다. 그녀의
할머니가족들은 북송사업 시기에 북으로 갔는데, 그들에게 피해가 갈까
봐 북에 대해서도 비판을 제대로 하지 못한다고 한다. 그녀는 재일조선
인 사회에 오버랩되어 있는 남북분단체제 속에서 줄곧 한반도 두 국가
의 폭력에 대한 공포를 느끼면서 분단으로 인한 상처를 가족 안에서 경
험해왔던 것이다.

　이상의 구술들과 분석으로부터 알 수 있는 것은 첫째, 한반도와의 관
계 속에서 발생하는 이산 트라우마와 분단 트라우마를 현재화하는 주요
한 계기는 재일조선인에 대한 차별과 이동권의 제한, 그리고 국가폭력
이라는 점이다. 그런데 이러한 계기들을 관통하고 있는 것은 남북 분단
의 문제이다. 예를 들어 재일조선인에 대한 차별은 단지 언어적이고 문
화적인 차이를 통해서만 나타나는 것이 아니라 '재일조선인=빨갱이'와
같이 반공주의적 오인과 편견으로부터 비롯된다. 이동권의 제한 역시
같은 한국적을 가지지 않은 외국인 신분의 재외동포의 입국에 대해 제
한을 둔다는 의미를 넘어 분단국가주의적 시각과 그에 따른 안보논리를
바탕으로 이동권에 제한을 두고 있다. 그렇기에 둘째, 재일조선인에게
있어 이산 트라우마와 분단 트라우마는 어느 하나의 계기와의 절합
(articulation)을 통해서도 상호 착종되어 나타날 수 있는 위상적 구조를
가지고 있다.

〈그림 4〉 도쿄 조선중고의 합창발표회

4. 재일조선인의 역사적 트라우마 치유를 향한 길

식민지지배의 미청산과 분단이라는 문제는 오늘날까지 한반도를 포함한 주변국에 이산하여 살고 있는 코리언 디아스포라의 역사적 트라우마를 재생산/현재화하면서 문제를 지속시키고 있다. 특히 재일조선인 경우 식민지국가인 일본에 거주하고 있다는 점에서 어느 디아스포라보다 식민지지배의 미청산 문제의 영향을 가장 직접적으로 받으며, 또한 한-미-일 간의 동맹체제로 인해 남북의 분단체제가 빚어내는 충돌과 마찰은 일상적인 삶을 위협하고 있다.[21] 따라서 재일조선인의 역사적 트

---

21) 9 · 11사건 이후 미국은 신안보전략에 따라 동북아시아에서 북을 악의 축으로 지명하고 남-일-미 간의 안보동맹체제를 더욱 강화해왔다. 이에 따라 북의 핵 미사일 개발 등과 같은 국제적인 문제뿐만 아니라 남북의 정치군사적 충돌까

라우마는 역사의 문제이면서도 그로 인해 고착화된 사회적이면서도 국
제관계적인 구조의 문제이다. 그렇다면 재일조선인의 역사적 트라우마
를 치유하기 위한 길은 이들 개개인의 트라우마를 정신병리학적 차원에
서 접근하는 문제가 될 수는 없다. 그것은 그러한 구조를 변화시켜 역사
적 트라우마를 현재화하는 계기를 방지하는 것으로부터 시작할 수 있
다.

  그렇다면 그 구조라는 어떤 것인가? 서경식은 그 구조로서 "① 본국의
남북대립 ②북과 일본의 단절 ③재일조선인의 분열 ④재일조선인과 본
국 간의 교류 결핍 ⑤재일조선인의 일본에서의 무권리 상태"를 나열하
고 있다. 또 이것의 단기적인 극복방안으로서 "①본국 남북의 대폭적인
긴장완화와 교류 ②북과 일본의 국교·교류 ③재일조선인의 자주적 '주
체'형성 ④재일조선인의 본국(남북) '참여' ⑤재일조선인의 일본 정주외
국인으로서의 권리 증진"을 제시한다. 그리고 궁극적으로는 다원주의적
인 네이션으로서 통일한반도와 일본의 교차지점에 한반도의 구성원이
면서 일본 정주자로서의 재일조선인을 중립항으로 놓는다.[22] 그의 이러

지 일본은 극히 민감한 반응을 보인다. 특히 일본의 사회적 정서는 2002년 고
이즈미 방북 이후 불거진 납북자 문제 이후 조·일 관계를 더욱 냉각시켰다.
그렇기에 북을 둘러싼 국가 간의 대립과 충돌은 곧바로 일본 사회 내 여론에
영향을 미치고 북에 대한 증오와 원한의 감정을 증폭시킨다. 문제는 그것이
재일조선인 사회로 전치된다는 것이다. 특히 조선적 재일조선인은 사회적 폭
력의 좋은 표적이 된다. 이에 대해 여3은 북에서 미사일 실험을 할 때면 공포
를 느끼는데 그것은 전쟁이 아니라 일본이 군국주의를 강화하고 나아가 "조
선이라고 붙이는 모든 것을 배제"하려는 점에 대해 느끼는 공포라고 말한다.
그녀는 북과의 관계 변화에 따라 재일조선인에게 가해지는 폭력에 대해 '불
안'을 보이고 있는 것이다. 프로이트에 따르면 트라우마로 인해 억압된 것이
현재적 계기를 통해 회귀할 때 자아의 저항이 발생하는데, 불안은 이 둘 간의
타협이다. 다시 말해 기억을 "반복이란 형태로 다시 되풀이"할 때 불안의 증
상이 나타난다는 것이다. 하지만 이들의 불안은 정신의 내부세계가 외부세계
에 대한 위험을 인식하고 발생하는 것이라는 점에서 '신경증적 불안'(die
neurotische Angst)이 아니라 '실재적 불안'(Realangst)이다.

한 구상은 남과 북, 한반도와 재일조선인 사회, 재일조선인 사회와 일본 간의 관계를 모두 고려하면서 종합적인 해결 방향성을 제시하고 있다는 점에서 의미가 있다고 할 수 있다.

하지만 그의 이러한 구상에는 주변국과의 관계를 고려하여 더 보충될 필요가 있다. 역사적으로 보자면 여기서 논의하고 있는 오늘날의 구조 는 주변열강들의 관계가 얽혀있다. 2차 세계 대전이 종결 된 후 미국과 소련은 일본군의 무장해제라는 빌미로 한반도를 남과 북으로 나누어 분 할점령한다. 그리고 1943년 카이로 회담, 1945년 포츠담 회담에서 논의 되어 왔던 신탁통치안이 모스크바 3상 회의에서 제기되고 결국 남과 북 은 3·8선을 경계로 분단된다. 그러나 한반도는 일제식민지지배의 피해 자이며 그렇기에 전쟁에 대한 책임을 질 필요가 없다는 점에서 분단될 이유가 없었다. 오히려 분단은 독일의 사례에서 보듯이 전범국가인 일 본에서 이루어졌어야 한다. 물론 이것이 전후 처리과정에서 분단이 정 당한 방법이라는 것을 주장하기 위함이 아니다. 한반도의 분단은 피해 자가 오히려 처벌을 받는 문제점을 지니고 있었다는 것을 지적하기 위 한 것이다. 그러나 문제는 여기에서 그치지 않는다. 1951년 샌프란시스 코 강화조약에서 볼 수 있듯이 전후 처리과정에서 한반도는 전승국가가 아니라는 이유로 논의주체에서 배제되었으며, 미국은 일본에게 전쟁의 책임만을 물으며 식민지지배에 대한 책임을 제외시켰다.[23] 미-소 중심 의 서구열강들 간의 헤게모니 싸움에서 한반도가 희생양이 되었다는 점 을 보여준다. 그렇기에 한반도의 분단과 일제식민지 미청산은 전후처리 과정에서 '국제적 정의'가 지켜지지 못하면서 발생한 문제라는 점에서

---

22) 서경식, 임성모·이규수 역, 『난민과 국민 사이』, 돌베개, 2006, 168~169쪽.

23) 6·25전쟁이 한창이던 이때 미국은 일본을 동북아시아의 전략적 요충지로 삼 기위해 소련과 주변국들의 반대에도 불구하고 평화조약을 맺고 국교를 정상 화하였던 것이다.

단지 남과 북 혹은 한반도와 일본의 문제로 국한시킬 수 없으며, 그 책임에 있어 주변 열강들은 자유롭지 못하다.

그럼에도 불구하고 오늘날 미-중 중심의 신냉전체제는 한반도의 분단을 주요현안으로 삼고 한편으로는 경쟁적 구도 속에서 대립적 관계를 또 한편으로는 지속적인 지배력 행사를 위한 공생적 관계를 유지하고 있다. 다시 말해 남북 분단에 대해 역사적 책임이 있는 열강들이 오히려 분단을 이용하여 동북아시아에서의 영향력을 행사하고 있다는 것이다. 또한 일본은 1990년대 경제위기를 시작으로 침략전쟁에 대한 부인, 종군위안부 강제성 부정에 이어 보통국가론을 내세우기 시작하였으며 미일동맹강화를 바탕으로 집단적 자위권 행사를 의결하면서 자국 내의 우경화를 점점 강화해왔으며, 심지어 중국과 한국 간의 영토 분쟁, 독자적인 대북제재조치와 같은 동북아시아에서의 긴장을 형성하고 있다.[24]

그렇기에 서경식의 구상에 덧붙여 장기적으로 분단의 문제에 있어 "주변 열강을 상대로 통일의 권리를 주장"[25]해야 한다. 그것은 앞서 말한 것처럼 한반도의 분단이 정의롭지 못한 것이었다는 점을 바탕으로 한다. 하지만 이것이 과거의 잘잘못을 따져 책임의 소재를 묻는 것을 의미하는 것은 아니다. 오히려 '통일의 권리'는 과거에서부터 현재까지 그리고 미래에 이르기까지 한반도의 분단으로 인해 발생하였고, 발생할 수 있는 생명의 파괴와 감정의 비용을 역사적 책임의식을 바탕으로 인정하고 이를 통해 분단지속요인의 제거와 분단극복과 통일을 위한 주변 열강의 적극적인 노력을 요구하는 권리이다. 그렇기에 이 권리의 주장은 한반도에 국한되지 않으며 안정적이고 평화로운 삶이라는 인류보편

---

24) 홍성후, 「일본 아베 정부의 보수 우경화 원인 분석 : 동아시아 정책을 중심으로」, 『한국동북아논총』 제70호, 한국동북아학회, 2014 참조.

25) 이재승, 「식민주의와 법학」, 『민주법학』 제45호, 민주주의법학연구회, 2011, 14쪽.

적 가치 거울상에 비추어 제기되는 보편적 권리일 수 있다.

하지만 통일의 권리는 재일조선인이 처해 있는 두 번째의 문제인 일제식민지지배 청산에 대한 요구까지는 담지 못하는 것처럼 보인다. 왜냐하면 일제식민지지배라는 것은 한반도와 일본의 관계에 국한 된 양자 간의 문제로 비춰지기 때문이다. 그러나 앞서 말한 것처럼 2차 세계대전 이후 그것이 청산되지 못한 것은 엄밀히 말해 서구열강이 한반도를 점령하고 배제하였으며 국제적 이해관계에 따라 식민지지배 청산의 문제를 봉합하였기 때문이다. 따라서 이 문제에 대해서도 동일하게 책임의식을 요구할 수 있으며, 식민지 지배의 미청산으로 인해 재일조선인이 일본의 국가와 사회 내에서 겪어야 했던 고통과 현재적 삶의 불안, 공포 역시 보편적 인권의 시각에서 충분히 제기될 수 있다.

그러나 이것이 국제사회를 향한 주장이라는 점에서 무엇보다 한반도의 두 국가, 그리고 재일조선인을 비롯한 해외 코리언 디아스포라의 합력창출이 필요하다. 그렇기에 이는 남북 간의 협력, 한반도와 재일조선인의 교류, 재일조선인 사회의 연대라는 방법으로 돌아온다. 이것은 단순히 원환적인 대안이 도출될 수밖에 없다는 의미가 아니다. 오히려 역사적 트라우마의 치유는 상호 간의 소통-교류를 통한 합력창출과 그러한 합력을 바탕으로 공통의 실천으로서 국제사회를 향한 권리의 주장이 되어야 한다는 점에서 이중의 전략이면서 과정의 전략을 통해 이루어질 수 있다는 것이다.

제5장 낯선 고국에 대한
막연한 동경과 이산 트라우마의 단면

-고향을 떠나 영주귀국한 사할린 한인 C의 생애담을 중심으로-

박재인*

1. 한국현대사 속 이산 트라우마의 주인공, 사할린 한인

근래 국내에서 역사적 사건의 상처를 치유의 시선으로 바라보고자 하는 연구 경향이 높아지면서 '역사적 트라우마' 개념이 대두되었다. 다수의 연구자들이 문학작품 속 인물이나, 실제 역사적 사건의 피해자가 창작한 작품들을 통해 상처와 아픔을 이해하는 방식으로 역사적 트라우마를 논하였다. 그러는 가운데 "특정한 역사적 사건을 공유하는 어떤 집단의 욕망이 좌절-억압되면서 가지게 된 트라우마"로 그 의미를 규정하고, 한민족과 그 역사적 체험을 분석 대상으로 삼아 코리언의 역사적 트라

* 건국대학교 통일인문학연구단 HK연구원

우마를 고찰한 연구[1]가 시도되기도 하였다.[2]

역사적 트라우마의 학적 의미가 정립되어 가면서, 주요한 관점 가운데 하나는 집단 트라우마는 집단의 사회적 성격 내지 공간을 재편하는데, 그러한 트라우마적 사회가 고착되면서 외상을 직접 경험한 세대에 이어 다음 세대에까지 트라우마가 지속될 수 있다는 점이다. 집단 트라우마가 계속된다는 것은 치유될 수 없는 사회적 공간이 형성/유지되고 있다는 의미가 된다.[3] 그래서 이 글에서는 특히 역사적 트라우마 가운데 이산 트라우마에 주목하면서, 역사적 외상을 직접 경험하지 않은 세대에까지 지속되는 트라우마적 징후에 대해 논하려고 한다.

이산 트라우마를 논하기 위해서는 제국주의의 횡포로 세계 각지로 흩뿌려진 코리언 디아스포라에 주목할 수밖에 없다. 그 중 재러 고려인은 다른 디아스포라와 구별되는 이산의 역사를 경험하였다. 일제의 횡포에 몰려 연해주 등지로 이주해 온 고려인과 일제강점기 강제 징용된 사할린 고려인이 경험한 이산 역사가 다르다. 재러 고려인의 경우 연해주 및 중앙아시아 출신과 사할린 출신을 구분하여 고찰되어야 하는 까닭도 이 때문이다.[4]

---

1) 건국대 통일인문학연구단, 『코리언의 역사적 트라우마』, 선인, 2012.

2) 이외에도 기왕의 역사적 트라우마 개념을 검토하거나,(정지민, 「도미니크 라카프라의 역사적 트라우마 연구 : 홀로코스트를 중심으로」, 이화여대 석사학위 논문, 2008, 1~75쪽) 학적 재정립을 시도한 연구들도 이루어지고 있다(김종곤, 「'역사적 트라우마'에 대한 철학적 재구성」, 건국대학교 박사학위논문, 2014, 1~151쪽).

3) 김종곤, 「역사적 트라우마 개념의 재구성」, 『시대와 철학』 제24집 4호, 한국철학사상연구회, 2013, 37~64쪽.

4) 사할린 한인은 러시아 혹은 중앙아시아의 디아스포라와 자신들을 구별하여 인식하고 있다. "сахалинский кореец(사할린스키 까레에쯔-사할린 한인)"이라고 스스로를 부르면서, 독자적인 정체성 확립을 시작하였다(Ten, Oxana, 「러시아 사할린 한인의 민족정체성 : 우즈베키스탄 고려인과의 비교를 중심으로」, 연세대학교 대학원 석사학위논문, 2011, 1~64쪽).

그 가운데 세계사의 특별한 디아스포라 사례라 할 수 있는 사할린 한인은 대부분 일제강점기의 국가동원령에 의해 사할린으로 강제 징용된 것인데, 당시 조선인 15만 명이 동원되었다고 알려져 있다. 사할린 지역은 제2차 세계대전 종전으로 소련령으로 귀속이 바뀌었는데, 당시 일본 정부는 일본인 귀한을 추진하면서 노동력으로 동원된 고려인들을 그 땅에 방치하였다. 이후에도 일본은 소련과 수교가 없는 상황을 들어 적극적인 조치를 취하지 않았다. 한반도 역시 내정 보완과 일본, 소련과의 대외관계 및 남북냉전의 문제로 이들의 귀환에 손쓰지 못했기 때문에, 이들은 그 땅에 자리 잡을 수밖에 없었다. 이처럼 사할린 한인은 급변하는 거주국 정세의 영향으로 이산의 상처를 반복적으로 경험하였거나, 이주를 강요한 일제와 조국의 방치로 귀환하지 못한 이산의 상처를 감내한 디아스포라이다.

이러한 사할린 한인을 두고 "1세는 시대의 희생자이고 2세는 역사의 희생자이다."5)라는 말을 한다. 강제이주를 경험하지 않은 세대에까지 이산의 고통이 그대로 전이(轉移)되고 있는 현실을 잘 나타내고 있다. 이에 본고는 강제징용의 직접 피해자도 아니고 사할린에서 태어나 환갑이 넘은 일생을 보내왔다가 영주귀국을 신청한 한인 C에게서 발견된 특징을 통하여, 역사적 트라우마의 전이성(轉移性)을 이해해보고자 한다.

사할린 한인의 이산 역사는 다수의 선행연구들로 이해될 수 있다.6)

---

5) 안미정, 「부산 사할린 영주귀국자의 이주와 가족」, 『지역과 역사』 제34집, 부경역사연구소, 2014, 317~359쪽.

6) 김승일, 「사할린 한인 미귀환 문제의 역사적 접근과 제언」, 『한국근현대사연구』 제38집, 한국근현대사학회, 2006, 185~205쪽; 김성종, 「사할린 한인동포 귀환과 정착의 정책과제」, 『한국동북아논총』 제40집, 2006, 195~218쪽; 장석홍, 「사할린 한인 '이중징용'의 배경과 강제성」, 『한국학논총』 제29집, 국민대 한국학연구소한문학연구실, 2007, 473~502쪽; 한혜인, 「사할린 한인 귀환을 둘러싼 배제와 포섭의 정치 −해방 후~1970년대 중반까지의 사할린 한인 귀환의 움직임을 중심으로」, 『역사연구』 제102집, 한국사학회, 2011, 157~198쪽;

그들의 강제 이산에서 귀환 문제에까지 상세한 역사적 경로를 확인할
수 있는 연구들은 다수 축적되었는데, 특히 소련-북한-한국-일본의 입
장에서 그들이 방치된 경위를 조명하는 논의[7]를 통해서 동북아 정세 속
에서 사할린 한인의 이산 문제를 다시금 심각하게 바라볼 수 있었다. 이
논의에 따르면, 소련과 북한은 사할린 한인을 노동력으로 공유하면서
'국민'으로 포섭하고, 이데올로기 전쟁 속에서 체제 우위를 점유하려 하
였고, 반면 한국의 경우는 이들을 두고 식민지 청산의 문제로 염두에 둔
것이 아니라 냉전의 문제로 치환해 버리면서, 무관심과 무성의로 일관
했다. 일본 역시 그러하였으며, 결국 사할린 한인이 방치되는 결과를 낳
았던 것이었나.

한편 사할린 한인의 이산 역사와 현재적 삶을 검토하면서 그들이 보
유한 특수한 정체성을 고찰한 연구 영역도 심화되었다.[8] 그 가운데 고

이재혁, 「일제강점기 사할린의 한국인 이주」, 『한국시베리아연구』 제15집, 배
　재대 한국-시베리아센터, 2011, 85~135쪽; 전형권·이소영, 「사할린 한인의 디
　아스포라 경험과 이주루트 연구」, 『OUGHTOPIA』 제27집 1호, 경희대 인류사
　회재건연구원, 2012, 135~184쪽; 황선익, 「사할린지역 한인 귀환교섭과 억류」,
　『한국독립운동사연구』 제43집, 독립기념관 한국독립운동사연구소, 2012, 431~
　461쪽.

7) 소련과 북한은 사할린 한인을 노동력으로 공유하면서 '국민'으로 포섭하고,
　이데올로기 전쟁 속에서 체제 우위를 점유하려 하였다. 반면 한국의 경우는
　이들을 두고 식민지 청산의 문제로 염두에 둔 것이 아니라 냉전의 문제로 치
　환해 버리면서, 무관심과 무성의로 일관했다. 일본 역시 그러하였으며, 결국
　사할린 한인이 방치되는 결과를 낳았다(한혜인, 「사할린 한인 귀환을 둘러싼
　배제와 포섭의 정치 -해방 후~1970년대 중반까지의 사할린 한인 귀환의 움직
　임을 중심으로」, 『역사연구』 제102집, 한국사학회, 2011, 157~198쪽 참조).

8) 정근식·염미경, 「디아스포라, 귀환, 출현적 정체성 ―사할린 한인의 역사적
　경험」, 재외한인연구 9, 2000; 김나탈리아, 「연해주 지역의 고려인 디아스포
　라 사회 특성에 관한 연구: 독일인 디아스포라와의 비교적 관점에서」, 서울대
　석사학위논문, 2004; 반병률, 「러시아 한인(고려인)사회의 정체성의 변화」, 한
　국사연구 140, 2008; 정진아, 「연해주·사할린 한인의 삶과 정체성: 연구동향
　과 과제를 중심으로」, 『한민족문화연구』 제38집, 한민족문화학회, 2011, 391~
　421쪽; 박승의, 「사할린 한인디아스포라의 민족문화정체성 형성과 변천과정

려인과 구별되는 정체성에 관해 집중 조명한 논의도 사할린 한인의 특수성을 이해하는 데에 중요한 지침이기도 하다.9) 이러한 선행연구들을 통해서 사할린 한인은 강렬한 고국지향성을 지닌 존재들로 이해되는데, 본고에서 사할린 한인의 이산 트라우마를 고찰하려는 가운데 특히 그 후세대의 고국지향성에 대해 초점을 맞춘 까닭은 강제이주를 직접 경험하지 않은 후세대에게도 지속되는 이러한 현상에 대한 이해를 위해서이다.

먼저 사할린 한인의 특징 가운데 하나인 강렬한 고국지향성이 지닌 이산 트라우마적 성격을 논하기 위해, 그 후세대에까지 지속되는 낯선 고국에 대한 막연한 동경의 실상이 어떠한지 살펴보고, 영주귀국자들의 사례를 통하여 그 부작용을 검토해보고자 한다. 후세대에까지 전이된 그 배경을 이해하기 위하여, 환갑이 넘어 고향 사할린을 등지고 한국으로 입국한 사할린 한인 C의 생애담을 살펴보고자 한다.

필자가 역사적 트라우마의 실마리를 개인의 생애담에서 발견하려는 이유는, 트라우마와 생애담이 모두 개인의 내면에 근원을 두고 있기 때문이다. 개인의 생애담은 이미 역사나 문화현상을 분석하는 데에 하나의 중요한 텍스트로 자리하게 되었다. 박경용은 역사 서술로부터의 배제된 사할린 한인의 생활의 역사를 살펴보기 위해 개인생애사가 가장 유효한 전략이자 수단이라고 하며, 디아스포라 여성의 생애를 중심으로 사할린 한인의 생활사를 이해하는 연구를 발표한 바 있다. 5차례가 귀국을 시도하였던 개인의 삶에서 지극한 망향의식의 사례를 제시하면서,

---

연구: 설문조사를 중심으로」, 『재외한인연구』 제29호, 재외한인학회, 2013, 113~152쪽; 황선익, 「해방 후 사할린 한인사회의 형성과 민족정체성」, 『한국민족운동사연구』 제77집, 한국민족운동사학회, 2013, 267~298쪽.

9) Ten, Oxana, 「러시아 사할린 한인의 민족정체성: 우즈베키스탄 교려인과의 비교를 중심으로」, 연세대학교 대학원 석사학위논문, 2011, 1~64쪽.

역사 서술로부터 덜 주목받았던 사할린의 디아스포라 역사를 조명하였다. 그리고 생애담을 고찰하는 방식으로 역사적 트라우마와 치유 방향을 논의한 연구도 발표되어 본고의 기반을 마련해준 선행연구라 할 수 있다.[10] 본고는 개인이 기억하는 바에 따른 그 서술 속에서 무엇이 그에게 대상이 부재한 그리움을 만들었는가를 고찰하면서 이산 트라우마의 단면을 이해하려는 것이다.

2. 사할린 한인의 이산 트라우마 특성: 후세대에까지 전이(轉移)되는 낯선 고국에 대한 막연한 동경

사할린 한인의 통한(痛恨)에서 망향의식은 그 중심에 있다. 이들이 지닌 망향의식의 깊이는 코르사코프항구가 내려다보이는 망향의 언덕의 위령탑만으로도 짐작할 수 있다. 그들에게 망향의식은 당연히 존재할 수밖에 없는 아픔이다. 하지만 한편으로는 오히려 그리움의 실체가 부재할수록 망향의식이 희미해질 수 있다는 예상도 가능하다. 사할린 한인의 경우가 그러하다.

역사적 상황으로 보면 한국은 사할린 한인에게 가장 늦게 손을 뻗쳤다. 러시아는 그들이 한국으로 귀환하는 문제를 반대하는 북한의 견제의 영향을 받고 있는 상태였고, 그들의 이주로 노동력이 상실되는 손해를 감지하고 있었기에 그들의 귀환 문제에 소극적이었다. 일본 역시 외교상 예민한 문제에 적극적으로 대응할 수 없었다. 1948년 대한민국 정

---

10) 박경용, 「사할린 한인 김옥자의 삶과 디아스포라 생활사」, 『디아스포라연구』 제7집 1호, 전남대 세계한상문화연구단, 2013, 163~196쪽; 김종군, 「구술생애담 담론화를 통한 구술 치유 방안:『고난의 행군시기 탈북자 이야기』를 중심으로」, 『문학치료연구』 제26집, 한국문학치료학회, 2014, 107~134쪽.

부가 수립되자 사할린 고려인들은 조국이 그들을 귀환시켜 줄 것이라고 큰 기대를 가졌지만, 신생 정부는 내부혼란과 6·25전쟁 등으로 여유가 없었다. 그들의 귀환 문제에 있어서는 사실 한국 정부보다는 일본 내의 움직임이 먼저였다. 그들에 대한 한국의 조치는 1990년 12월 한소 국교가 수립되면서 활발해졌다. 이후 한일 양국 적십자사의 주최로 '사할린 거주 한인 지원 공동사업체'가 설립되었고, 1994년 영주귀국 시범사업 아파트 및 요양원 건립되었다. 1997년 서울 인천지역 100가구 임대아파트 영주귀국 추진되었으며, 1999년 인천에 100병상의 사할린동포 복지회관이 개원되었다. 2000년 안산 고향마을 아파트가 완성되어 총 489세대가 입주하였다.[11]

이산의 강제성이나 징용의 고통, 해방 후 방치된 상황을 보면, 어쩌면 고국은 그리움의 대상이 아닌 원망의 대상이 되어야 할 것이고, 90년대 이전에는 구소련과 한국의 교류가 단절되었기에 물리적·정서적으로의 거리감을 고려하면 고국은 낯설게 느껴질 수 있다. 그러나 오히려 그들은 고국에 대한 지향성이 높은 편이다. 2011년에 사할린 현지에서 조사된 바에 따르면, 여타 디아스포라에 비하여 한민족으로서의 자부심이나, 한국의 재외동포정책에 대한 만족도가 높으며, 한국인에 대한 감정이 우호적인 편이었다.

건국대 통일인문학연구단에서는 코리언의 역사적 트라우마를 고찰하기 위한 사전 조사로서 2011년 6월에서 11월까지 현지의 디아스포라를 대상으로 설문조사를 진행하였다. 정체성 일반, 통일과 분단에 대한 의식, 생활풍속과 문화를 이해할 수 있는 100여 개의 질문들로 재중 조선족, 재일조선인, 재러 고려인과 사할린 한인을 직접 만나보았다.[12]

---

11) 김성종, 「사할린 한인동포 귀환과 정착의 정책과제」, 『한국동북아논총』 제40집, 2006, 195~218쪽 참고.

재중조선족은 89.6%가 한민족으로서의 자부심을 느낀다고 답하였고, 재일조선인은 62.8%가 답하였다. 그리고 재러 고려인 연해주 거주자는 81.7%, 사할린 거주자는 90%가 자부심을 느끼는 것으로 드러났다. 그리고 한국의 재외동포법에 대한 만족도를 묻는 질문에, 재중조선족의 경우는 만족하는 경우(47.8%)와 불만족하는 경우(52.2%)가 비슷한 비율로 산출되었고, 재일조선인의 경우는 만족하는 경우(18.8%)에 비하여 불만족하는 경우(66.2%)가 훨씬 큰 비율을 차지하였다.

반면 재러 고려인의 경우는 만족하는 경우(연해주 82.8%; 사할린 73.3%)가 압도적으로 큰 비율을 차지하였다. 그러니까 한국의 재외동포 정책에 대한 만족도는 재러 고려인 〉재중 조선족 〉재일조신인 순으로 집계된 것이다. 또한 한국인에 대한 감정을 묻는 질문에, 재중 조선족(73.7%)과 재일조선인(59.9%)은 과반수가 불만족을 표하였고, 재러 고려인의 경우는 72.3%가 만족스럽다고 답했고, 사할린 한인은 63.3% 만족스럽다고 하였다.

다른 연구들에서도 사할린 한인의 특징은 유사하게 나타났다. 텐옥사나[13]는 사할린 한인이 유지하고 있는 본국과의 동일성 정도 및 거주국에 대한 의식과 애착의 수준과 형태를 분석하였는데, 1세대에 이은 2, 3세대의 정체성 형태를 중앙아시아 고려인과 비교 검토하였다. 그의 논의에 따르면, 모국 애착의 수준이 중앙아시아 고려인에 비해 높게 나타나며, 1세대는 무조건적인 고국지향성을 보이며, 러시아에서 태어난 사할린 2, 3세대들은 한국어 구사 능력이 제한적이고 한민족의 역사와 문

---

12) 이 가운데 사할린 한인은 40여 명에 해당된다. 본래의 기획 의도는 연해주 지역의 고려인을 주 대상으로 삼은 조사였기에, 사할린 한인의 표본수가 절대적으로 부족하다. 그러나 다른 연구들과 유사한 조사 결과를 나타내고 있기에 참조한 것이다.

13) Ten, Oxana, 「러시아 사할린 한인의 민족정체성: 우즈베키스탄 고려인과의 비교를 중심으로」, 연세대학교 대학원 석사학위논문, 2011, 1~64쪽.

화에 대한 지식은 부족한 반면, 민족정체성과 애착은 강하다고 하였다.

박승의 역시 2012년 7월 사할린 현지 설문조사 결과를 바탕으로 유사한 결과를 논한 바 있는데, 2~3세대의 고국지향성의 이유를 경제적인 상활을 해결하거나, 러시아에서 보다 더 좋은 삶을 찾기 위함이라고 분석하였다.[14] 정진아는 이들의 다중 정체성에 대해 논하면서, 이산의 상처로 인한 원망어린 배타성 보다 우호적 시선의 포용성으로 자리 잡고 있다고 보며, 이를 미래 통일 한반도의 자산으로 평가되어야 한다고 주장하기도 하였다.[15]

사할린 한인은 한국과 구소련의 관계적 특성에 의하여 고국과 교류의 기회도 적었을 뿐 아니라, 가장 이질적인 다수 만족에 융화되어야 한다는 과제도 특별했고, 언어와 같은 문화적 이질화 문제도 가장 심각하다고 할 수 있다. 그럼에도 강제이주의 직접적인 피해를 받은 1세는 물론이고, 그 자손도 한 번도 밟아보지 못한 고국 땅에 대한 그리움이 큰 것이다.

연구자가 만나 본 영주귀국자 C도 마찬가지이다. 사할린 출신 C의 기본 정보는 다음과 같다.

출생	1941년 사할린 우글레고르스크 출생. 남자
가족 관계	친아버지: 출생에 대한 정보는 없으며, 강제징용된 경험이 없고, 친가네 가족들과 함께 사할린에서 소규모의 백화점을 운영하였고, 소련군을 도와 일본군을 대항하다가, 1945년 8월15일 광복 직후 일본군의 보복으로 살해당함. 친어머니: 출생에 대한 정보를 알 수 없으며, 강제징용된 경험이 없고, 친아버지를 살해한 일본군의 은거지를 폭로하여 복수한 후 친아버지와 관련된 모든

---

14) 박승의, 「사할린 한인디아스포라의 민족문화정체성 형성과 변천과정 연구: 설문조사를 중심으로」, 『재외한인연구』 제29호, 재외한인학회, 2013, 113~152쪽.

15) 정진아, 「연해주·사할린 한인의 삶과 정체성: 연구동향과 과제를 중심으로」, 『한민족문화연구』 제38집, 한민족문화학회, 2011, 391~421쪽.

	인간관계를 끊고, 3년 후 재가함. 의붓아버지: 출생에 대한 정보는 없으며, 강제징용된 경험이 없고, 1948년 쯤 일본에서 사할린으로 이주해옴. 교사로 일하다가, 기독교 전도에 힘쓴다는 이유로 파직하고, 이후 집에서 교회당을 운영, C에게 한인 교회 설립을 주도하게 하며 목사가 되게끔 지도함.
사할린 생애	대학교에서 부교장을 지내다가 교회당 업무를 그만두라는 압박으로 사퇴함. 의붓아버지의 뜻에 따라 사할린에서 한인교회 건립에 주력함. 1991년 모스크바로 이주하여 모스크바 신학대학에 입학, 이후 목사가 되어 한인 교회 운영.
한국 생애	2011년 영주귀국 입국. 남양주에 거주하며 목사 신분으로 다수의 한국 교회에서 활동함. 자서전을 출간하고, 작곡을 하고, 러시아-한국의 정보를 담은 신문 발간에 힘써옴. 일 년에 한 차례씩 자손들을 보기 위해 러시아 모스크바 방문.

그는 사할린에서 태어나고 50세까지 사할린에서 살았다. 그의 부모님은 강제징용의 대상이 아니었으며, 공업분야 전문대학교의 부교장으로 일하며 가난하지 않은 삶을 살았다. 50세 이후로는 아버지의 뜻에 따라 모스크바의 신학대학에 입학하였고, 목사로 활동하며 비교적 평온한 삶을 살았다. 그랬던 그가 2011년 돌연 한국으로의 영주귀국을 신청하고, 남양주에서 새로운 삶을 시작하였다.

표면적으로 그의 삶에서는 뚜렷한 이산의 상처나, 그 원인을 찾아보기 어렵다. 잘사는 고국에 와서 경제적 지원을 받으며 노후를 살고 싶어서 태어나고 반평생을 넘게 살아온 사할린을 떠나 왔다는 것으로는 그 이유가 충분치 않다. 모스크바에 자기 집과 직장이 있고, 외국계 기업에 다니는 유능한 자녀들이 있기에 영주귀국 결정이 의아하다. 사할린 한인 C야말로 대상의 형체가 부재한 가운데 막연한 고국지향성을 품은 채 살아왔던 것이다. 평생을 살아온 고향을 등지게 한 낯선 고국에 대한 막연한 동경은 하나의 역사적 트라우마 징후라 할 수 있을 것이다.

코리언 디아스포라 2세로서 고국에 대한 관심과 사랑을 지닌 것을 두

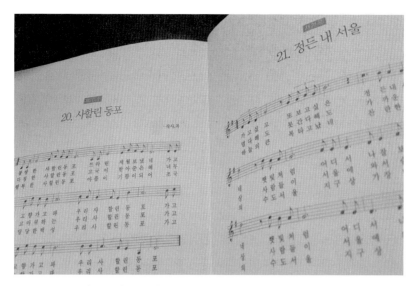

〈그림 1〉 사할린 한인 C의 자서전에는 사할린을 그리워하고,
한국을 그리워하는 내용의 자작곡이 담겨져 있다.

고 과연 정신적 아픔이라고 단언할 수 있는가라는 반론이 있을 수 있다. 대상의 실체가 분명하지 않은 상태에서의 강한 그리움이라는 인과관계의 모순성만으로 사할린 한인 C가 이산 트라우마를 앓고 있다고 말하기 어려운 것은 사실이다. 문제는 그것이 야기할 수 있는 갈등이 염려된다는 것이다.

망향의식이나 고국지향성과 같은 사할린 한인들의 갈증은 영주귀국 프로그램에 의하여 어느 정도 해소되었다.[16] 그러나 영주귀국한 사할린 한인을 대상으로 한 대다수의 연구들에서는 공통적으로 그 부작용에 대

---

16) 1992년 77명을 시작으로 2013년 10월 기준 총 4,116명이 국내에 거주하게 되었다. 대한적십자사, 『2012 적십자 활동보고서 Annual Report 2012』, 66~67쪽 (안미정, 「부산 사할린 영주귀국자의 이주와 가족」, 『지역과 역사』 제34집, 부경역사연구소, 2014, 317~359쪽 재인용).

해 논하고 있다.[17] 가족 모두 함께 이주할 수 없는 상황에서 빚어지는 가족 이산의 아픔과 언어 등의 문화적 차이에서 오는 한국생활 부적응 문제가 그러하다. 이들은 사회부적응, 건강악화, 가족과의 생이별, 정서적 외로움과 소외감 등의 문제를 안고 있으며, 그 문제들은 더욱 다양해지고 심회되고 있는 실정이다.[18]

낯설게만 느껴지는 고국에 대하여 "사할린을 떠날 당시의 기대와 2년여를 살아온 고국생활은 다르다"며 한숨을 짓는 경우들도 있으나,[19] 이러한 고충을 미리 예상한 경우도 있다. 자신은 이미 늙었으며, 고국이라해도 살아온 체제가 다른데 어떻게 적응할 수 있을지, 자본주의인 한국이 약속대로 대우해줄지 하는 등 우려가 컸고, 사할린에서 일궈온 터전을 뒤로 하고 다시 맨몸으로 자녀와 친척과 생이별을 해야 하는 것도 큰부담이 되었다는 이들도 있었다.[20] 영주귀국 자체가 주는 부담감이 상

---

17) 조재순, 「사할린 영구 귀국 동포의 주거생활사: 안산시 고향마을 거주 강제이주 동포를 중심으로」, 『한국주거학회논문』 제20집 4호, 한국주거학회, 2009, 103~112쪽; 나형욱, 「사할린 영주귀국 동포 정착실태에 관한 연구」, 『전남대학교 세계한상문화연구단 국내학술대회』, 전남대학교 세계한상문화연구단, 2009, 109~137쪽; 배수한, 「영주귀국 사할린동포의 거주실태와 개선방향 : 부산 정관 신도시 이주자 대상으로」, 『국제정치연구』 제13집 2호, 동아시아국제정치학회, 2010, 279~308쪽; 김인성, 「사할린 한인의 한국으로의 재이주와 정착분석 : 제도 및 운용실태를 중심으로」, 『재외한인연구』 제24호, 재외한인학회, 2011, 279~301쪽; 오승주, 「집단미술치료가 사할린 영주귀국한인의 삶의 만족도 및 불안에 미치는 영향: C군 집단거주자 중심으로」, 『한국예술치료학회지』 제12집 2호, 한국예술치료학회, 2012, 169~187쪽; 안미정, 「부산 사할린 영주귀국자의 이주와 가족」, 『지역과 역사』 제34집, 부경역사연구소, 2014, 317~359쪽.

18) 나형욱, 「사할린 영주귀국 동포 정착실태에 관한 연구」, 『전남대학교 세계한상문화연구단 국내학술대회』, 전남대학교 세계한상문화연구단, 2009, 109~137쪽.

19) 여승철, 「사할린 동포를 말한다 / 생활고와 외로움, 가장 큰 현실 문제」, 『통일한국』 제196집, 평화문제연구소, 2000, 19~21쪽.

20) 조재순, 「사할린 영주귀국 동포의 주거생활사」, 『한국주거학회 논문집』 제20

당함에도, 그것을 감수하고 고국행을 선택한 것이었다.

C는 함께 어울려 살고 있는 영주귀국 사할린 한인들의 고충에 대해 털어 놓기도 했다.

> (사회적 외로움을 느끼시는지.) 우리가 거기(한국 사회) 나가서 활동할 수준은 안 되고, 인물이 안 되고. 그런데 우리 가운데도 공부 많이 한 사람들이 있거든. 교장 선생님도 있거든요. 저는 부교장 선생님이고. 그 가운데서 박사님도 있고. 근데 그 분들이 뭐라 그러냐면은, 야, 우리 여기 와서 다 바보 됐다. 말 모르니까. 근데 저를 보고 다 복 받았다고. 언어 때문에, 말 때문에.21)

C는 주변 사할린 한인 이웃들이 한국사회로 와서 겪는 고충에 대해서, 언어 문제로 인한 어려움을 이야기하였다. 영주귀국한 사할린 한인 가운데도 교장이나, 박사 출신 등이 있지만, 한국어를 원활히 사용하지 못하기 때문에 사회적 활동 통로가 막혀 있다는 것이었다. 그분들은 '여기 와서 바보가 되었다'는 표현으로 자신의 어려움을 표출하기도 했다는 것이다.

필자는 C에게 여러 문제가 있음에도 사할린 한인들이 왜 한국으로 오고 싶어하는지 질문을 하였다.

> 오고 싶은 마음이 더 많아요. 왜 그런가 하면, 서로 서로 가겠다. 그걸 알려요.
> 생년월일 속이고, 재판에 고소해서, 증인 더해서, 이 사람이 45년 전에 났다. 우리가 1세로 취급 받아야 오거든. 1945년 16 이후로 태어나면 2세에요. 2세에게는 해당이 안 돼요.

집 4호, 한국주거학회, 2009, 103~112쪽.
21) 2014.3.3 사할린 한인 C의 인터뷰 中.

잘 사는 부자도 와요.

아무래도 좋지. 우리 교포들. 미국, 호주 그런 교포들은 또 다른 사람들이지.[22]

C는 사할린 한인들이 한국으로 오기 위해 각고의 노력을 하고, 생년월일을 속여서라도 한국에 들어오고 싶어 했다는 이야기를 하였다. 그렇게 한국에 오고 싶었던 이유는 다만 경제적인 문제가 아니라, 미국이나 호주의 교포들과는 다른 특별한 '그리움'이었다고 말하고 싶어 했던 것으로 보인다.

비교적 C의 경우는 각종 목회 활동으로 사회적 활동이 풍부하며, 언어 문제 또한 장애가 되지 않아 한국에서의 생활에 어느 정도의 만족감을 표하고 있다.

언제 한번 국경이 터진다. 마음에 싫으면은 안 된다는 말을 하고, 마음에 원하면 된다는 말을 한다. 국경이 열어진다. 고향으로 가야 한다. 고향 한 번 국경 터진대요, 열어진대요. 우리는 못 갈 수 있지만은 너희는 꼭 가라. 고향에 가서 우리 고향에 가서, 조국에 가서, 흙 한 줌 주어서 우리 무덤에 얹어 달라. 국경이 열어지고, 한국의 문이 열리면, 여기 살지 말고 한국에 가서 살아라. 그런 말이 있었죠.

우리 1세대 여기 왔죠. 우리 2세대는 프로그램, 영주귀국 프로그램, 초정 받아주고. 집도 주고, 생계비도 주고, 그렇게 살아 왔는데. 거기 남은 우리 애들은 대학 끝나고 잘 살고, 직장도 있고. 거기 애들은 여기가 불편해요. 2세들은 다 왔죠.

(중략)

치료 무료로 받고요, 얼마나 좋아요. 저는 병이 있는데, 다 무료예요. 얼마나 좋아요. 한 주일에 토요일날, 일요일 빼고는 매일 점심 무료로 먹

---

22) 2014.3.3 사할린 한인 C의 인터뷰 中.

여 줘요. 점심 먹고 배부르단 말이에요. 정말 고맙죠. 무지하게 고맙죠.
70살이니까 은퇴하고 영주귀국으로. 신문 만들고, 러시아말 배우는 학생
들에게 보내는 신문 만들어요.[23)]

그는 고향으로 가야 한다, 한국에 가서 살아야 한다는 어른들의 말을
기억하며 이곳에 온 이유를 드러내고, 지금 생활의 만족도를 표출하였
다. 이중국적이 허용되면서 러시아국적을 버려야 한다는 부담감도 줄
고, 경제적으로 안정된 자녀들 덕에 가족들과 만날 기회도 많은 편이라
비교적 안정된 삶을 살고 있다.

다시 이산가족이 생겼단 말입니다. 제가 노래도 만들었어요. 내가 한국에,
조국에 왔다 하지만 거기에 두고 온 자녀, 자식들 생각이 난다. 우리가 반년에
석 달 다녀올 수 있어요. 그렇게 하는 사람이 있거든요. 하바로스크 대학 박사
님이 있는데 반 년에 석 달씩 다녀와요. 저희는 일 년에 석 달 다녀와요. 저희
는 모스크바 가면 힘들어요. 자꾸 여기 생각이 나서. 왜냐면 아는 사람들이 많
아졌거든. 여기서 오라, 저기서 오라. 러시아에서 나온 고려인들 집단이 있거든
요. 그 사람들이 오라 해서 만나지, 한국 사람들 목사들도 부르지요. 러시아로
가면 3개월 못 버텨요.[24)]

그러면서도 자녀와 손주들에 대한 그리움, 사할린에 대한 그리움은
여전하다. 작곡이 취미인 그는 사할린에 대한 그리움을 담은 노래를 작
곡한다거나, 지갑에 넣어놓고 다니는 손주들의 사진을 자랑하기도 하였
다. 그러면서도 자녀들이 그리워 러시아에 가면 막상 한국이 그리워 3
개월을 못 버티고 귀국한다고 하였다.

그리고 러시아 젊은이들을 대상으로 SNS를 통한 목회활동에서 다음

---

23) 2014.3.3 사할린 한인 C의 인터뷰 中.

24) 위의 인터뷰 中.

〈그림 2〉 사할린 한인 C의 자서전에 수록된 고향을 그리워하는 내용의
〈추억 속의 사할린〉 자작곡이다.

과 같은 내용을 담았다고 하였다.

> 페이스북에 글 올렸다. 우스벡 젊은이들에게. 너희 할아버지들이 일본
> 놈들 반대해서 많이 싸웠다. 일본놈들이 너희 할아버지들 많이 잡아서 없
> 애고, 죽이고, 몸을 찾지 못했다, 시체를 못 찾았다. 너희 할머니들이 남
> 편을 찾아 다니면서 영 못 찾은 그런 일이다.
> 그래서 너희는 한국에 와서 정신 채리고 많이 배워라. 많이 배워서 유
> 익한 사람이 되라. 공부해라. 머리 좋은 자손의 땅은 잘 산다. 그렇게 써
> 요.
> 한국의 사회생활을 해야 한다. 여기는 자본주의 나라다. 바가지 많이
> 쓰일 수 있다. 한국 애들과 접촉해서 많이 들으라.[25]

---

25) 2014.3.3 사할린 한인 C의 인터뷰 中.

일제강점기의 뼈아픈 역사를 일러주거나, 한국 사회로 진출하여 많이 배우라는 내용을 설교한다는 것이었다. 그러한 그의 말 가운데는 한국 사회의 단면을 인지하고 있는 점이 발견되기도 하였다. 그에게서 한국은 낯설어서 어렵지만, 꼭 와야 하는, 경험해야 하는, 배우고 적응 훈련해야 하는 그런 고국이었다. 비교적 평온한 생활을 누리고 있으나, 러시아 젊은이들에게 설교한 내용에서는 낯선 자본주의 고국에 대한 반감이 감지되기도 한다.

그렇기에 사할린 한인 C에게서 발견되는 '낯선 고국에 대한 막연한 동경'은 갈등을 야기할 수 있는 잠정적인 요인으로서의 이산 트라우마라고 간주하는 것이다. 이러한 '낯선 고국에 대한 막연한 동경'은 사할린 한인 C만이 문제가 아니며, 사할린 출신 디아스포라만의 문제도 아니다. 재중조선족의 '코리아드림'도, 재러 고려인에게서 보이는 한국어 교육 열풍 역시 유사한 현상이다. 그러한 한반도 지향성이 한국으로의 입국을 선호하게 하면서 곳곳에서 그 부작용이 발생하기도 하였다. 재중조선족이 지닌 한국/한국인에 대한 높은 반감 역시 그 단적인 예라고 할 수 있겠다.

3. 고향을 떠나 영주귀국한 C의 생애담으로 본 이산 트라우마의 구성 요인

이제 사할린 한인 C의 개인 생애담을 통해서 한국행을 결심하게 된 '낯선 고국에 대한 막연한 동경'을 심층적으로 살펴보고자 한다. 낯선 고국을 동경하게 된 배경을 그의 삶 속에서 발견하면서, 강제이주와 같은 직접적인 피해자가 아님에도 이산 트라우마가 형성될 수 있는지 이해해

보려고 한다.

낯선 고국을 강하게 그리워하는 모순된 인과를 형성하게 한 배경은 두 가지로 대표될 수 있다. 이민족으로 살아가는 문제들과, 멀리서 고국을 바라보았던 시선에서 낯선 고국에 대한 막연한 동경을 추동한 요인을 발견할 수 있었다.

1) 이데올로기적 억압의 공간에서 '이민족'이라는 멍에를 쓴 삶

C는 강제이주의 직접 피해자가 아님에도, 일본의 제국주의 폭력에 시달렸던 생애로 기억하고 있었다. 그는 인터뷰가 시작되자, 자신이 성씨가 바뀐 사연부터 이야기했다. 친부가 광복 후 이틀 만에 돌아가셨고 새 아버지의 성에 따라 지금의 성씨로 살았다고 했다. 성씨가 바뀐 것에는 특별한 사연이 있었는데, 어머니가 그 중심에 있었다. 그의 어머니는 친부네 집안이 단명(短命)하는 운명을 타고 나서 그런 것이니, 성씨를 바꾸고 친가와 연을 끊어야 C가 단명하지 않는다는 의식에서 성씨를 바꾸고 친가의 식구들과 연을 끊게 하였다. 그리고 재가 후 계부의 자손으로 운명을 바꿔버린 것이었다. 그는 계부에게서 그의 삶에서 가장 중심에 있는 기독교 신앙의 영향을 받았다.

그는 친부의 죽음에 대해서 다음과 같이 기억하고 있었다.

> 사할린에 어떤 분들이 계셨냐면, 일본놈들에 대항해서 싸우면 한국이 하루 빨리 해방될 수 있다, 그런 생각 가진 사람들이 있었어요. 그거는 얼마 안 돼요. (사할린 노동자들 말씀하시는 건가요?) 그런 사할린 사람들? 우리집 아버지는 끌려간 사람 아닌 거 같아요. 상점 있어요, 상점.
> 어떤 사람들이 있었느냐면, 일본놈들의 군사기지를 탐지하고, 그런 사람들이 있었어요. 그런데 소련군대, 국경이거든, 가까운데. 북사할린은

소련 거고, 남사할린은 일본사람들 거고. 그런데 이렇게 밤에 나와서 만나는 거 봤어요. 우리 어머니가 한번 만나는 거, 아버지 하고 만나는 거 봤어요. 우리 집에까지 와가지고, 촌에.

전쟁이 일어난다고 해가지고 우리가 도시에서 나가서 촌에 들어가서 살았죠. 그런데 소련군들이, 정찰병들이 왔는 모양이죠. 어떤 사람들이냐면은 한국사람 비슷한 사람들, 민족 가운데서, 우즈벡 사람들, 카자흐스탄 사람들. 그런 사람들과 얘기하고.

(중략)

사할린은 며칠 만에 전쟁이 끝났는지 알아요? 이틀 만에 끝났어요. 군사기지 다 터진단 말이에요. 무기 창고들 다 터진단 말이에요. 양쪽으로 해서 쭉 밀고 들어왔단 말입니다. 그러니 이건 아무리 강화해도 쓸데없었단 말입니다.

그 일본사람들이 생각하기를 왜 이렇게 되었느냐, 무슨 일이 생긴 거냐. 무조건 그래, 조선 사람들이, 그땐 우리 조선사람들이거든요. 조선사람들이 배반했다. 뭔가 일이 있다. 그래서 의심스러운 사람들은 다 잡아갔죠. 우리 아버지 잡아갔죠.

일본 군대들이 무슨 일을 잘 했느냐면은 조선사람들 목 따는 짓을 잘 했어요. 칼 가지고 다 목 땄어요. 조선사람 다. 글이 있어요. 인터넷 보면 다 나와요. 다 맞는 말입니다. 사진도 있고. 우리 아버지도 목을, 삼촌, 우리 아버지 동생도 목 짜르고, 돌아가셨어요. 그래서 제가 아버지에 대해서 잘 몰라요.[26]

그는 자신의 친부가 사할린에서 일본군을 대항하며 소련군들과 소통하는 일을 하다가, 패전한 일본군의 보복으로 목이 잘려 죽었다고 말했다.[27] 그리고 왜 친부에 대한 기억이 별로 없는지를 설명하면서 어머니

---

26) 2014.3.3 사할린 한인 C의 인터뷰 中.

27) 소련군이 진주하기 이전 사할린은 "전쟁에서 진 것은 조선사람들 탓"이라고 투사하는 일본인들의 집단적 학살이 곳곳에 자행되던 공포의 공간이었다. 이때 일본인의 학살로부터 한인들은 한때 적이었던 소련군을 우호적으로 인식하던 사람들이 많았다. 소련군이 일본인은 학대하지만 조선인은 죽이지 않는

의 복수담을 이야기했다.

> 엄마가 원수 갚았어요. 엄마가 25살이었어요. 내가 조선의 여자로서 원수 갚는다.
>
> 뭐 생각나느냐면은, 땅을 파서, 굴을 파서, 폭탄 맞을까봐. (반공호) 그래, 반공호 파가지고 아버지가 들어가 있었는데, 일본군대가 왔어요. 하나는 키 크고, 하나는 작아요. 총 딱 들어가지고. 아버지하고 삼촌 데려가요. 그 담에 못 봤어요. 그게 끝입니다.
>
> 엄마가, 그거 생각나요. 그거 트렁크, 짐 담는 거, 거기에 앉아서 저를 안고 있었죠. 그때 그거 가는 걸 보고. 안 온단 말입니다. 막 찾아 다녔죠. 어디 있는가 하고 알고 갔는데, 땅이 이렇게 무덤 같이 있는데, 흙으로 덮어 놓고, 손으로 막 파니까, 아버지가 나와요. 아버지 머리 나오고, 몸이 따로 나오고. (어머니가 직접 보셨던 거예요? 직접 찾아서?) 동생, 삼촌 몸도 나오고.
>
> 그 다음에 마음을 먹은, 내가 원수를 갚는다. 근데 우리 엄마가 그때 가서 봐서 안단 말입니다. 아, 그 딴인 걸 알고. 그 다음에 소련군에 가서 말해야 하거든. 그때 사람들이 몸을 피했어요, 사람은 죽여 놨지, 근데 그 사람들이 보통 사람들이 아니고 소련군대하고 (손동작) 있는 사람들이니까, 가만히 있으면 안 되겠거든, 피해서 갔죠. 어머니가 (일본군을) 뒤따랐어요.
>
> 한 삼 일을 뒤따르다가 그 사람들이 어디를 가는가 하면, 딱 서양 바다 쪽으로. 우리가 서양 바다 쪽에 살았으니 얼마 안 되지. 거기에 벌써 서양 군대들이 주둔을 했단 말입니다. (일본군들은) 안 되니까 이젠 남쪽을 해서 도망가야겠다 했나 봅니다. 근데 왔는데, 어디로 왔는가 하면, 그때 숨었던 데, 몸 피해가지고 숨었던 데, 다시 돌아왔어요.

다며 조선 저고리를 빌려가는 일본인들도 많았다고 한다(황선익, 「해방 후 사할린 한인사회의 형성과 민족정체성」, 『한국민족운동사연구』 제77집, 한국민족운동사학회, 2013, 267~298쪽 참고). 구소련과 일본의 대립 공간이었던 사할린에서 C의 부모님들은 보다 소련군에 기운 처세를 취하다 학살당한 역사적 피해자였던 것이다.

우리 엄마가 소련군대 가서 막 울고불고, 말도 모르지만. 군대 차들이
앞에 기관총 달린, 45년도에는 그런 차들이 많았어요. 그런 차 두 대를
15명, 우리 어머니 하고 16명. 그기로 들어갔죠. 발사를 해서, 총으로 (동
작) 이러고 쐈죠. 포위를 딱하고 나오라고. 안 나와요, 누구도. 소련군대
들이 들어가서, 집이 텅텅 비었어요.

그런데 방바닥에 일본 여자 딱 하나가 앉아 있답니다. 누군가 하면은
그 대장의 아내. 엄마가 (머리를 잡는 동작) 말해라, 어디로 갔느냐. 머리
를 끄집어 댕겼죠. 그러니까 손가락질 하는 겁니다.

그래서 탁 보니까, 밭에 나가서 그 수풀 있는 데 모여들 있었죠. 숲에
빙 둘러서 총을 들입다 쏘니까 하나하나 나오는. 총 11명이었는데 나오니
까 9명, 더 없어요. 누가 없느냐면은 대장이 없고, 이 일본 여자애 남편이
없고, 쫄병 한 명 없고. 대장이 없단 말입니다. 아마 어디서 보고 있었겠
죠. 못 잡았지. 못 잡았어, 못 잡았어.[28]

어머니는 직접 아버지의 목 잘린 시신을 발견하고 복수를 결심했다고
한다. 어머니는 직접 수색하여 일본군의 은거지를 찾아내고 소련군들과
함께 그곳에 찾아간 후, 미리 알고 도망친 일본군을 잡기 위해 은거지에
혼자 남은 일본여성의 머리채를 잡아 토로하게 만들었다고 했다. "엄마
가 (머리를 잡는 동작) 말해라, 어디로 갔느냐. 머리를 끄집어 댕겼죠.
그러니까 손가락질 하는 겁니다. 그래서 탁 보니까, 밭에 나가서 그 수
풀 있는 데 모여들 있었죠"라며, 어머니의 분노가 적나라하게 드러난 장
면을 묘사했다.

이어 다음과 같이 말했다.

(조사자: 어머님께서 어느 정도의 원수는 갚으셨네요.) 갚았어요.
그런데 너는 조 씨 따르면 죽는다. 어머니가 아버지 성, 아버지 이름, 생

---

28) 2014.3.3 사할린 한인 C의 인터뷰 中.

년월일, 어디 사는가, 아무 것도 안 가르쳐주고, 절대로 안 갈쳐줬죠. 아
버지 이름이 조ㅁㅁ이거든. 누가 가르쳐줬느냐면은 어머니의 여자 친구
가. 그 아주머니가 어머니가 아무 것도 안 갈쳐줬던 것을 알고 있었단 말
이야. 그런데 내보고 네 아버지 이름이 조ㅁㅁ이다.
(어머님 친구분은 그것을 목사님께서 알고 있어야 된다고 생각하셨나봐
요.) 그렇죠. 그런데 어머님은 절대로, 찾지 마라.[29]

　친부의 이름도 모르고 살던 그에게 어머니의 친구분이 몰래 알려주었
다는 일화를 덧붙이며, 친부와의 연을 끊도록 어머니가 어느 정도로 강
경하게 하였는지 설명하였다.
　어머니는 단명의 운을 지닌 친부와의 관련을 끊기 위해 마지막으로
살아남은 막내삼촌과의 만남도 반대하셨다고 했다.

(아버지의) 세 번째 동생은 일본으로 갔는데, 유학 갔는데, 전쟁이 끝나버
렸지. 몰라요. (그때 헤어지신 거예요?) 당연히 그 분하고는 헤어졌죠. 거
모르지. 엄마는 뭐라 그러느냐면은 죽었다 이거야. 죽었어. 흐흐(웃음) 그
저 엄마는 죽었다는 거야. 찾지 말래요.
아버지의 형제들이 네 명인데 다 죽지, 다 죽어요. 누가 살았느냐면은 제
일 마지막 아버지의 동생. (막내 삼촌이구나.) 막내 할아버지.(잠시 생각
하더니) 가만있자, (막내 삼촌인거 같아요. 아버지의 동생이니까.) 왜 막
내 할아버지라고 했는가, 어머니가. 아버지의 삼촌인가? 아, 아니에요. 아
버지의 아버지의 막내 동생. 막내 할아버지. 막내 할아버지가 손이 하나
없어. 손목이 없어요. 막내 할아버지가 거지 노릇했어요. 빌어먹고 살았
어요.
(중략)
1968년도에 대학을 끝내가지고 사할린에 돌아왔는데, (막내)삼촌이 불러
요. 어머니는 반대요. 어머니 모르게 (만나러) 갔죠.[30]

위와 같이 그가 대학 졸업 후 사할린에 돌아와 친가 친척을 만난 일을 이야기 하면서도 어머니의 반대가 극심했다고도 말했다.

친부의 죽음은 일본과 구소련의 충돌, 그리고 일제의 횡포에 의한 것임에도, 어머니는 친부 집안의 단명하는 운명 탓으로 인식하고 아들의 운명을 바꾸어 놓았다. 친부의 죽음에 복수하기 위해서 일본군의 은거지를 찾아내는 면모를 통해서 매우 강단 있고 통찰적인 여성으로 보임에도, 좁은 한인 사회에서 그나마 의지할 수 있는 친척 일가와 연을 끊어낸 비합리적 사고는 제국주의 폭력에 대한 공포로 해석된다. 남편의 죽음을 통해 인간의 의지로 어찌할 수 없는 비극의 공포를 경험하면서 그녀는 아들의 성씨를 바꾸는 일로 비극적인 운명에 맞서는 저항을 했던 것이다.

이는 강제이주나 피난으로 인한 이산이 아니어도, 역사적 사건의 여파로 인해 가슴 아픈 이산이 발생할 수 있다는 사실을 깨닫게 해주며, 강력한 트라우마의 징후를 발견할 수 있는 사건이다. 친부의 비극을 통해서는 제국주의 폭력에 희생당한 식민 트라우마와, 구소련과 일본의 갈등 관계에서 사할린 지역의 한인으로서 받은 탄압에서 이산 트라우마를 짐작해볼 수 있다. 아들의 성씨를 바꾸는 어머니를 통해서는 강력한 외상에 의해 욕망의 좌절을 경험하면서 분노의 대상을 일제에서 시댁의 운명으로 전치(轉置)하여 자신의 인생과 아들의 인생을 재편하는 식민 트라우마 징후를 발견할 수 있다. 또한 C는 친부를 잃고, 독특한 형태의 이산을 경험한 제국주의 폭력의 희생자이다. 아직도 생생히 친부의 비극을 기억하면서, 성씨를 바꾸고 친가와 연을 끊자는 어머니의 뜻을 따라온 C에게서는 식민 트라우마와 착종된 형태의 이산 트라우마를 발견할 수 있다.

---

30) 2014.3.3 사할린 한인 C의 인터뷰 中.

그의 어머니는 그로부터 2년 정도 후에 계부를 만나서, "이 아들 하나 있는데 성 다 바꾸고, 당신 대를 이어가게 해달라, 당신 아들로 해달라." 라고 부탁하여, 아들의 인생에서 친부의 기억을 지워버리고 지금의 성씨 가문의 자손으로 살게끔 하였다. 계부는 사할린 땅의 내전을 피해 일본으로 갔다가 다시 사할린으로 돌아온 사람이었다. 그는 계부에 대해 이렇게 기억한다.

> 아버지한테 시집가서, □ 씨 아버지가 전도사고, 아버지가 지식이 있어요. 한문, 중국 한자를 알고, 중국한자로 써진 성경책을 막 읽어요. 지식 가인데. 아버지가 교사였는데, 예수쟁이라고 소문나서 쫓겨나죠. 아무래도 예수쟁이라고. 공산당이 주무르고 있으니까. 공산당한테 앞에서 잘 보이자고. 그런 걸 또 폭로해가지고, 내가 또 폭로했다, 그 뭐 그런 시기도 있었죠. 그래서 촌으로 이사 왔죠. 시골로.[31]

그는 당시 구소련의 헌법상에는 종교의 자유가 허용되었으나, 실제적으로 정부는 개인의 종교활동을 억압하였다고 말했다. 계부는 집안에서 몰래 기독교 활동을 하였고, 그것이 문제가 되어 교사직에서 물러나게 되었다. 계부의 영향으로 그도 역시 탄압의 대상인 기독교 활동을 지속하였다. 1990년 한국인이나 한국계미국인의 선교사들의 사할린 방문이 시작되면서, 그에게는 사할린에 교회당을 짓는 임무가 내려졌다. 계부를 만난 이후의 삶에서는 이데올로기 및 국가권력의 목력에 대한 피해의식을 발견할 수 있다.

1991년에서 1992년으로 넘어가는 정월달에 그는 교회당을 짓기 위한 건축허가 신청을 시작하였다. 그때는 사할린에 공산당원이 있었다면서 종교 탄압에 대한 이야기를 시작하였다.

---

31) 2014.3.3 사할린 한인 C의 인터뷰 中.

미○○!32) 딱 돌아서니까, 인사를 그렇게 친절하게 해요. 뜨겁게 해요. 4명이. 그럼 뭘 하는가. 아무 것도 안 한다구. 니네 아버님이 무얼 하는가. 그냥 솔직하게 말했죠. 교회당 그거 하는데 수속하러 다닌다고. 어떻게 됐는가 물어봐요. 아, 어렵다고. 이거 수속하는데, 물 수속하는데 한 달 있다 오라 하지, 한 달 있다 오라하면 또 한 달 있다 오라 해지. 그렇게 한다고. 계속 연기해. 그러고 있다고.

그러면 그만두고 우리 좀 이야기하자. 식당에 가서 식당 대접하면서, 우리가 좋은 일 주고, 좋은 월급 주고, 하겠으니까 그거 팽기쳐라. 교회당 짓지 마라. 누군고 하면 KGB, KGB. 그 사람들이야. 뭐 모르지, 지금도 뭐 그렇게 KGB 사람이라고 생각해요. 공산당원 있었지만은.

그래서 가만히 숨었죠. 그때 친구들이 뭐라 하면은 당신 잘못하면은 감옥에 들어간다, 잘못하면 행방불명? 행방불명 될 수 있다, 그런 사람 있다, 사람들 많다. 그쪽에 나간 사람들은 다 그렇게 됐다. 감옥에 들어가지 않았으면 다 그렇게 됐다. 근데요, 겁이 나지 않아요.33)

당시 그는 하나님의 인도로 전혀 겁이 나지 않았다고 했다. 그러면서도 조금의 흔들림이 발견되는 사건을 이어 이야기했다. 아버지에게 이러한 상황을 전달하며 질문했다고 하였다.

감옥에 갈 수도 있답니다. 사건이 이렇게 됐습니다. 그래서 어떻게 할까요? 아버지 뭐라 하는지 알아요? 아버지께서 뭐라 했겠어? 아들한테. 감옥에 들어가라. 그때 콱 놀랐습니다.

방에 들어가서 기도하고, 하나님에게 자꾸 물어 봤죠. 해야 됩니까, 해야 됩니까, 해야 됩니까. 그래서 계속 숨었어, 조용하게. 뒤에 있는가, 없는가 보면서 계속 했습니다.34)

---

32) 사할린 한인 C의 러시아식 이름.
33) 2014.7.14 사할린 한인 C의 인터뷰 中.
34) 위의 인터뷰 中.

아버지의 종교적 신념이 드러난 일화이면서도, C가 경험한 탄압의 공
포도 짐작할 수 있는 자료이다. 감옥행도 감수하라는 아버지의 말에 충
격을 받았다고 하고, 계속해서 주위를 살피며 언제 잡혀갈지 모른다는
두려움 속에서 살았던 상황이 전달되는 이야기였다.

계속해서 사할린 교회 짓기는 정부의 방해를 받는다. 결국 해당 관리
자에게서 노골적으로 거부 의사를 듣게 되었다. 그는 그 상황을 다음과
같이 기억한다.

> 수속이 어떻게 되었는가 하면, 저기 허락 받는데 그 사람들이 그렇게
> 애먹여요. 사람의 성질이 못됐어요. 내가 죽어서, 자기가 죽어서 60년 지
> 나서 자기 송장이 환갑 치를 때까지도 내 허락 안준다, 그렇게 말해요.
> 내가 공산당원이기 때문에.
> (중략)
> 막 화내요. 죽일라 해요. 안 나간다고 하니까 복도에 내버렸어요.[35]

C는 자기가 죽어서도 허가를 내려주지 않겠다는 완강한 거부 의사를
듣고, 지옥에 갈 것이라고 비난하다가 결국 쫓겨나게 되었다고 말했다.
이처럼 C는 자신을 지금까지 지탱해준 종교적 신념에 대한 강한 자부심
을 드러내면서도, 법에도 보장되어 있는 종교의 자유를 허용하지 않는
국가폭력에 대한 피해의식도 드러나 있는 발언은 계속 되었다.

> 한번은 모스크바에서 운수부 책임자가 왔어요. 그래, 그날 아침 일찍
> 이 가야 하는데. 경찰이 세워요. 이름 다 알고, 남바 이름 다 알아요, 차
> 에다가. (웃음) 알지, 알지. 사람 뭐 손꼽아서 헤아릴 수 있는 조그만 도
> 신데. 예, 그렇게 세워놓고. 차 보자, 기술장비 어떻게 되어 있는가 보자.

---

35) 2014.7.14 사할린 한인 C의 인터뷰 中.

바퀴가 너무 닳았다. 한 번도 그런 일이 없었어요. 예비 바퀴 있는가, 없
다. 벌금 얼마다. 시간, 시간 끌어요, 시간을.[36]

　교회당 설립을 위한 절차를 밟으러 가는 길에 경찰의 단속으로 출발
이 늦어지는 일이 있었다면서, "사람 업신여기며 그러는 거예요. 그런
일이 있었어요. 그래서 그 날 늦어 버렸죠. 왜 교회 수속하니까, 하지 말
라는 거 계속 하니까"라며 당국의 억압에 대한 기억을 토로하였다.

　　그 담에는 저녁에 집에 왔어요. 집에 와서 마당에다 차를 세웠는데, 경
　　찰들이 탁 들어와요. 여기 못 세워요, 안됩니다. 일평생 내 집 창문 아래
　　에 세웠던 내 자린데, 18년 세웠던 내 자린데. 가라고, 안 된다.[37]

　18년간 차를 주차했던 공간을 빼앗긴 일을 이야기하면서도, "가만히
생각해봤죠. 싸우다가는 내가 잘못돼요. 예, 알겠습니다. 가서 다른 집
마당에 갖다 세웠죠. 그리고 집까지 걸어왔죠."라며 분노를 참은 일화도
이야기하였다. C는 경찰과 관련된 이해되지 못한 사건을 모두 자신이
당국에서 하지 말라는 일을 하였기 때문이라고 기억하고 있었다.
　또 한 번은 이유 없는 폭행을 당한 일도 있었다고 말했다.

　　겨울인데, 겨울 잠바 입고, 밤이 늦었어. 2층에 살았는데, 위에서 막 내
　　려와요, 두 사람이. 저놈 잡아라, 저놈 잡아라 해요. (나를) 잡고 손 비틀
　　고, 잠바를 베껴서 뒤집어요. 막 때려요, 발로 차고. 그담에 잠바 내려놓
　　고, 야, 이 사람 잘못 봤다, 미안하다. 죄송합니다, 이 사람 아니라고. 자
　　기들끼리 말해요. 실컷 때려놓고 그냥 가요.
　　혼낸 거죠. 우연한 일 아니에요. 혼내는, 혼내는 방식이에요, 방법이

---

36) 2014.7.14 사할린 한인 C의 인터뷰 中.
37) 위의 인터뷰 中.

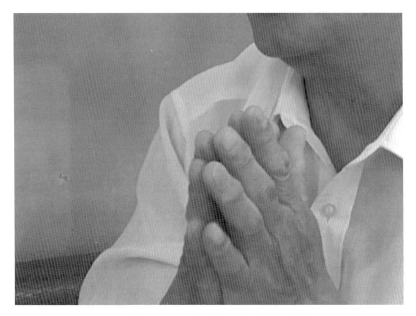

〈그림 3〉 2014년 7월 14일 인터뷰 당시
사할린 한인들이 당한 멸시와 배척을 설명하는 C 씨

요. 깨어라, 뉘우쳐라, 무슨 뜻인지 알아채라. 교회 수속 하지 마라. 하지
말라는 건 너 왜 하느냐. 그런 일도 있었고.[38]

사람을 착각해 폭행했다는 억울한 사건을 경험하고, 그는 교회 수속
하지 말라는 경고로 이해했다고 말했다. 종교적 자긍심 이면에는 항상
거주국으로부터의 탄압에 대한 기억이 자리 잡고 있었던 것이다.

교회와 관련된 일 말고도 거주국에서 이민족으로 살아가는 아픔에 대
해서 이야기하기도 했다. "너 나라 가서 살지 여기 왜 살아, 막 말해요.",
"이런 것들이 쓰레기들이 모여 산다, 이러죠. 여기까지 와서 산다. (한인

---

38) 2014.7.14 사할린 한인 C의 인터뷰 中.

들 보고?) 우리보고 말해요. 못된 사람들이 그래요, 못된 사람들이."라던 그는 러시아에서 살아가는 삶을 두고 "시원하지 못하지 내꺼 아니지 남의 땅이지"라고 평가했다. 그리고 69~70년대를 떠올리며, 30대에 자신이 보았던 사할린 한인과 구소련 당국의 관계를 설명하기도 했다. 구소련은 한인들의 노동력을 확보하기 위해서 한반도로의 귀향을 막았었다. 그러한 처우에 대해 한인들이 어떻게 대응하였는지 설명해주었다.

> 한국 사람들이 (러시아에) 많이 도와줬어요. 어떻게 생각했냐면은 우리가 신용을 얻어야 한다. 우리가 고향으로 가자면 신용을 얻어야 한다. 그래서, 우리가 잘 해주자. 마을 곳곳에 수리하고, 복구하고, 경제가 발전하는 데 힘써야겠다. 그렇게 했는데, 그 속을 몰랐지. 부러 먹자, 끝까지, 한국 사람들. 멸시하면서도 대가를 주지 않고, 평가를 주지 않고, 그만큼 수고했는데. 보상이 없지. 뭐라 그러냐면, **나라가 없는 종자**들, 그렇게도 말하거든요. 문 닫기 때문에 나라가 없다.[39]

이렇게 C는 과거를 회상하며 사할린 한인들의 노력과 대비되는 당국의 처우에 대한 서운함을 드러내었다. 노력과 정성을 다해 성심껏 대했지만, 결국 그들은 자신들을 '나라가 없는 종자들'이라며 끝까지 부려먹기만 했다는 것이었다. 이러한 상처의 기억으로 인해 그에게 자신이 태어난 고향이자, 50평생을 살아온 국가는 결국 나의 나라가 될 수 없었던 것이다.

첫 번째에 이어 두 번째 만남에도 C는 한인들에 대한 차별, 억압 등에 대해서 자세히 말하기를 꺼려했다. "시련, 차별에 대한 건, 이야기하기 싫다."고 말했는데, 그 까닭은 다음의 진술로 이해될 수 있었다.

---

39) 2014.7.14 사할린 한인 C의 인터뷰 中.

(러시아 사람들과의 차별이 있었는가?) 노골적으로 러시아 사람들이, 작은 것은 있었지. 노골적으로 그러진 않았지. 그런데 높은 직책은 못 올라가고 그런 건 있었지. 높은 직위에 올라가는 사람은 한두 명은 있었죠. 중간까지. 저도 임상전문대학 부교장. 그것도, 그만하면 괜찮지. (차별 경험 많다고 들었다.) 그런 사람도 있고, 안 당한 사람도 있고. 그렇지만 차별은 꼭 있죠. 보이지 않는 차별. 그런데 차별한다고 해명한다고 하죠, 더 해로워요. 신고하거나 하면 해결 안 돼요. 어떻게 하든지 내보내고, 없애버리고. 인간이 그런가보다 하고 그냥 섞여서 재밌게 살아야죠.[40]

(너무 억울하셨겠다.) 할 수 없지. 그거 다 이렇게 가리고, 헤아리고 하다가는 사람 죽어버려요. 신경이 터져서 죽어버려요. 살아야 되니까. 받고 (받아들이고) 살아야 하니까.[41]

그는 차별과 억압에 대해 대항하거나, 피해의식을 계속 생각하다가는 결국 그 땅에서 살아야 하는 자신에게 또 다른 피해를 주는 악순환적 불행으로 인식하고 있었다. '인간이 그런가보다 하고 그냥 섞여서' 살아야 한다며, 어쩔 수 없는 한계로 체념하는 모습이 발견되었다.

C는 러시아에게도 고마움 마음이 있다고 했다. 직업이 있었고, 집을 샀기 때문에, 그런 사람을 살게 해준 러시아도 고마운 대상이라고 하였다. 그러면서 "(배타적인 게 심했었나요?) 있어요. 민족의, 인종의 우월주의. 그들은 배타적인 성향이 있어요. 우리는 고향을 그리워하는 생각이 있어요. 그 가운데서 접촉이 안 된단 말입니다."[42]라며, 그렇게 불화가 있을 수밖에 없었던 까닭을 나름으로 이렇게 정리하고 있었다. 결국

---

40) 2014.3.3 사할린 한인 C의 인터뷰 中.
41) 2014.7.14 사할린 한인 C의 인터뷰 中.
42) 위의 인터뷰 中.

〈그림 4〉 서울 중구에 위치한 러시아 식당에서 인터뷰

나의 민족이 주를 이루는 땅이 아닌 곳에서 살아서 생기는 문제로 인식
하고, 젊은 날의 아픔들을 소화하였던 것이었다.

　그러면서 러시아에서의 삶과 한국에서의 삶이 주는 정서상의 차이를
설명하기도 하였다.

　　여기 사는 것이 사람이 느낌이 달라요. 아무 데나 가도 내 사람, 우리
　민족. (웃음) 전철칸에 봐도. 내 나라, 민족 그런 감(感)이 들죠. 나도 당
　당한 친족이다. 똑같은 사람이다, 그런 게 들어요. 누구도 옆에서 뭐 손가
　락질 차던지 그런 일 없거든. (웃음)
　　러시아 살 때는 그 일이 있지. 눈치, 눈치 보는 게 있지. 그러는 게 쑥
　있어요. 왜, 나가면서도 싫어요. 뭐라 그럴까, 무슨 감(感)? 마주치기 싫
　다 뭐 그런 게, 그런 느낌이 있죠. (그런데 목사님은 사할린에서 태어나셨
　잖아요, 고향이잖아요.) 그래도. 그 느낌이 있어요.

한국 사람들은 러시아 사람들에게, 러시아 사람들은 남의 민족이다 이
러지 않고, 같은 이렇게(끌어안는 듯한 동작을 하며) 민족이다 싶게, 뭐
라고 말하면 좋을까, 이렇게. 그런데 러시아 사람들은 좀 이렇게 (미는 듯
한 동작). 너는 너, 내는 내지 뭐 이렇게. 그 사람들 하는 거 보면 알리요.
우린 친절하게 하잖아요. 그런 게 있어요.

(중략)

러시아 사람들은 자기 나라 사니까 7부터 5시까지거든요. 끝나면 가버
려요. 우리는 6시 7시, 열심히란 걸 보여줘요. 남의 나라 사니까. 신용을
얻어야 하니까.[43]

　한국에서는 어디를 가도 우리 사람이라는 안정감도 들고, 지신을 이
민족이라며 눈치 주는 경우도 없고, 반면 러시아에서는 외부 사람들과
마주치기 싫은 불편함이 있다고 말했다. 한국 사람들은 러시아인들에게
융화되려고 노력했으나, 그들은 남이라며 밀어냈다고 하면서, 이민족으
로 살아가는 고충을 이야기했다. 출퇴근과 같은 일상에서도 러시아 사
람들보다도 더 눈치를 보게 된 상황을 이야기하며, 민족성에 의한 차이
일 수 있는 영역에까지 그는 이민족으로 살아가는 서러움으로 기억하고
있었다.

　결국 이러한 피해의식들은 그에게 '나를 보호해주고, 모든 것이 보장
되는 나라'라는 민족의 나라에 대한 환상을 심어주게 되었다. 한국행을
결심한 이유에 대해서 묻자, 그는 영주귀국에 대해 생각도 안 했는데,
먼저 영주귀국한 친족을 만나러 한국에 방문한 아내의 말에 의해서 결
정했다고 답했다.

　재밌게 산대요. 그리고 그런 데서 살아야 한대요. 그런 나라에서 살아

---

43) 2014.7.14 사할린 한인 C의 인터뷰 中.

야 된대요. (사모님의 그 말씀 듣고 결정하신 거예요?) 네. (어떤 나라
요?) 안전된 나라, 안전. 보호되는, 보호받는 그런 나라. 마음의 안심 먹
을 수 있는, 마음에 안심할 수 있는 나라. 모든 것이 보장되어 있는 나라,
내가 보장받는 그런 나라에서 살아야 한다.[44]

그는 영주귀국 허가가 나자 모두들 한국행을 결심했는데도, 선뜻 러
시아를 떠날 생각을 하지 않았다고 했다. 자신이 맡은 교회의 후임자도
없었을 뿐만 아니라, 지금까지의 삶의 터전을 쉽게 버릴 수도 없었기 때
문이었다. 그럼에도 그는 한국이 '모든 것을 보장해줄 수 있는 나라'라는
말 한 마디에 고향을 떠나기로 결심했던 것이다.

주변 친구들의 영주귀국에 대해서도 내 나라에서 사는 안정감이 컸다
고 말했다.

(한국어를 잘 하시지 못하면 한국행을 결심하기 힘들지 않았을까요?) 그
러지 않아요. 그런 생각 안 해요. 우리 사할린 사람들에 대해서는, 한해서
는 그것이 부담이 아니고, 그것이 장애가 아니에요. 언어 문제는 전혀 생
각하지 않아요. 그저 내 조국이다, 간다. 그렇죠? 안 그래요? 내가 언어
때문에 못 가겠다, 그런 생각 누구도 안 해요.
(여기에서의 삶이 완전히 보장되는 게 아니잖아요. 거기에서의 삶도 있
고, 생계도 있고.) 그래도 자기 조국이니까 오는 게 낫지. 그 생각 안하
지. 굶어 죽어도 그기 사는 게 낫겠다 싶지. (조국이라는 이유 하나가?)
(고개를 저으며) 물론 그렇지.[45]

그는 이처럼 한국어를 잘하지 못해도, 생활의 불편함이 있어도, 나의
민족이 사는 나라에서 사는 안정감이 더 중요하다고 강조하며, 당연하

---

44) 2014.7.14 사할린 한인 C의 인터뷰 中.
45) 위의 인터뷰 中.

〈그림 5〉 두만강 하구의 북한과 러시아 연결 철교

다는 듯이 되물었다.

정리하면, 친부의 죽음과 성씨를 바꾸게 된 삶의 장면에서는 식민 트라우마와 착종된 이산 트라우마를 발견할 수 있다. 그리고 배타적인 러시아인들의 태도에 의해 '남의 땅에서 사는 서러움'을 경험하면서, 삶의 갖은 갈등들을 '남의 땅에서 사는 서러움'으로 전치시키는 징후를 보였다. 특히 종교 탄압에 대한 아픈 기억에서는 거주국의 정치사상에 반하는 선교활동에 의해 벌어진 일이었음에도 남의 땅에 사는 서러움으로 기억되고 있었던 바가 그러하다. 이로 인하여 '나를 보호해주고, 모든 것이 보장되는 나라'를 욕망하게 되면서, 낯선 고국에 대한 판타지가 형성된 것이다.

2) 정세의 변화와 함께 찾아온 한국 열풍, '한민족'이라는 특장이 발휘된 삶

사할린 한인 C의 '낯선 고국에 대한 막연한 동경'을 품게 한 또 다른 요인은 한국의 눈부신 발전에 있었다. 그리움의 대상인 한국은 갑자기 경제적으로 발전한 조국으로 다가왔다. 국가폭력의 억압과 사회적 소외감이 난무한 러시아에 살면서 바라본 한국은 우리 민족의 나라였으며, 그의 인생에서 위기마다 찾아온 하나님의 힘이었다.

그에게 고국에 대한 막연한 동경을 심어준 영향 가운데, 사할린 한인 1세대의 지극한 고향에 대한 그리움이 큰 비중을 차지한다. 그는 강렬하게 조국을 그리워하는 사람들 속에서 성장했다.

> 우리 2세들은 심정이 한국 심정이에요. 노래하잖아요, 한국 유행가. 있잖아요. 박달재, 목포의 무슨. (어디서?) 개방되자, 소련시기 남조선, 대한민국이라고는 못 들었죠. 남조선이라고, 그 말을 말하기 두려웠어요. KGB가 불러요. 내가 유행곡 불렀다, 남조선 자랑 좀 했다, 그렇다면 불러요. 여기에서 누군가 거기에, 그런 사람이 있단 말입니다. 우리가 누군지 모르지. 캐면 안 되고, 캐면 잘못되고.[46]

그는 자기와 같은 동포2세까지는 한국 정서를 지니고 있다면서, 당시 경계의 대상이자, 불법이었던 남조선 방송을 듣고 한국의 유행가들을 들었다고 말했다. 한국에 대한 접촉을 억압받았던 공간에서도 그들은 고향과 가족을 그리워하면서 살았다.

> 그게 남조선이란 말은 두려워했지만, 이부자리 속에 들어가서 라디오

---

46) 2014.3.3 사할린 한인 C의 인터뷰 中.

켜서 가만가만 듣고, 그리고 또 뭘 듣느냐면은, 남조선의 누가 아무개가 사할린에서 아무개를 찾았다. 라디오 친족 찾기. 그러니까 입으로 입을 통해서 서로 찾아주죠. 있다고 표 나지 못하지, 그러나 나를 찾고 있다고 알고는 있지. 내가 여기 살고 있다 표현하지 못하지. 그런데 친족 찾기는 고발하지 않는 거예요, 사람들이. (한국에 대한 그리움은) 말은 안 하지. 그러니까 우리가 떳떳한 민족으로 살아간 것은 대한민국이 있다, 그 정신에서 나왔지.[47]

아침에 모여요, 둘 셋이. 어젯밤에 서울 방송에서 어디에 사는 아무개, 아무개를 찾더라. (라디오를 듣고?) 응, 그런데 남조선 방송 들으면 (손이 묶이는 동작을 하며). 사상적으로, 사상범죄. (북한쪽 방송을 들을 수 있었고?) 북한 쪽은 들을 수 있었고. 그런데 이상한 일은 사할린 사람들 사이에 뭐가 있는가 하면, (작은 목소리로) 개가, 개가. (강아지?) 냄새 맡고 찔러 넣는 사람. (아, 스파이들) (손가락을 입에 대고 '쉿' 동작을 하며) 스파이들 있었어요. 라디오 서울 방송에 아무개를 찾고, 그 말은 누가 듣고 있다는 것은 죽어도 말을 안했어요. 지켜줬어. 아무도 그건 찔러주지 않았어.[48]

C는 소련공산당에 밀고하던 사람들도 고향과 민족에 대한 그리움은 인정하고 덮어주었다고 하였다. 당시 한국 방송을 듣는 일은 사상범죄에 해당했지만, 이산된 가족이 찾고 있다는 소식을 접한 일은 공산당 밀고자들도 비밀을 보장해주는 문제였다. 이렇게 이산의 아픔은 사할린 한인 사회에서 국가의 법제도 허용되지 않은 불가침적인 영역이었다. 그렇게 그가 소속된 한인 사회는 그렇게 고국에 대한 그리움이 지극한 곳이었다. 이데올로기적 갈등으로 조국에 대한 그리움은 입에 담을 수 없지만, 우리 민족의 국가가 있다는 신념이 한인 사회가 지탱하던 원동

---

47) 2014.7.14 사할린 한인 C의 인터뷰 中.
48) 위의 인터뷰 中.

력이었다고 하는 그의 진술에서, 이산의 아픔, 조국에 대한 그리움은 사할린 한인이라면 당연히 느낄 수밖에 없는 보편적인 정서였다는 것을 확인할 수 있다.

C는 사할린에서 태어났지만, 무조건적인 고국지향성이 주류를 이루는 공간에 사회화되면서, 고향도 아니고 밟아본 적도 없는 낯선 고국을 그리워하는 정서를 공유하게 되었다. 결국 그에게서 조국에 대한 정서는 소속된 집단과 연결되는 공감 틀이자, 집단적 차원으로 전이(轉移)된 하나의 이산 트라우마인 셈이다.

갖가지 사건들을 겪으면서 조국에 대한, 내 민족의 나라에 대한 욕망이 짙어지게 되면서, 그는 올림픽을 개최하는 한국을 만나게 된다. 당시 구소련의 한인에 대한 억압이 심했다고 말했다. 다음은 그 중 하나의 사례이다.

> 딸이 거기 산다, 시집간다, 그럼 부모들이 가야 하잖아요? 못 가요. 가다가, 버스로 가다가 경찰이 세워요. 사할린에 그런 일이 있었어요. 원래 있었어요. 세우고 증명서 조사해요. 소련공민증 아니지요, 그럼 버스에서 내리라 해요. (공민증이 안 나왔나요?) 안 나와요. 북한에서 내주지 말라 했기 때문에. (그럼 그때까진 뭘 들고 있는 거예요?) 비공민증. 어떤 사람들은 북한 증명서. 그래서 밤에도 차도 하나도 없어요. 그 무인지역. 그 경찰이 서서 없으면은, 나가라. 할머니도 나가라, 아이도 나가라. 내려야 되요. (그럼 실제로는 법적 지위가 하나도 보장이 안 된 거네요.) 안 돼요.[49]

북한의 반대로 공민증을 발급해주지 않고, 공민증이 없다는 이유로 차별이 만연하였다고 했다. 그러다가 1988년 대한민국의 올림픽 이후로

---

49) 2014.7.14 사할린 한인 C의 인터뷰 中.

한인에 대한 태도가 달라졌다고 기억하고 있었다.

그런 때가 있었어요. 근데 언제 풀리기 시작했느냐면은, 1988년도에
뭐 있었어요? (올림픽) 그때부터. (그때부터 어떻게 되었어요? 공민증이
나왔습니까?) 안 나와도 갈 수 있었어요. (대우가 달라진 거네요.) 대우가
달라졌지. 그때 러시아 사람들이 지나가면 끌어안고, '까레아, 까레아' (웃
음) 까꾸로 됐죠. 그전에는 우리가 했는데, 이제는 그들이 우리를 대우해
줘요. (올림픽 하나로?) 한방에. (끄덕이며)

올림픽 한다 하니까, 다 알고 있죠, 텔레비에서 보여주고. 사할린 사람
들이 다 방에 앉아 가지고 탁 켜 놓고, TV 켜놓고 다 모여 앉았죠. 그 화
면에 서울이 탁 나오니까, 할머니 할아버지 울지, 엄마 아버지 울지, 애들
이 보고 또 애들이 울기 시작하지, 손녀 손자들 보고 또 울지, 다 운단
말이에요. 집 밖에서 개들도 울지, 집안 식구들이 그러니까 밖에서 '왕,
왕, 왕' 그렇게 울지. 전 사할린이 울었어요. 그때 야단났죠.[50]

우리가 안 그래도 손가락질 받았고, 업신여기고, 있어요. 다 알고 있
지. 올림픽 언제? 88년도. 우리 사할린 사람들이 개막식한다고 나오거든.
텔레비전 앞에 다 모여요. 아이들, 할머니들. 막 소리 나오고. 할머니 할
아버지들 막 운단 말입니다. 애들이 보고 애들도 막 운단 말입니다. 전
사할린이 울었어.

그러면 밖에 나가니까, 러시아 사람들이 자기들이 먼저 손 내밀고. 그
때 인정한답니다. 우리 그때부터 생각이 대한민국이 있다. 힘이 됐지.
2002년도 축구? 월드컵 그때도 행복했지.

그때 러시아 사람들이 무슨 말을 했느냐면은 한국이 러시아를 응원했
다. 미국을 응원하지 않고, 러시아를 응원했다. 이상하다, 왜 미국사람들
응원 않고, 그렇게 미국 사람들 도왔는데, 안 하고 왜 러시아를 도왔는가,
이상하다. 또 거기서부터 또 우리를 좋아해. (웃음) (올림픽 때문에 많이
좋아졌네요.) 그때 사람 됐죠.[51]

---

50) 2014.7.14 사할린 한인 C의 인터뷰 中.

1988년 사할린 방송을 통해 눈부신 발전을 이룬 대한민국의 모습이 비춰지자, 민간 사이에 한인들에 대한 인식이 전환되었던 것이다. 손가락질하고 업신여기던 러시아인들이 먼저 손 내밀고, 인정하며, 호감을 표했다. C는 이를 두고 "그때 사람 됐죠."라며 러시아인과 한국인과의 관계가 역전되었다고 기억하였다. C의 기억에서는 88년 서울올림픽이 사할린 민간 사이의 한국인에 대한 대우뿐만 아니라, 전면적인 전환이 일어난 계기로 자리 잡혀 있었다. 시기적으로 구소련의 붕괴와 맞물려 있었기에 찾아온 기회일 수 있으나, 그의 기억에는 한국의 올림픽이 그 기점으로 자리하게 된 것이다.

구소련의 붕괴와 함께 한국과의 교류가 잦아지면서, 한국의 힘은 그에게 더욱 뚜렷이 다가왔다. 여전히 종교적 탄압이 지속되던 1991년 즈음에 그가 근무하던 기술분야 전문대학교에서 교회당 설립 업무로 인해 소홀해졌다는 이유로 퇴직을 권한다. 그러고선 바로 사할린 교회 설립을 추진하던 한국 선교사는 그에게 그가 일전에 받았던 금액으로 월급을 지불해 주었다.[52] 그는 이것이 모두 하나님의 뜻이었다고 설명하였는데, 이 사건은 한국 자본의 힘을 접한 시작이 된다.

사할린 교회 설립 중간에 1992년 10월 그는 한국 선교사의 대사관 업무를 돕기 위해 모스크바로 향했다. 그는 모스크바에서 장로교회 한국인 목사에게서 통역 일을 제안 받고 그곳에 자리 잡게 된다. 모스크바로 오면서 월급이 반으로 줄어 자본이 부족해 온 가족이 오지 못하고 몇 차례 걸쳐 아내와 딸이 모스크바로 이주하였다.

---

51) 2014.3.3 사할린 한인 C의 인터뷰 中.

52) 당시 그는 전문대학교에서 600불, 러시아 내 노동자의 최고 수준의 월급을 받았다.

그때 92, 93년도 집 임대하고 그것이 아주 복잡하고, 이사 다니기도, 그때 러시아 사람들이 한국사람들이라고 하면은 임대료를 그냥 높여요, 그냥. 막 올려. 고생 많이 했죠. 매일 새벽기도 때, 주님, 저한테 집 하나 사주세요. (웃음) 그러면 다른 건 하지 않고 하나님 일만 보겠습니다. 그 길로 가게 해주시옵소서. 그렇게 했는데, 한번은, 그게 하나님의 역사라 는 겁니다. 한국의 사업가를 만났어요. 모스크바에서. 우연히 만났어 요.53)

적은 월급에 높은 집 임대료에 생활에 힘들어하던 그는 하나님께 집 한 채를 원한다고 기도하였다. 그는 하나님의 역사로 주장하였는데, 또 다시 한국 자본의 힘을 접하게 된 사건이 일어난다.

(한국인 사업가가) 용감해요, 그 사람은. 내가 당신 부자 만들어 주겠 으니까 내말 잘 들으라고. 내가 시키는 대로 하라고. 뭐라 그러느냐면, 내 가 가게를 만들어 주겠으니까 ○○○ 씨가 손잡고 하라고. 딱 운영 하라 고. 내한테 매달 얼마씩만 보내면 된다. 나머지는 다 해라. 간섭 안 한 다.54)

통역을 해주면서 알게 된 한국의 사업가를 통해 사업 제의를 받았던 것이다. 자본력이 확충되어 있던 그 한국인은 그에게 당시 선풍적인 유 행을 끌던 한국의 물품을 보내주면서, 일정의 돈만 입금하면 나머지는 C의 소유라는 조건으로 사업을 지원하였다. C의 근면함에 사업은 확장 되었고, 당시 사할린 한인 출신의 대학생들을 기용하여 큰 소득을 얻었 다고 했다. 결국 그는 수도에 자가 집을 보유하게 된 것이다.

---

53) 2014.3.3 사할린 한인 C의 인터뷰 中.
54) 2014.7.14 사할린 한인 C의 인터뷰 中.

그때 1993년이요. 유행이 뭔가 하면 한국 옷들이 유행이요. 그때 한참 러시아 보따리 장사꾼들이 어디로 갔는가 하면, 부산. 부산으로 갔었어요. (웃음) 그래, 물건 가지고 오고 그러는데, 비행기 타고 가야지, 거서 자야지, 고생해야지, 공장에 들어가야지. 우리는 집에서 탁 들어앉아서. 하나님의 축복이에요. 보내요, 보내달란 말 안 했어요, 난.55)

그는 당시 한국 열풍을 떠올리며, 고생하며 장사하던 러시아인들과 달리 손쉽게 의류사업을 했던 편의를 뿌듯해 하였다. 그는 역시 이 또한 하나님의 축복이라고 하였다. 이렇게 소련의 붕괴와 함께 찾아온 부강해진 한국이 그의 삶과 직접적으로 교류되기 시작하면서, 그는 한인이라는 지위와 한국어에 능통하다는 장점으로 쉽게 부를 얻을 수 있었다. 이러한 행운은 하나님의 축복이자, 한국 자본의 힘이었던 것이다.

생활이 안정되자 C는 아버지의 요구에 따라 신학대학에 입학하였다.

김○○ 선교사에게 전화했죠. 이분이 저하고 같이 모스크바 신학교 이사님한테, 이○○ 목사님한테 같이 갔죠. 이○○ 목사님이 그때 부이사장, 그렇게 해서 신학교에 들어갔는데. 35살 이상은 안 받아요. 그때 저는 오십 서이, 나이가. 입학했어요. 입학했습니다.56)

당시 그는 53세로 신학대학에 입학하기 어려웠으나, 한국 선교사의 도움으로 가능했다고 말했다. 그리고 다른 이들보다 더 빨리 절차를 밟아 졸업도하기 전에 목사 활동을 시작했다고 하였다.

○○동 ○○교회(한국)에서 2학년 때 교회 지어주고 갔어요. 3학년 다니면서 (1996년) 교회를 했어요. 목사를 못 땄는데 교회를 했어요. 그래

---

55) 2014.7.14 사할린 한인 C의 인터뷰 中.
56) 위의 인터뷰 中.

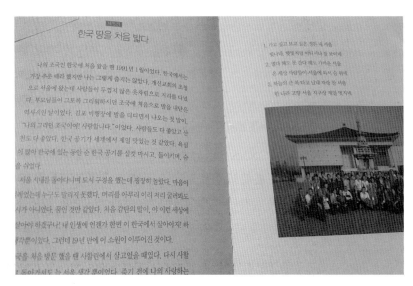

〈그림 6〉 C 씨의 자서전에는 한국에 대한 강한 그리움이 담겨져 있으며,
그것을 담은 자작곡의 가사도 수록되어 있다.

서 97년도에 신학교를 졸업했어요. 다른 분들은 전도사로 있어야 하거든,
나는 끝나자마자 바로 되었어요.[57]

1996년도에 주님께서 저에게 교회를 지어줘요. (그때 모스크바에 교회
는 많았어요?) 개신교 교회는 많지 않았지. (그때 목사 자격을 받으셨어
요?) 안 받았죠. 3학년 때잖아요. 2학년 끝나고 3학년 갈 그때. (웃음) (원
래 안 그러지 않습니까?) 안 하죠. (웃음) 저는 강도사도 돼 보지 못하고.
(전도사 전에?) 전도사도 못 해보고, 2학년 학생 때 교회 세워졌어요.[58]

신학대학 입학에서 특혜까지 그는 하나님의 인도로 가능했던 축복이
라고 말했다. 한국 선교사들의 적극적인 선교활동으로 인한 특별한 경

---

57) 2014.3.3 사할린 한인 C의 인터뷰 中.
58) 2014.7.14 사할린 한인 C의 인터뷰 中.

우였고, 한국의 선교사들, 한국인 목사들과의 인연으로 그러한 절차가
가능했던 것이었다. 한국의 접촉이 활발해지면서 이렇게 그는 한국인들
의 영향력으로 그전에는 경험해보지 못한 대우를 경험하게 된 것이다.
이러한 경험에 대한 기억은 더욱더 우리 민족의 나라를 동경하게 만들
었을 것이다. 역사적 물길의 전환과 맞물린 한국의 부흥은 결과적으로
그에게 '나를 보호해주고, 모든 것이 보장되는 나라'라는 고국 판타지에
부합되었던 것이다.

　앞서 말했듯이 C는 고국에 대한 지극한 그리움이 지배적 정서였던 사
할린 한인 사회에서 성장하고, 배타적인 러시아인들의 태도에 의해 '남
의 땅에서 사는 서러움'을 경험하면서 이산 트라우마를 공유하게 되었
다. 그로인해 '나를 보호해주고, 모든 것이 보장되는 나라'를 욕망하게
되면서, 1988년 서울올림픽을 계기로 멀리 있는 고국에 대한 판타지를
품게 되었다. 그에게서 정세의 변화와 맞물린 생애의 호전(好轉)은 모두
하나님의 뜻으로 연결된 한국 자본의 힘이었기에, 고국 판타지는 점차
그에게 현실이 되면서 지속적으로 '낯선 고국에 대한 막연한 동경'을 팽
창시킨 것으로 보인다.

4. 사할린 한인의 생애담에서 발견한 치유의 실마리

　이 글은 역사적 트라우마 가운데 코리언 디아스포라의 이산 트라우마
에 주목하면서, 역사적 외상을 직접 경험하지 않은 세대에끼지 지속되
는 징후에 대해 논하였다. 사할린 한인은 비교적 강렬한 고국지향성을
지닌 존재들이며, 특히 강제이주를 직접 경험하지 않고 고국과의 접촉
기회도 적은 후세대에게까지 그러한 현상이 지속되고 있다. 그래서 본

고는 사할린 한인에 초점을 맞추어 전이적 성격의 이산 트라우마의 양상을 고찰해 보았다.

먼저 2장에서는 사할린 한인의 이산 트라우마 특성으로 후세대에까지 전이되는 낯선 고국에 대한 막연한 동경을 논하였다. 그 실상이 어떠한지 설문조사 자료와 선행연구 성과를 바탕으로 살펴보고, 그것이 야기하는 문제점으로 영주귀국자들의 사례를 통해 부작용을 검토해 보았다. 본고는 특히 이 대표적인 실례로 1941년 사할린 출생자 C(남)를 들었는데, 그는 강제징용한 가족사도 없고, 부교장 및 목사로 활동하며 비교적 풍요롭게 지내다가 환갑이 넘어 고향을 버리고 2011년에 영주귀국을 결심하였다.

이어 3장에서는 보다 면밀한 접근을 위해서 사할린 한인 C의 생애담을 살펴보았다. 그에게 '낯선 고국에 대한 막연한 동경'이라는 이산 트라우마를 구성한 요인은 그의 삶 전반에서 발견되었다. 그의 생애는 사회·집단적 환경과 개체가 상호적으로 영향을 미치며 이산 트라우마가 지속되고 가중되는 형상을 띠고 있었다. 강제징용이나 피난을 직접 경험하지 않음에도 이산 트라우마가 발생할 수 있었던 까닭은 민족과 국가가 일치되지 않는 출신 배경이 전제되어 있었기 때문이다. 사할린 한인 사회에 보편적 욕망이었던 우리 민족이 사는 국가에 대한 욕망이 그에게도 전이되고, 러시아 환경 속에서 끊임없이 좌절되었으며, 갖가지 갈등들도 모두 '민족≠국가'의 좌절로 전치시키면서 이산 트라우마가 지속되었던 것이다. 구소련의 붕괴와 한국의 경제적 부흥, 한국과 러시아의 교류 확장과 맞물려 여러 혜택의 중심에 있었기에, 우리 민족이 사는 나라를 동경하게 된 것이다.

'민족=국가'에 대한 간절한 욕망의 좌절로 인한 이산 트라우마는 영주귀국으로 해소되었을 수 있으나, 러시아의 가족들을 그리워하고 있으며,

때때로 감지되는 낯설음은 새로운 이산 트라우마를 야기할 수 있다. 그리고 러시아 동포 젊은이들에게 한국에 와서 한국의 자본주의를 경험하고, 많이 배워서 성공하라는 그의 교설은 현재의 삶에도 지속되고 있는 이산 트라우마의 단면일 수 있다.

본고가 이산 트라우마에 대한 고찰을 시도하면서, 강제징용이나 피난의 직접적인 피해자도 아니고, 한국이 고향도 아니며, 육십 평생을 러시아 국민으로 살아온 C의 생애담을 연구 대상으로 삼은 까닭은 후세대에 전이되는 역사적 트라우마의 실상을 검토하고, 그 치유 방법에 대해서 막연하게나마 전망해 보기 위해서이다. 직접 역사적 사건을 경험한 대상이 아닌, 그 후세대의 역사적 트라우마 치유는 또 다른 방향의 접근이 요구되기 때문이다.

C의 생애담에서 발견한 이산 트라우마의 구성 배경들은 하나하나 치유 방안 설계의 기점이 될 수 있다고 본다. 거주국의 배타적 태도 및 차별에 대한 적극적인 조치나, 디아스포라 집단 사회에 긍정적인 분위기가 형성될 수 있는 지원이 이산 트라우마를 재발시키지 않는 하나의 방도가 될 수 있다. 그리고 세계 속 한국의 위상이나, 한국과 거주국의 관계가 코리언 디아스포라의 이산 트라우마가 재생산되는 악순환을 저지시키는 데에 큰 힘이 될 수 있다는 것이 그의 생애담을 통해서 확인되므로 치유 방안에 반영할 수 있을 것이다. 또한 그에게 한줄기 희망의 빛이 되었던 한국인들의 인연과 같이, 한국기업 진출을 통한 일자리 제공이라던가, 한국인의 우호적이고 신뢰하며 포용하는 태도가 긍정적인 영향을 미칠 수 있음도 염두에 두어야겠다.

가장 주요한 사안은 이산 트라우마의 핵심인 '민족=국가' 욕망의 좌절 경험이다. 그 욕망의 좌절로 한국에 대한 막연한 판타지를 추구하며 한국으로 입국하였다가, 또 다시 좌절될 경우를 미연에 방지할 만한 방안이 요구된다. 제도적 보강뿐만 아니라, 한국인의 디아스포라에 대한 역사적 인식과 포용력이 제고될 만한 장치도 필요하다.

그리고 사할린 한인 2~3세대의 경우 한국에 대한 정보나, 한국어 능력이 희박한 상태이므로, 한국어, 한국의 역사와 문화, 자본주의 사회에 대한 정보를 익힐 기회를 제공하여, 한국사회나 한국인과의 차이를 인정하며 한국과 교류할 수 있도록 해야 할 것이다. 이는 특히 러시아에 부족한 실정인, 한민족교육의 확대와 구체화를 통해 가능하리라 본다.

디아스포라 후세대의 낯선 고국에 대한 막연한 지향성은 부작용을 야기할 수 있으면서도, 한민족네트워크의 신화를 꿈꿀 수 있는 가능성의 힘이 내포되어 있기도 하다. 디아스포라에 대한 한국의 관심이 고취된 까닭도 그 가능성 때문이었다. 헌데 민족의 국가에 대한 그리움은 사할린 한인 2~3세대에게서는 공감 받지 못한 감정이다. 그들에게 한국은 조상의 나라이며, 자신의 국가는 러시아이기 때문이다. 한동안 사할린 한인 사회를 응집하던 힘이었던 고국지향성은 희미해진 상태라는 것이다. 게다가 1세대가 거의 영주귀국한 상태이기에 고국지향성의 지속은 장담할 수 없는 상황이다. 이 글에서는 민족교육의 필요성만을 제기하는 수준에 머물렀지만, 막연한 고국 지향성의 부작용을 미연에 방지하면서도, 이것을 긍정적으로 발현될 수 있도록 하는 보다 정밀한 연구와 방안이 마련되기를 기대한다.

참고문헌

제1장 분단체제 속 사회주의 활동 집안의 가족사와 트라우마

오승환 구술, 2014.7.12, 보성군 회천면 율포, 김종군 조사.

정## 구술, 2014.7.12, 보성군 겸백면 노인정, 김종군 조사.

정** 구술, 2014.7.8, 서울 소재 식당, 정길상 녹음.

정길상 구술, 2013.5.9, 보성군 회천면 봉강리, 김종군 조사.

정길상 구술, 2014.7.11, 보성군 회천면 봉강리, 김종군 조사.

정장옥 구술, 2014.7.12, 보성군 보성읍, 김종군, 박현숙 조사.

정종호 구술, 1995.3.20, 부산 정종호 자택, 정길상 조사.

정해열 구술, 2014.7.11. 화순군 일송정 식당, 김종군, 박현숙 조사.

대법원 판결, 1982.2.9. 81도3040.

권혁태, 「잃어버린 사람을 찾아서-북으로 간 탈영병 정훈상 이야기」, 『황해문화』 제82호, 새얼문화재단, 2014년 봄호.

김영택, 「한국전쟁기 남한 내 적색 빨치산의 재건과 소멸(1950.10.5~1954.4.5) : 전남 총사령부와 6개 지구를 중심으로」, 『한국근현대사연구』 제27집, 한국근대사학회, 2003.

김종군, 「구술을 통해 본 분단 트라우마의 실체」, 『통일인문학논총』 51집, 건국대 인문학연구원, 2011.

김종군, 「지리산 인근 여성 생애담에 나타난 빨치산에 대한 기억」, 『인문학논총』 47집, 건국대 인문학연구원, 2009.

김종군, 「한국전쟁 체험담 구술에서 찾는 분단 트라우마 극복 방안」, 『문학치료연구』 제27집, 한국문학치료학회, 2013.

박현숙, 「여성 전쟁체험담의 역사적 트라우마 양상과 대응방식」, 『통일인문학』 57집, 건국대 인문학연구원, 2014.

신동흔, 「역사경험담의 존재양상과 문학적 특성-6 · 25체험담을 중심으로」, 『국문학연구』 제24호, 국문학회, 2011.

신동흔, 「한국전쟁 체험담을 통해 본 역사 속의 남성과 여성-우리 안의 분단을 넘어서기 위하여」, 『국문학연구』 제26호, 국문학회, 2012.

이재승, 「전후 냉전사법의 재해석」, 『역사와 책임』 제4호, 민족문제연구소 포럼 진실과정의 2013.

정종희, 「통일에 거는 광명 천지」, 『월간중앙』 2월호, 중앙일보사, 1990.

제2장 탈북 청소년의 구술생애담 속 가족의 해체와 탈북 트라우마

강순원, 「국제이해교육은 탈북 청소년문제에 어떻게 대응할 수 있는가」, 『국제이해교육연구』 7, 한국국제이해교육학회, 2012.

강효림, 「탈북청소년의 심리사회적 적응에 관한 연구-우울 · 불안을 중심으로-」, 명지대학교 대학원 석사학위논문, 2007.

금명자 외, 『통일대비 청소년 상담 프로그램 개발 연구』 II, 한국청소년상담원, 2004.

김선화, 「북한이탈주민 가족의 적응이슈와 가족복지실천 방안: 가족구성, 가족해체와 재결합 과정을 중심으로」, 『한국가족사회복지학회 학술발표논문집』 2, 한국가족사회복지학회, 2013.

김현아, 방기연, 「그룹 홈 종사자의 무연고 탈북 청소년과의 거주 경험에 관한 질적 연구」, 『한국청소년연구』 제23권 제3호, 한국청소년정책연구원, 2012.

나용선, 「북한이탈주민자녀(청소년) 사회적응 통합프로그램에 관한 연구」, 『21세기사회복지연구』 8, 2011.

나지영, 「탈북 청소년의 적응 문제와 분단서사」, 『통일인문학논총』 55, 건국대학교 통일인문학연구단, 2013.

노치영, 「생존전략으로써의 탈북과 가족해체 경험-북한여성들의 사례를 중심으로-」, 『인간생활환경연구소 논집』 1호, 이화여자대학교 생활환경대학

인간생활환경연구소, 2002.

소성규 · 손경식, 「북한이탈주민의 가족관계등록과 중혼문제해소를 위한 법제도 개선방향 -경기도 북한이탈주민 인식조사를 중심으로-」, 『법과정책연구』 11권 2호, 한국법정책학회, 2011.

신형미 · 정여주, 「탈북청소년을 위한 집단미술치료 체험연구」, 『심리치료』 제6권 제2호, 서울여자대학교 특수치료전문대학원, 2006.

윤지혜 · 오영림, 「탈북청소년의 외상 이후 성장(PTG) 체험연구-탈북대학생을 중심으로-」, 『청소년학연구』 제17권 제12호, 한국청소년학회, 2010.

이기영, 「탈북 청소년의 남한사회 적응에 관한 질적 분석」, 『한국청소년연구』 제13권 제1호, 한국청소년개발원, 2002.

이덕남, 「북한이탈주민의 가족재구성 경험과정연구 : 정책적시사점 도출을 중심으로」, 『한국컴퓨터정보학회논문지』 18권 11호, 한국컴퓨터정보학회, 2013.

이순형 · 김창대 · 진미정, 『탈북민의 가족해체와 재구성』, 서울대학교 통일학 신서 5, 서울대학교출판문화원, 2009.

이정우, 「탈북 청소년의 사회화 과정에 대한 질적연구: 사회과 교육에의 함의」, 『사회과교육』 45, 한국사회과교육연구학회, 2006.

최명선 · 최태산 · 강지희, 「탈북 아동 · 청소년의 심리적 특성과 상담전략 모색」, 『놀이치료연구』 제9권 3호, 한국놀이치료학회, 2006.

홍승아, 「가족 관점에서 본 북한이탈여성의 정착과제 -자녀양육을 중심으로-」, 『통일문제연구』 25권 2호, 평화문제연구소, 2013.

제3장 조선족들의 역사적 트라우마, 민족과 국가의 이중주

건국대 통일인문학연구단, 『코리언의 민족정체성』, 선인, 2012.

건국대 통일인문학연구단, 『코리언의 생활문화』, 『코리언의 분단통일의식』, 선인, 2012.

건국대 통일인문학연구단, 『코리언의 역사적 트라우마』, 선인, 2012.

김강일, 허명철, 『중국조선족 사회의 문화우세와 발전전략』, 연변인민출판사, 2001.

김경일, 『중국조선족문화론』, 료녕민족출판사, 1994.

김상철·장재혁, 『연변과 조선족』, 백산서당, 2003.

김종곤·허명철, 「재중 조선족의 역사적 트라우마와 식민 트라우마」, 『코리언의 역사적 트라우마』, 선인, 2011.

김창석, 「민들레 꽃씨」, 『中共僑胞詩人代表作選集1 해란강의 두건새』, 융성출판사, 1988.

도미니크 라카프라, 육영수 엮음, 『치유의 역사학으로: 라카프라의 정신분석학적 역사학』, 푸른역사, 2008.

박영균·김종군, 「코리언의 역사적 트라우마에 관한 연구방법론」, 『코리언의 역사적 트라우마』, 선인, 2011.

박종철, 「1960년대 중반의 북한과 중국: 긴장된 동맹」, 『한국사회』 10-2, 고려대학교 한국사회연구소, 2009.

박종철, 「북한과 중국의 관계정상화 과정에 대한 연구(1967-1970)」, 『아태연구』 15-1, 경희대학교 아태지역연구원, 2008.

박창욱, 「조선족의 중국이주사 연구」. 『역사비평』계간 15호, 1991.

베네딕트 앤더슨, 윤형숙 옮김, 『상상의 공동체: 민족주의의 기원과 전파에 대한 성찰』, 나남출판, 2003.

염인호, 「중국 연변 문화대혁명과 주덕해의 실각-북한 특무 혐의를 중심으로」, 『한국독립운동사연구』 25, 독립기념관 한국독립운동사연구소, 2006.

외교통상부, 「2013 재외동포 현황」, 2013.

이현정, 「조선족의 종족정체성 형성과정에 관한 연구」, 『비교문화연구』 7-2, 서울대 비교문화연구소, 2001.

정판룡, 「서문」, 김동화·김승철 편, 『당대중국조선족연구』, 연변인민출판사.

지그문트 프로이트, 박찬부 옮김, 「쾌락원칙을 넘어서」, 『쾌락원칙을 넘어서』, 열린책들, 1998.

제4장 재일조선인의 역사적 트라우마가 지닌 사후적 의미작용의 양상

지그문트 프로이트, 박찬부 역, 「쾌락원칙을 넘어서」, 『정신분석학의 근본 개념』, 열린책들, 2012.

서동욱, 「데리다의 '차연'과 들뢰즈의 '차이 자체'」, 『문화과학』 27호, 2001.

임진수, 『애도와 멜랑콜리』, 파워북, 2013.

김귀옥, 「냉전적 이산과 탈냉전적 공존의 전망」, 『사회와 역사』 제99집, 한국사회사학회, 2013.

김태영, 강석진 역, 『저항과 극복의 갈림길에서』, 지식산업사, 2005.

도노무라 마사루, 신유원·김인덕 역, 『재일조선인 사회의 역사학적 연구』, 논형, 2010.

서경식, 임성모·이규수 역, 『난민과 국민사이』, 돌베개, 2006.

도미니크 라카프라, 육영수 외, 『치유의 역사학으로』, 푸른역사, 2008.

홍성후, 「일본 아베 정부의 보수 우경화 원인 분석 : 동아시아 정책을 중심으로」, 『한국동북아논총』 제70호, 한국동북아학회, 2014.

이재승, 「식민주의와 법학」, 『민주법학』 제45호, 민주주의법학연구회, 2011.

제5장 낯선 고국에 대한 막연한 동경과 이산 트라우마의 단면

사할린 한인 C의 인터뷰 녹취록(2014년 3월 3일/7월 4일)

건국대 통일인문학연구단, 『코리언의 역사적 트라우마』, 선인, 2012.

김성종, 「사할린 한인동포 귀환과 정착의 정책과제」, 『한국동북아논총』 제40집, 2006.

김종곤, 「역사적 트라우마 개념의 재구성」, 『시대와 철학』 제24집 4호, 한국철학사상연구회, 2013.

김종군, 「구술생애담 담론화를 통한 구술 치유 방안: 『고난의 행군시기 탈북자 이야기』를 중심으로」, 『문학치료연구』 제26집, 한국문학치료학회, 2014.

나형욱, 「사할린 영주귀국 동포 정착실태에 관한 연구」, 『전남대학교 세계한상문화연구단 국내학술대회』, 전남대학교 세계한상문화연구단, 2009.

박경용, 「사할린 한인 김옥자의 삶과 디아스포라 생활사」, 『디아스포라연구』 제7집 1호, 전남대 세계한상문화연구단, 2013.

박승의, 「사할린 한인디아스포라의 민족문화정체성 형성과 변천과정 연구: 설 문조사를 중심으로」, 『재외한인연구』 제29호, 재외한인학회, 2013.

안미정, 「부산 사할린 영주귀국자의 이주와 가족」, 『지역과 역사』 제34집, 부 경역사연구소, 2014.

안미정, 「부산 사할린 영주귀국자의 이주와 가족」, 『지역과 역사』 제34집, 부 경역사연구소, 2014.

여승철, 「사할린 동포를 말한다 / 생활고와 외로움, 가장 큰 현실 문제」, 『통 일한국』 제196집, 평화문제연구소, 2000.

정지민, 「도미니크 라카프라의 역사적 트라우마 연구: 홀로코스트를 중심으로」, 이화여대 석사학위논문, 2008.

정진아, 「연해주·사할린 한인의 삶과 정체성 : 연구동향과 과제를 중심으로」, 『한민족문화연구』 제38집, 한민족문화학회, 2011.

조재순, 「사할린 영주귀국 동포의 주거생활사」, 『한국주거학회 논문집』 제20 집 4호, 한국주거학회, 2009.

한혜인, 「사할린 한인 귀환을 둘러싼 배제와 포섭의 정치 -해방 후~1970년대 중반까지의 사할린 한인 귀환의 움직임을 중심으로」, 『역사연구』 제102 집, 한국사학회, 2011.

황선익, 「해방 후 사할린 한인사회의 형성과 민족정체성」, 『한국민족운동사연 구』 제77집, 한국민족운동사학회, 2013.

Ten, Oxana, 「러시아 사할린 한인의 민족정체성: 우즈베키스탄 교려인과의 비 교를 중심으로」, 연세대학교 대학원 석사학위논문, 2011.

찾아보기

저자소개

김종군 건국대학교 통일인문학연구단 HK교수

박영균 건국대학교 통일인문학연구단 HK교수

김종곤 건국대학교 통일인문학연구단 HK연구교수

나지영 건국대학교 통일인문학연구단 HK연구원

박재인 건국대학교 통일인문학연구단 HK연구원